RAUSCH · GELÄNDEWAGEN-HANDBUCH

Alles über Geländewagen in Theorie und Praxis

Inhalt

Teil 1: Was man von Geländewagen wissen sollte

Was ist das – ein Geländewagen?	9
Die Entwicklung der Geländewagen – gestern, heute und morgen	14
Die Technik der Geländewagen	24
Nicht nur gut im Gelände	34
Auswahl und Kauf eines Geländewagens	42

Teil 2: Ausrüstung und Zubehör

Selbstbergung à la Münchhausen – rund um die Winde	53
Die Reifen müssen greifen	63
Die ›Unterwelt‹	73
Rund um den Geländewagen	79
Was man mitnimmt	86

Teil 3: Die Praxis im Gelände

Allgemeine Grundsätze für das Fahren im Gelände	96
Hilfe in der Not – wenn es nicht mehr weitergeht	106
Aus der Praxis des Geländewagen-Alltags	119

Teil 4: Katalogteil

Kurzbeschreibung und technische Daten der wichtigsten Geländewagen	135
Daihatsu Rocky	138
Daihatsu Feroza	141
Isuzu Trooper	143
Jeep Cherokee	146
Jeep Wrangler	148
Lada Niva	149
Mercedes G	151
Mitsubishi Pajero	154
Nissan Patrol und Patrol GR	157
Nissan Terrano	161
Range Rover	163
Suzuki Samurai	166
Suzuki Vitara	168
Toyota Landcruiser »Light Duty« (LJ 73)	170
Die Allrad-Pkw und ihre Antriebssysteme	174
Randerscheinungen: Pick-ups und Kleinbusse mit Allrad-Antrieb	182

Zehn Gebote für das Fahren im Gelände

1. In kritischen Passagen nie die Bewegung verlieren!
2. In unübersichtlichem Gelände, vor allem mit Bodenbewuchs, langsam fahren!
3. Vor kritischen Stellen aussteigen und diese zu Fuß untersuchen!
4. Rechtzeitig vorher Freilaufnaben sperren, den richtigen Gang und Gangbereich des Zwischengetriebes einlegen, Differentialsperren und Allrad-Antrieb zuschalten!
5. Steilhänge bergauf und bergab in der Fallinie befahren, notfalls in eigener Spur zurück, Kuppen langsam überfahren!
6. Grabensohlen und Böschungen diagonal befahren (Böschungswinkel)!
7. Möglichst nicht in tiefen Spurrillen fahren, sondern versetzt!
8. Vorsicht bei Panik-Bremsungen: blockierte Räder sind nicht lenkbar!
9. Kleinere Hindernisse (Baumstümpfe usw.) nicht mit der Wagenmitte, sondern mit den Rädern einer Wagenseite überfahren!
10. Schwieriges Gelände möglichst nicht allein, sondern zusammen mit anderen Geländewagen befahren!

Teil 1
Was man von Geländewagen wissen sollte

Was ist das – ein »Geländewagen«?

Die Frage, was man denn unter einem Geländewagen zu verstehen hat, mag zunächst überflüssig, ja unsinnig erscheinen; wer sich ein Buch über Geländewagen kauft, hat natürlich sehr präzise Vorstellungen darüber, was ein Geländewagen ist.

Zur Vermeidung von Mißverständnissen sei aber gleich zu Beginn klargestellt, was wir in diesem Buch unter einem Geländewagen verstehen wollen.

Zunächst einmal: ein Geländewagen ist ein Automobil, und das Wort Automobil bedeutet ja nichts anderes als »aus eigener Kraft beweglich«. Mittlerweile freilich hat das zu Auto verkürzte Wort insofern einen Bedeutungswandel erfahren, als wir darunter nur noch Fahrzeuge zur Individual-Beförderung von Personen verstehen, also keine anderen »aus eigener Kraft beweglichen« Fahrzeuge. Es gibt auch ein deutsches Wort für Automobile, nämlich Kraftwagen; sinngemäß unterscheidet man zwischen Personen-Kraftwagen (Pkw) und Last-Kraftwagen (Lkw). Ist nur von einem ›Wagen‹ die Rede, handelt es sich wie bei dem ›Auto‹ stets um einen Pkw. So viel zur einen Hälfte des zusammengesetzten Hauptwortes ›Geländewagen‹.

Ein Personen-Kraftwagen dient der Personen-Beförderung, ein Last-Kraftwagen der Beförderung von Lasten, und ein Gelände-Wagen – nein, nicht der Beförderung von Gelände, sondern der Beförderung im Gelände. Was dabei unter Gelände zu verstehen ist, wissen wir: grundsätzlich alles, was abseits fester Straßen liegt.

Es gibt jedoch zahlreiche geländegängige Fahrzeuge, die wir nicht als Geländewagen bezeichnen, oder die wir zumindest in diesem Buch nicht als Geländewagen einstufen wollen. Denken Sie beispielsweise einmal an einen Panzer mit Kettenantrieb. Er wühlt sich selbst dort durch, wo jeder radgetriebene Geländewagen scheitert, und er walzt Hindernisse nieder, die einen Geländewagen aufhalten.*)

Ein weiteres Beispiel sind zahlreiche Nutzfahrzeuge mit vorzüglichen Gelände-Eigenschaften. Jeder bessere Traktor hat heute Allrad-Antrieb und Sperrdifferential; in Verbindung mit den gewaltigen Reifen und deren grobstolligem Profil sowie der hohen Bodenfreiheit ist er praktisch jedem Geländewagen zumindest ebenbürtig. Ähnliches gilt für Arbeitsmaschinen im Straßenbau, in der Forstwirtschaft und überall dort, wo Arbeit auf unbefestigtem Untergrund zu leisten ist.

Ganz starr allerdings sind die Grenzen nicht. Einerseits gibt es Fahrzeuge, die unbestreitbar den Geländewagen zuzu-

---

*) Der ›Leopard 2‹ hat 1500 PS, wiegt 55 Tonnen, beschleunigt besser als ein VW Golf, überwindet Hindernisse von 1,25 Meter senkrechter Höhe und drei Meter breite Gräben, und durchfährt 2,40 Meter tiefes Wasser!

Grenzfall zwischen Lkw und Geländewagen: dieser Unimog wurde für die Teilnahme an einer Wüsten-Rallye vorbereitet.

In Amerika gelten solche Pickups als Geländewagen und sind dort recht beliebt.

rechnen sind, wie den Landrover, die aber durch entsprechende An- und Aufbauten zu Nutzfahrzeugen für bestimmte Arbeiten umgerüstet wurden, und es gibt andererseits Nutzfahrzeuge wie den Unimog (*Uni*versal-*Mo*tor-*G*erät), die den landläufigen Vorstellungen über einen Geländewagen bei entsprechendem Aufbau recht nahe kommen. Von der Papierform her ist es also nicht leicht zu begründen, warum denn nun der eine noch immer ein Geländewagen sein soll, während dem anderen die Aufnahme in diesen exklusiven Kreis verwehrt bleibt.

Noch schwieriger wird das bei einigen amerikanischen Fahrzeugen. So ist etwa der Chevrolet Blazer unbestreitbar ein Geländewagen, obwohl seine Basis-Ausführung im Land der unbegrenzten Möglichkeiten als leichter Lkw gilt. Recht beliebt sind dort sogenannte Pick up-Wagen, auch für den Privatgebrauch. Sie haben hinter der Kabine mit den Vordersitzen eine offene Ladepritsche und werden als leichte Lkw für den Einsatz auf schlechten Strecken oft auch mit Allrad-Antrieb angeboten. In Amerika betrachtet man einen Pick up mit Allrad-Antrieb als Geländewagen, bei uns hätte man gegen eine solche Einstufung aber vielleicht doch Bedenken.

Wir haben es uns angewöhnt, unter einem Geländewagen ganz automatisch und wie selbstverständlich nur ein Fahrzeug zu verstehen, das in erster Linie der Individual-Beförderung von Personen dient. Geländegängige Fahrzeuge zur Massenbeförderung von Personen, Lastkraftwagen oder Arbeitsmaschinen hingegen betrachten wir nicht als Geländewagen. Auch geländegängige Fahrzeuge mit Gleisketten-Antrieb gelten nicht als Geländewagen, ebensowenig wie propellergetriebene Sumpfgleiter oder Luftkissen-Fahrzeuge. Ein Geländewagen, der unseren Vorstellungen entspricht, hat angetriebene Räder.

Nun gibt es aber Fahrzeuge, die alle bisher genannten Voraussetzungen erfüllen und dennoch nicht unseren Vorstellungen von einem Geländewagen entsprechen. Sie sind extrem geländegängig, haben vier oder mehr angetriebene Räder und dienen vorwiegend der Personen-Beförderung. Es handelt sich dabei um Fahrzeuge, bei denen unter einer bootartigen Wanne aus Kunststoff zwei oder (meist) mehr angetriebene Achsen angeordnet sind. An diesen Achsen befinden sich mächtige Niederdruckreifen. Gelenkt wird wie bei einem Panzer, indem der Antrieb der Räder einer Fahrzeugseite zurückgenommen wird. Für jede Fahrzeugseite gibt es einen getrennten Gashebel. Werden beide synchron bewegt, fährt das Fahrzeug mehr oder weniger schnell geradeaus; nimmt man einen Gashebel zurück, beschreibt das Fahrzeug eine Kurve, die um so enger wird, je mehr die Gashebel-Stellung beider Seiten sich unterscheidet.

Durch die voluminösen Reifen und das geringe Gewicht sind diese Geländefahrzeuge schwimmfähig und können sich auch in tiefem Morast noch fortbewegen, solange die Bodenwanne nicht aufsetzt. Das macht ihnen kein Geländewagen nach. Dafür haben sie einen anderen Nachteil: auf festen Straßen sind sie praktisch unbrauchbar. Fahrkomfort, Fahrleistungen und Lenkbarkeit machen sie für den Straßeneinsatz ungeeignet, der Verschleiß der weichen Niederdruckreifen auf der Straße ist enorm, eine Zulassung ist meist nicht möglich.

Damit sind wir bei der Definition dessen, was wir unter einem Geländewagen verstehen wollen, wieder ein Stück weiter. Ein Geländewagen muß auch auf der Straße ein gewisses Mindestmaß an Fahrleistung und Komfort bieten. Ein vergleichbarer Pkw wird natürlich auf der Straße einem Geländewagen überlegen sein, denn dessen Fähigkeit, schwierige Geländestrecken zu meistern, muß mit Zugeständnissen im Straßenbetrieb erkauft werden. Andererseits hat aber auch die Forderung nach brauchbaren Eigenschaften im Straßenbetrieb zur Folge, daß wir bei einem Geländewagen auf extreme Leistungen im Gelände verzichten müssen. Vor allem vor Sumpf und tiefen Gewässern müssen wir mit den derzeit angebotenen Geländewagen kapitulieren.

Um im Sumpf nicht zu versinken, ist ein niedriges Gewicht und eine extrem große Aufstandsfläche der Reifen erforderlich. Das sind Voraussetzungen, die sich bei einem wirklich straßentauglichen Fahrzeug nicht erfüllen lassen. Ähnliches gilt für die verschiedenen anderen Spezial-Fahrzeuge mit Gleisketten-, Propeller- oder Luftkissen-Antrieb, die alle für den Straßenbetrieb nicht brauchbar sind.

Einige dieser Spezial-Fahrzeuge sind im Gegensatz zu Geländewagen schwimmfähig. Es hat auch schon schwimmfähige Fahrzeuge gegeben, die für den Straßenbetrieb geeignet waren – das bekannteste Beispiel dafür ist wohl der VW-Schwimmwagen aus dem Zweiten Weltkrieg. Rund 20 Jahre nach Kriegsende gab es auch einen zivilen Schwimmwagen, den Amphicar der zur Quandt-Gruppe gehörenden Industriewerke Karlsruhe. Dabei handelte es sich um ein viersitziges Cabriolet mit zwei mächtigen Schrauben am Heck, das im Straßenbetrieb durchaus brauchbar war. Dennoch und trotz eines recht günstigen Preises mußte die Produktion nach rund 3000 (überwiegend exportierten) Exemplaren eingestellt werden. Offenbar war das Bedürfnis nach einem schwimmfähigen Pkw einfach zu gering, um eine Produktion zu rechtfertigen.

Es ist also technisch durchaus möglich, einen schwimmfähigen Wagen zu bauen, und es muß nicht einmal extrem teuer sein. Insbesondere ein schwimmfähiger Geländewagen wäre manchmal recht praktisch, und bei ihm würde man auch leichter den bootartigen Aufbau akzeptieren als bei einem Pkw. Wie dem auch sei: unter den zahlreichen Geländewagen auf dem zivilen Markt ist derzeit keiner, der schwimmfähig wäre. Das läßt sich nur so erklären, daß den Herstellern der konstruktive Aufwand zu hoch ist, um die zu erwartende Nachfrage zu rechtfertigen. Tatsächlich genügt in den meisten Fällen auch die sogenannte ›Watfähigkeit‹, die es einem Geländewagen erlaubt, Wasser bis zu einer Tiefe zwischen 50 und 70 Zentimeter zu durchfahren. Wir werden in diesem Buch noch ausführlicher darauf eingehen, wie man einen Geländewagen für solche ›Wasserspiele‹ verbessern kann.

Geländewagen der verschiedenen Hersteller unterscheiden sich sowohl technisch als auch optisch erheblich voneinander. Dennoch bestimmt der Zweck nicht nur die Technik, sondern auch die Optik, die Form. Selbst ein bisher unbekannter Geländewagen wird sofort als solcher erkannt. Man könnte es sich einfach machen und die Frage, was denn eigentlich ein Geländewagen ist, beantworten: alles, was wie ein Geländewagen aussieht. Damit hätte man alle geländegängigen Nutz- und Spezial-Fahrzeuge eliminiert und umgekehrt alle Geländewagen erfaßt.

Die zweite Generation des Toyota Corolla hat einen permanenten Allrad-Antrieb.

Subaru hat den zuschaltbaren Allrad-Antrieb bei den Pkw eingeführt.

Alle? Zunächst einmal hätte man dann auch solche Fahrzeuge als Geländewagen eingestuft, die wohl so aussehen, denen aber die technischen Voraussetzungen fehlen, um im Gelände die zu erwartenden Leistungen zu vollbringen. Ist aber ein Fahrzeug, dessen Leistungen im Gelände kaum besser als jene eines normalen Pkw sind, wirklich ein Geländewagen? Nur, weil es so aussieht? Wohl kaum. Was hilft die Form, wenn sie verspricht, was die Technik nicht zu halten vermag?

Andererseits hätte man, wenn das Äußere alleinentscheidend wäre, auch alle Fahrzeuge eliminiert, die in ihrer Technik weitgehend den Geländewagen-Normen entsprechen, aber eine ganz normale Pkw-Karosserie haben. Ganz recht: es geht um Allrad-Pkw, von denen einige neben einer hohen Bodenfreiheit auch noch eine Gelände-Untersetzung (einen speziellen Geländegang oder gar ein zweistufiges Zwischengetriebe wie ein echter Geländewagen) haben, teilweise auch noch ein sperrbares oder selbsthemmendes Hinterachs-Differential.

Obwohl es von der Technik her keine grundsätzlichen Unterschiede zwischen einem solchen Allrad-Pkw und einem echten Geländewagen gibt, können wir sie wegen ihrer normalen Pkw-Karosserie nicht bei den Geländewagen einordnen.

Sie sehen also: ganz so einfach ist die Frage nicht zu beantworten, was wir in diesem Buch unter einem ›echten‹ Geländewagen verstehen wollen.

Versuchen wir einmal abschließend zusammenzufassen, welche Voraussetzungen ein ›echter‹ Geländewagen zu erfüllen hat:

- In erster Linie dient er, wie ein Pkw, der Individual-Personenbeförderung; geländegängige Kleinbusse, Lastwagen, Nutz- und Spezial-Fahrzeuge scheiden aus.
- Im Gegensatz zu einem normalen Pkw soll er die technischen Voraussetzungen erfüllen, um die üblicherweise im Gelände auftretenden Schwierigkeiten zu bewältigen.
- Auch auf festen Straßen soll ein gewisses Mindestmaß an Fahrleistungen, Fahreigenschaften und Komfort geboten werden, wie man es von einem der Personen-Beförderung dienenden Fahrzeug erwarten kann.
- Der Zweck bestimmt die Form; schon optisch läßt sich erkennen, ob ein Fahrzeug für den Zweck des Fahrens im Gelände entwickelt wurde (auch wenn der Anschein täuschen kann).

Nur wenn alle vier Voraussetzungen erfüllt sind, handelt es sich uneingeschränkt um einen Geländewagen, obwohl die Schwerpunkte sich verschieben mögen. Ist eine dieser Voraussetzungen nicht erfüllt, könnte man von einem ›geländewagenartigen‹ Fahrzeug sprechen.

Die Entwicklung der Geländewagen – gestern, heute und morgen

Das Automobil ist rund hundert Jahre alt. Lange Zeit begnügte man sich damit, Personen oder Lasten auf dem Straßennetz der Postkutschenzeit zu transportieren, und in Ländern mit einem schlecht ausgebauten Straßennetz, wie etwa in Amerika, setzte sich das Automobil erst allmählich und zögernd durch.

Schon Heraklit wußte es: »Der Krieg ist der Vater aller Dinge«. Im Ersten Weltkrieg nämlich wurde das Automobil auch von den Militärs entdeckt, als Beförderungsmittel für hohe Offiziere vor allem, auch für rasche Truppenverlegungen oder Materialtransporte unabhängig vom Schienenstrang. Der Krieg aber findet nicht nur an gut ausgebauten Straßen statt, und so zeigten sich bald die Mängel des Automobils für den militärischen Einsatz. Lastwagen mit Allrad-Antrieb gab es schon kurz nach der Jahrhundertwende, aber diese waren für die individuelle Beförderung nur weniger Personen zu schwerfällig.

Die Erfahrungen aus dem Ersten Weltkrieg fanden auf unterschiedliche Weise ihren Niederschlag in den Armeen. In Deutschland entstand der VW-Kübelwagen und als Sonderform der Schwimmwagen. Obwohl dessen Geländegängigkeit von ehemaligen Landsern noch heute gerühmt wird, handelte es sich doch nur um einen robusten, leichten Wagen mit hoher Bodenfreiheit und belasteter Antriebsachse, aber ohne besondere technische Voraussetzungen für eine bessere Gelände-Tauglichkeit.

Der Geländewagen, wie wir ihn heute kennen, kommt aus Amerika. Schwere, allradgetriebene Lkw hatten sich schon im Ersten Weltkrieg bewährt. Ihr Allrad-Antrieb war allerdings nicht abschaltbar; aus Gründen, auf die wir in diesem Buch noch näher eingehen werden, ist ein starrer Antrieb beider Achsen für flottere Fahrt auf festen Straßen wenig geeignet. Einige Jahre vor Beginn des Zweiten Weltkriegs wurde der selektive Allrad-Antrieb in Amerika erfunden. Jetzt erst konnte der logische Schritt vollzogen werden, den Allrad-Antrieb auch in leichte, flotte Wagen zum individuellen Personentransport einzubauen.

Nach Kriegsbeginn wurde von der amerikanischen Armee die Entwicklung eines leichten Fahrzeugs zur Personenbeförderung ausgeschrieben. Zu den Vorgaben des Lastenheftes gehörte auch der Allradantrieb. Bereits im September 1940 schlug dann mit dem ersten Prototyp die Geburtsstunde der Geländewagen, wie wir sie heute kennen. Er kam von der American Bantam Corporation, hatte einen 40 PS starken Vierzylinder-Motor und wog trotz Allrad-Antrieb nur 922 kg. Nach diesem Prototyp wurden insgesamt 70 Exemplare gebaut und mit großem Erfolg von der Armee getestet.

Im November stellte Konkurrent Willys einen eigenen Prototyp vor, der weitgehend dem Bantam entsprach, aber 60 PS hatte und 1144 kg wog. Unmittelbar darauf kam Ford mit einem weiteren Prototyp (999 kg, 40 PS). Von jedem dieser drei Modelle wurden 1500 Exemplare für eingehende Praxis-Erprobung bestellt.

Natürlich hatte jedes dieser drei Modelle seine spezifischen Vor- und Nachteile, und ebenso natürlich wollte die Armee zur Vereinfachung der Ersatzteile-Versorgung und Wartung nur für ein einziges Modell einen Großauftrag vergeben. Am cleversten waren die Manager von Willys Overland. Sie stellten nach ihrem ersten Modell A (MA) ihren MB vor, der die bisherigen Nachteile eliminierte, am besten gefiel und angenommen wurde. Ein erster Auftrag über 18600 Einheiten war der Lohn.

Ford hatte seinen Prototyp ›GP‹ genannt, eine Abkürzung für General Purpose, was man etwa mit ›Allzweck‹ übersetzen kann. Englisch ausgesprochen, hört sich dieses GP wie Dschie-Pie an; für den Sprachgebrauch verkürzt, wurde daraus ein Wort, das sich anhört wie Dschiep, und dieses Wort wiederum schreibt sich englisch wie Jeep! Der Name Jeep setzte sich rasch nicht nur als Bezeichnung für den Ford,

Der Jeep ist der Stammvater aller Geländewagen. Hier ist eine vom italienischen Spezialisten Perini veredelte Ausführung auf einen Holzstapel geklettert.

sondern als allgemeine Bezeichnung für diese neue Art von Geländefahrzeugen durch.

Nachdem Willys Overland zum alleinigen Lieferanten der Armee für Geländewagen geworden war, änderte man flink den Firmennamen in Willys Overland Jeep Corporation um und sicherte sich damit das exklusive Recht auf die Verwendung der Bezeichnung ›Jeep‹. Das hat auch heute noch Gültigkeit: nur die Fahrzeuge der seit 1970 zu American Motors gehörenden Jeep Corporation sind legal und offiziell Jeeps, obwohl dieser Name weltweit zum Sammelbegriff für Geländewagen geworden ist und entsprechend oft mißbraucht wird.

Bis zum Kriegsende hatte die Willys Overland Jeep Corporation 360 000 Jeeps an die Armee geliefert, dazu kamen 278 000 Fahrzeuge, die Ford nach der Willys-Lizenz gebaut hatte. Diese Ur-Jeeps sind auch heute noch überall auf der Welt im Einsatz und gelten praktisch als unzerstörbar. Sie sind die Stammväter aller späteren Geländewagen, und bis in die jüngere Vergangenheit folgten alle Konkurrenz-Modelle dem Jeep-›Strickmuster‹!

Die Geländewagen waren aus den Bedürfnissen des Krieges heraus entwickelt worden, und man hätte annehmen sollen, daß zu Friedenszeiten dieses Bedürfnis nicht mehr vorhanden war. Weit gefehlt: das Interesse ziviler Kreise an den ›Allesüberwindern‹ war derart groß, daß die Kriegsproduktion kaum zurückgenommen werden mußte. Die Amerikaner hatten auch ihren Verbündeten Jeeps geliefert, allein den Engländern 87 000 und den Russen 46 000. An allen Kriegsschauplätzen wurden diese ehemaligen Militär-Jeeps ausge-

Der Landrover wird auch heute noch als landwirtschaftliches Arbeitsgerät eingesetzt – hier mit einer Sprühanlage.

Der Landrover wurde für harten Arbeitseinsatz entwickelt und ist in Entwicklungsländern mit schlechtem Straßennetz häufiger zu finden als bei uns. Hier der alte 109.

mustert und von Privatleuten erworben, die bald feststellten, wozu solche Wagen in der Lage waren.

Die unerwartet starke Nachfrage aus zivilen Kreisen führte dazu, daß auch andere Hersteller als Willys und Ford die Produktion von Geländewagen aufnahmen. Bereits 1948 erschien der erste Landrover, mittlerweile fast ebenso legendär wie der Jeep.

In der Nachkriegszeit fehlte es in England sowohl an Geld für den Kauf von Personenwagen als auch an Material zu ihrer Herstellung. Andererseits gab es einen Bedarf für landwirtschaftliches Arbeitsgerät, dessen Produktions-Kapazitäten während der Kriegsjahre anderweitig genutzt worden waren. Ursprünglich war der Landrover als vielseitiges Arbeitsgerät für die Landwirtschaft gedacht, ähnlich etwa wie heute der Unimog von Mercedes. In seinem eigentlichen Element aber war er in den Kolonien des ehemaligen englischen Weltreiches, wo gut ausgebaute Straßen selten waren. Für Farmer, Plantagenbesitzer oder Viehzüchter des britischen Kolonialreiches war er das ideale Fahrzeug, zumal er im Gegensatz zum Jeep durch zahlreiche Variationen den unterschiedlichsten Wünschen angepaßt werden konnte. Der Name Landrover ist fast ebenso sehr zum Synonym für Geländewagen geworden wie der Name Jeep.

Als die Japaner den Export ihrer Autos begannen, waren diese gegenüber den Wagen europäischer oder amerikanischer Hersteller noch nicht konkurrenzfähig. Die Japaner konzentrierten ihre Exportbemühungen deshalb zunächst auf Entwicklungsländer ohne eigene Automobil-Produktion. In diesen Entwicklungsländern war das Bedürfnis nach Geländewagen besonders ausgeprägt, und so kommt es, daß die Japaner heute zu den führenden Geländewagen-Herstellern gehören; fast jeder japanische Automobil-Produzent hat einen Geländewagen in seinem Programm.

Der entscheidende Impuls für eine neue Generation von Geländewagen kam aber nicht aus Amerika oder Japan, sondern aus England. Vermögende Gutsherrn oder Plantagenbesitzer benötigten wohl einen Geländewagen, waren aber nicht bereit, dessen Unzulänglichkeiten in Komfort, Fahrleistung und Ausstattung gegenüber einer normalen Limousine zu akzeptieren. Sie wünschten sich also einen Wagen, der diese Eigenschaften eines Pkw mit den technischen Eigenschaften eines Geländewagens kombinierte, und sie fanden ihn – im Range Rover!

Die bisherigen Geländewagen waren reine Zweckfahrzeuge, gewissermaßen ein notwendiges Übel für Leute, die auf deren Geländegängigkeit angewiesen waren. Ebenso wie bei einem Lkw war bisher niemand auf die Idee gekommen, sie auch gehobenen Ansprüchen, die über die reine Funktionalität hinausgingen, anzupassen. Für feste Straßen waren sie kaum besser geeignet als ein Lkw, dem sie in ihren Fahreigenschaften, Fahrleistungen und im Komfort weit mehr entsprachen als einem Pkw. Der Range Rover war der erste Geländewagen, der in Optik und Ausstattung, aber auch und vor allem in seiner Technik entwickelt worden war, um auf der Straße ebenso wie im Gelände zu befriedigen. Scheibenbremsen und Schraubenfedern, permanenter Allrad-Antrieb über ein drittes, zentrales Differential und gute Fahrleistungen trugen dazu bei, daß diese Konstruktions-Vorgaben verwirklicht werden konnten.

Mit dem Range Rover wurden Gelände-

Beginn einer neuen Ära: der Range Rover als straßentauglicher Geländewagen mit permanentem Allrad-Antrieb, Schraubenfedern und einer gefälligen Karosserie ist noch immer vorbildlich. Hier mit bullbar, Zusatz-Scheinwerfern, Seilwinde und Dachgepäck-Träger.

Mit dem LJ 80 begann der Erfolg der Suzuki-Geländewagen.

wagen plötzlich auch in Kreisen populär, die nicht unbedingt deren Geländegängigkeit benötigten und sich keinesfalls mit den Nachteilen primitiver Fortbewegungsmittel auf der Straße abfinden wollten, aber das Image eines rustikalen Allesüberwinders der höheren Preisklasse schätzten, oder die seine Vorteile im Winterbetrieb und als Zugwagen entdeckten. Urplötzlich war es ›in‹, im Geländewagen vorzufahren, und viele engagierte Autofahrer, die bisher nur mit sportlichen Wagen die Freude am Fahren gesucht hatten, fanden nun im Geländefahren eine Alternative. Das war der Beginn des Geländewagen-Booms.

Wie sehr der Range Rover (und ähnliche Fahrzeuge) den Verhältnissen in Mitteleuropa mit seinem gut ausgebauten Straßennetz und wenig unwegsamem Gelände gerecht wird, zeigen die Produktions- und Absatzzahlen von Leyland, dem Hersteller der Landrover und des Range Rover. Es werden ungefähr dreimal so viele Landrover gebaut wie Range Rover; viele Landrover landen allerdings beim Militär, in Entwicklungsländern oder als Arbeitsgeräte bei Behörden. In Deutschland aber werden mindestens zehnmal so viele Range Rover verkauft wie Landrover!

Wie wir gesehen haben, standen am Anfang des Geländewagen-Booms die »Arbeitspferde«. In der ersten Auflage dieses Buches wurden im Katalogteil noch sechs verschiedene »Arbeitspferde« aufgeführt, die aber mittlerweile vom Markt verschwunden sind. Heute beginnt der Markt mit dem, was seinerzeit als »veredelte Arbeitspferde« bereits eine gehobene Position einnahm, und die Grenzen zwischen dieser Gruppe und den besonders straßentauglichen »Military-Pferden« hat sich sehr verwischt. Alle neueren Geländewagen, wie sie seither in großer Zahl auf den Markt kamen, sind wesentlich straßentauglicher geworden und ausnahmslos für den Alltagsverkehr geeignet.

Diese Entwicklung haben wir bereits vor vier Jahren vorausgesagt, ebenso wie eine weitere, nämlich die sprunghafte Zunahme der Allrad-Pkw. Seinerzeit gab es neben dem AMC Eagle, der bei uns nie eine Rolle gespielt hat und praktisch vom Markt verschwunden ist, nur den Subaru und den (Ur-)Quattro von Audi. Allein der Allrad-Antrieb schien damals eine ausreichende Begründung zu sein, diese Fahrzeuge in einer eigenen Gruppe »Rennpferde« zusammenzufassen und zu würdigen. Mittlerweile ist das Angebot an Allrad-Pkw kaum mehr zu übersehen, fast jeder Hersteller hat zumindest ein solches Modell im Programm, wobei in den gehobenen Preisklassen der permanente (oder der »permanent betriebsbereite«) Allrad-Antrieb sich immer mehr durchsetzt. Allein Audi bietet ein rundes Dutzend verschiedener Modelle mit Allrad-Antrieb an!

Die Zulassungen der Allrad-Pkw sind förmlich explodiert. Innerhalb von nur fünf Jahren haben sie sich verzehnfacht. Ein Ende ist aber noch lange nicht in Sicht.

Es fehlte natürlich nicht an Stimmen, die (wieder einmal) das Ende des Geländewagen-Booms herbeireden wollten. Diesmal mit der durchaus logischen Begründung, daß ein Allrad-Pkw ja vergleichbar gute Wintereigenschaften hat wie ein Geländewagen, aber viel bessere Fahrleistungen und Fahreigenschaften sowie günstigere Verbrauchswerte. Lediglich in schwerem Gelände ist er einem Geländewagen deutlich unterlegen, vielleicht auch noch als Zugwagen.

Übersehen wurde bei diesen Progno-

Der Suzuki SJ 410, größerer Bruder des LJ 80 und alltagstauglicher.

Ein Mercedes G klettert im Gebirge herum.

Der Jeep Wrangler setzt die Tradition der legendären CJ-Jeeps fort.

sen nur eine Kleinigkeit, nämlich die, daß nur sehr wenige Geländewagen aus rationalen Erwägungen heraus gekauft werden. Es sind vielmehr Hobby-Fahrzeuge, mit denen man sich identifiziert und die ihren Fahrern das Odium von Freiheit und Abenteuer vermitteln. Wer aber fragt bei einem Hobby denn schon danach, ob es »vernünftig« ist? Auch ein Sportwagen, etwa ein Porsche oder ein Mercedes SL, ist ja »unvernünftig«, bietet er doch weniger Platz und ist teurer als ebenso flotte, sportliche Tourenwagen.

Niemand will wohl den Allrad-Pkw ihre Existenzberechtigung bestreiten, im Gegenteil. Gerade im Winter ist der Allrad-Antrieb eine hervorragende Ergänzung auch für einen Pkw. Ohne Frage haben Pkw mit Allrad-Antrieb noch eine große Zukunft vor sich, und wenn der Allrad-Aufpreis durch größere Stückzahlen gesunken sein wird, darf man wohl damit rechnen, daß er zumindest in der Oberklasse irgendwann einmal eher die Regel als die Ausnahme sein wird.

Das ändert aber nichts an der Popularität der echten Geländewagen. Im Gegenteil scheint es, als würden sie sich ganz besonders gut verkaufen, seit die Allrad-Pkw den Vorteil von vier angetriebenen Rädern einer breiten Schicht potentieller Käufer nahegebracht haben.

Die neueren Geländewagen sind ausnahmslos viel alltagstauglicher geworden, wie wir bereits festgestellt haben. Früher war auch vorn eine blattgefederte Starrachse die Regel, heute ist sie die seltene Ausnahme. Entweder haben moderne Geländewagen vorn eine unabhängige Radaufhängung wie der Lada, der Isuzu oder der Mitsubishi, oder sie haben eine Schraubenfeder-Starrachse, wie der Mercedes, der Range Rover/Landrover und der Toyota Light Duty.

Fünfgang-Getriebe waren vor vier Jahren bei Geländewagen noch sehr selten. Heute sind sie bereits allgemeiner Standard, von dem es wenige Ausnahmen gibt. Ähnliches gilt für Servolenkungen und eine anspruchsvollere Innenausstattung mit Pkw-Charakter.

Wie es nicht anders zu erwarten war, sind die großkalibrigen Ottomotoren mit ihrem schlechten Wirkungsgrad und ihrem extrem hohen Verbrauch ausgestorben. Zum Teil hängt das natürlich auch damit zusammen, daß durch die wechselvolle Entwicklung des Dollarkurses amerikanische Geländewagen, die häufig mit solchen Bollermännern ausgerüstet waren, nicht kontinuierlich bei uns zu verkaufen sind.

Abgesehen von der unteren und der oberen Preisklasse, wo, wenn auch aus sehr unterschiedlichen Gründen, nach wie vor der Ottomotor dominiert, hat sich in der am meisten verkauften mittleren Preisklasse der Dieselmotor endgültig durchgesetzt. Ganz besonders beliebt ist der Turbodieselmotor, verspricht er doch die Fahrleistungen eines Ottomotors bei den Verbrauchswerten eines Dieselmotors. Geländewagen-Käufer sind offenbar besonders gern bereit, zunächst einmal viel Geld auszugeben, um dann später sparsamer fahren zu können, denn der Mehrpreis eines Turbodieselmotors gegenüber einem Ottomotor ist sehr hoch. Wer kaufmännisch kalkuliert, wird in den meisten Fällen feststellen, daß sich der Turbodiesel-Mehrpreis kaum wieder hereinfahren läßt.

Nicht nur bei den Geländewagen, sondern ganz allgemein bei den Pkw hat es durch die Abgas-Auflagen große Umwälzungen gegeben. Geländewagen der Mittel- und Oberklasse mit Ottomotor sind nach derzeitigen Erkenntnissen künftig auf einen teuren geregelten Katalysator angewiesen. Der Preisabstand zum Dieselmotor wird also geringer, so daß sich dessen Siegeszug verstärkt fortsetzen dürfte.

Sehr schwierig ist es, die Zukunft des permanenten Allrad-Antriebs bei Geländewagen zu beurteilen. Weltweit ist der Geländewagenmarkt fest in japanischer Hand. Die Amerikaner beschränken sich mehr oder weniger auf ihren Heimatmarkt und haben selbst dort zunehmend Schwierigkeiten, sich gegen die japanische Konkurrenz zu behaupten, und die ruhmreichen Landrover verlieren auf den meisten Exportmärkten gleichfalls ständig Boden gegen ihre Konkurrenten aus Fernost. Der Versuch von Rover, durch höherwertige Technik, wie eben den permanenten Allrad-Antrieb, auch einen höheren Preis zu rechtfertigen und den Absatz wieder anzukurbeln, scheint nur einen mäßigen Erfolg zu haben, soweit der Landrover davon betroffen ist. Der Range Rover hingegen als einmalige Synthese zwischen Luxus-Limousine und vollwertigem Geländewagen spielt in der höchsten Preisklasse eine erfolgreiche Sonderrolle.

Kein Japaner hat sich bisher für den permanenten Allrad-Antrieb bei einem Geländewagen entscheiden können, allerdings bietet auch noch kein japanischer Hersteller einen Geländewagen in der höchsten Preisklasse an, wohl deshalb, weil dort der Absatz ohnehin bescheiden ist. Wäre da nicht der Sonderfall Lada Niva, der ja außer den Rover und dem Jeep Cheerokee mit Sechszylindermotor der einzige Geländewagen mit permanentem Allrad-Antrieb ist, könnte man glauben, dieser sei für Mittelklasse-Geländewagen einfach zu teuer.

Der permanente Allrad-Antrieb verbessert nicht die Eigenschaften im Gelände, sondern die Fahreigenschaften auf der Straße, wie bereits festgestellt wurde. Für den Alltags-Betrieb von Pkw setzen sich zunehmend Bedienungserleichterungen durch, wie etwa Zentralverriegelung, elektrische Fensterheber, Klimaanlagen, Bordcomputer und ähnliche Dinge. Da auch Geländewagen ganz überwiegend auf der Straße gefahren werden, spricht eigentlich nichts dagegen, solchen dekadenten Luxus auch bei ihnen einzuführen; der Range Rover hat ja bereits alles, was das Herz begehrt, serienmäßig.

Natürlich kann es nicht ausbleiben, daß ein Geländewagen mit optimierter Ausstattung und straßentauglicher Fahrwerksabstimmung, vielleicht auch noch mit einer gefälligen Karosserie, einem Allrad-Pkw immer näher rückt. Puristen werden das ablehnen, aber der Siegeszug der Geländewagen wird nicht zuletzt davon abhängen, wie gut sie sich auch auf längere Zeit im Alltagsbetrieb gegenüber den Pkw behaupten können, ohne daß ihre Fahrer allzu große Zugeständnisse machen müssen.

Die Technik der Geländewagen

Jedes Fahrzeug ist ein Kompromiß zwischen Forderungen, die einander teilweise direkt entgegengesetzt sind. Ein Kompromiß aber hat zur zwangsläufigen Folge, daß keine der jeweiligen Forderungen optimal erfüllt werden kann, sondern Abstriche gemacht werden müssen. Je mehr Forderungen man an ein Fahrzeug stellt, um so mehr Kompromisse müssen eingegangen werden, und um so unvollkommener können die einzelnen Forderungen erfüllt werden.

Ein Kompromiß verläuft nicht immer in der Mitte zwischen zwei gegensätzlichen Forderungen, gewissermaßen auf der 50 Prozent-Linie. Man kann den Schwerpunkt fast beliebig verschieben – eine wichtiger erscheinende Forderung fast hundertprozentig, eine weniger wichtig erscheinende nur andeutungsweise verwirklichen.

Bereits bei einem Pkw müssen zahlreiche Kompromisse eingegangen werden. Komfort und Straßenlage, Leistung und Verbrauch, Bedienungserleichterungen, Sicherheit, Preis und vieles mehr müssen auf den berühmten ›gemeinsamen Nenner‹ gebracht werden. Es gibt deshalb auch eine Vielzahl von Pkw-Modellen, bei denen die Schwerpunkte jeweils etwas verschoben wurden und die dadurch unterschiedlichen Käuferwünschen gerecht werden, obwohl gewisse Grundforderungen bei allen Fahrzeugen mehr oder weniger erfüllt sein müssen.

Ein Geländewagen soll zunächst einmal möglichst uneingeschränkt alles das bieten, was auch ein Pkw bietet. Zusätzlich aber soll er auch noch geländetauglich sein. Selbst bei reinen Spezial-Geländefahrzeugen, die für die Straße ungeeignet sind, müssen ähnlich wie bei einem nur für die Straße geeigneten Pkw viele Kompromisse eingegangen werden. Noch mehr gilt das natürlich für die Kombintion zwischen einem Pkw und einem Gelände-Spezial-Fahrzeug – dem Geländewagen! Dabei ist das Resultat vorprogrammiert: die Straßen-Eigenschaften werden stets schlechter als bei einem Pkw, die Gelände-Eigenschaften schlechter als bei einem Gelände-Spezialfahrzeug sein.

Wir wollen bei unserer Betrachtung der Technik von Geländewagen den uns vertrauten Pkw als Basis nehmen und aus seinen spezifischen Schwächen im Gelände ableiten, welche technischen Maßnahmen erforderlich sind, um diese Schwächen unter möglichst weitgehender Beibehaltung der erwünschten Eigenschaften des Pkw zu beheben.

Zwei grundsätzliche Punkte sind es, in denen sich die Fortbewegung im Gelände von jener auf festen Straßen unterscheidet und die folglich von einem nur für die Straße gebauten Pkw nicht bewältigt werden können: die Unebenheiten der Fahrstrecke und die Beschaffenheit des Untergrundes.

Befassen wir uns zunächst einmal mit den Unebenheiten im Gelände. Die Oberfläche einer Straße ist eben und glatt, größere Steigungen werden durch die Kunst der Straßenbauer ausgebügelt. Im Gelände hingegen gibt es keine glatten und ebenen Strecken; Gelände besteht aus mehr oder weniger ausgedehnten oder ausgeprägten Unebenheiten, aus Senken, Bodenwellen, Steinen unterschiedlichen Kalibers, Baumstümpfen, Gräben und Steilhängen.

Ein Pkw hat einige Merkmale, die einer problemlosen Bewältigung unebener Oberflächen entgegenstehen:

- geringe Bodenfreiheit
- unabhängig aufgehängte Räder zumindest vorn
- große vordere und hintere Karosserie-Überhänge
- selbsttragende Karosserie

Es ist naheliegend, daß ein Pkw schon bei mäßigen Unebenheiten der Fahrbahn aufsetzt und hängenbleibt. Andererseits wandert mit größerer Bodenfreiheit auch der Schwerpunkt nach oben, was sich negativ auf die Straßenlage auswirkt. Bei einem Pkw genügt eine mäßige Bodenfreiheit, um Bordsteine oder Rampen von Parkhäusern überrollen zu können; Rennwagen, die ausschließlich auf topfebenen Rennstrecken eingesetzt werden und bei denen eine optimale Straßenlage wichtig ist, haben eine extrem geringe Bodenfreiheit.

Ein Geländewagen muß eine höhere Bodenfreiheit haben als ein Pkw, wofür in gewissen Grenzen eine Verschlechterung der Straßenlage in Kauf genommen werden muß. Außerdem wird bei hoch liegendem Schwerpunkt die Kippneigung größer, was bei Schrägfahrt an Hängen im Gelände besonders unangenehm ist.

Nehmen wir einmal der Einfachheit halber an, wir hätten zwei Achsrohre, an deren Enden sich die Räder befinden und auf denen über Federn der Wagenkörper sitzt. Durch höhere, stärker gewölbte oder unterlegte Federn kann man den Wagenkörper relativ zu den Achsrohren anheben, so daß die Achsrohre der tiefste Punkt sind. Die Bodenfreiheit würde sich dann aus dem Halbmesser der Räder am Ende der Achsrohre ergeben. Bei einem Pkw mit 13 Zoll-Rädern sind das samt Bereifung rund 30 Zentimeter, bei den 16 Zoll-Rädern eines Geländewagens volle sieben Zentimeter mehr. In der Praxis sind nicht die Achsen der tiefste Punkt, schon nicht wegen der Achsdifferentiale, auf die wir noch zurückkommen, aber der Einfluß der Radgröße auf die Bodenfreiheit bleibt davon unberührt. Geländewagen haben schon deshalb größere Räder als ein Pkw; ihre Bodenfreiheit liegt meist um oder über 20 Zentimeter, jene eines Pkw um oder unter 15 Zentimeter.

Große Räder haben den zusätzlichen Vorteil, daß ihre Aufstandsfläche, die jeweils Bodenkontakt hat, gleichfalls größer ist und somit größere Kräfte übertragen kann, was sich bei rutschigem Untergrund positiv auswirkt. Dafür sind sie schwerer; auch Starrachsen und Blattfeder-Pakete sind schwer, und da alle diese Komponenten zu den ›ungefederten Massen‹ gehören, die den Komfort entscheidend beeinflussen, läßt sich der Komfort eines Geländewagens ebenso wenig wie seine Straßenlage mit einem Pkw vergleichen.

Starrachsen? Nanu? Unabhängig aufgehängte Räder gelten bei einem Pkw gegenüber einer starren Achse als fortschrittlicher. Es ist einfacher, damit einen gelungenen Kompromiß zwischen Straßenlage und Komfort zu finden. Leider aber verringert sich unter Belastung die Bodenfreiheit, so daß bis auf einige Ausnahmen auch moderne Geländewagen nicht nur hinten, sondern sogar vorn eine Starrachse haben. Besonders straßentaugliche Geländewagen wie der Range Rover oder der Mercedes G beweisen, daß die damit verbundenen Einbußen an Komfort und Straßenlage durchaus akzeptabel sein können.

Voraussetzung für diese akzeptablen Fahreigenschaften sind allerdings Schraubenfedern in Verbindung mit einer präzisen Achsführung. Für die noch immer bei Geländewagen überwiegenden Blattfedern spricht allenfalls ihr geringerer Preis, gegen sie weniger ihre Federungs-Qualitäten als vielmehr der Umstand, daß sie gleichzeitig auch die Achse führen müssen. Das aber gelingt ihnen nur höchst unvollkommen und wirkt sich sehr nachteilig auf die Straßen-Fahreigenschaften aus. Es ist schwer verständlich, warum selbst manche Neuentwicklungen noch immer mit Blattfedern ausgerüstet sind.

Verbindet man den untersten Punkt der Vorderseite des Wagens (meist die Stoßstangen-Unterkante) mit dem Reifen durch eine gedachte Linie oder durch eine angelegte Latte, dann ergibt sich gegenüber der Fahrbahn ein bestimmter Winkel, der um so kleiner wird, je geringer die Bodenfreiheit ist und je weiter die Karosserie die Räder überragt. Nähern Sie sich nun einem Hindernis, etwa einer Bodenwelle oder einer Böschung, dann bohrt sich der Bug des Wagens hinein, bevor die Räder es überrollen können. Kurze Karosserie-Überhänge und damit ein großer ›Böschungswinkel‹ sind vor allem vorn, aber auch hinten, bei einem Geländewagen wichtig. Bei einem Pkw hingegen sprechen aerodynamische und ästhetische Argumente für längere Karosserie-Überhänge.

Es bleibt die bei einem Pkw übliche selbsttragende Karosserie. Erstmals tauchte sie 1935 bei dem damaligen Opel Olympia auf. Die Karosserie wirkte als sich selbst versteifende Zelle und ersparte die bis dahin üblichen Rahmenkonstruktionen, auf denen die Karosserie montiert wurde. Bei der selbsttragenden Karosserie können Gewicht und Kosten verringert werden, so daß es heute kaum noch einen modernen Pkw mit Rahmenkonstruktion gibt.

Geländewagen sind weitaus größeren Verwindungskräften ausgesetzt als ein Pkw. Im harten Dauereinsatz besteht die Gefahr, daß sich die selbsttragende Karosserie verzieht, deshalb gilt bei Geländewagen noch immer ein kräftig dimensionierter Rahmen als die stabilste Lösung. Als weiterer Vorteil kommt hinzu, daß man auf einen solchen Rahmen beliebige Aufbauten setzen kann, auch offene, die keine selbstversteifte Zelle bilden müssen. Viele Geländewagen können wegen ihrer Rahmenkonstruktion wahlweise mit offenem Planenaufbau oder mit einem festen Aufbau geliefert werden, um unterschiedlichen Bedürfnissen gerecht zu werden.

So weit die technischen Voraussetzungen zur Bewältigung von Gelände-Unebenheiten, durch die sich ein Geländewagen von einem Pkw unterscheidet. Sie bestimmen vor allem das charakteristische äußere Erscheinungsbild der hochbeinigen Geländewagen mit ihren kantigen Konturen.

Viel schwieriger und aufwendiger ist es, die technischen Voraussetzungen zu schaffen, die einen Geländewagen befähigen, auch auf rutschigem Untergrund und bei extremen Steigungen, wie sie auf festen Straßen nicht vorkommen, noch Antriebskräfte auf den Boden zu übertragen.

Auf fester Straße genügt es völlig, nur ein einziges Rad anzutreiben, das dann allerdings in der Fahrzeug-Längsachse angeordnet sein muß, weil sonst durch den einseitigen Antrieb das Auto bestrebt wäre, einen Kreisbogen zu beschreiben.

Nach dem Krieg gab es bei uns einige Kleinwagen mit nur einem angetriebenen Hinterrad; am bekanntesten war wohl der Messerschmitt-Kabinenroller. Bei nur einem angetriebenen Rad spart man überdies das Differential ein, mit dem wir uns noch näher befassen müssen.

Böschungswinkel vorn ...

... und Böschungswinkel hinten.

Natürlich ist ein Dreirad-Fahrzeug eine recht wacklige Angelegenheit, weshalb einige Fahrzeuge mit dicht beieinander stehenden Hinterrädern entwickelt wurden, von denen die BMW Isetta am bekanntesten war. Auch bei sehr eng nebeneinander stehenden Antriebsrädern kann noch auf ein Differential verzichtet werden.

Für ein stabiles Gleichgewicht sind vier Räder an zwei Achsen erforderlich, die praktisch die gleiche Spurbreite haben. Würde dabei nur ein Rad angetrieben, müßte man ständig die einseitigen Antriebs-Einflüsse durch die Lenkung ausgleichen. Es ist also naheliegend, daß schon seit der Kindheit des Automobils zwei Räder indirekt, nämlich über die sie verbindende Achse, angetrieben wurden.

Dazu ist freilich jene technische Vorrichtung notwendig, die wir als Differential oder Ausgleichs-Getriebe bezeichnen. Fährt ein Auto mit einer angetriebenen Achse ohne Differential eine Kurve, dann legt das äußere Rad einen längeren Weg zurück als das kurveninnere Rad. Beide Räder sind aber starr miteinander verbunden und können sich nur gleich schnell drehen, also auch nur einen gleich langen Weg zurücklegen. Sie wollen nicht dem Kurvenverlauf folgen, sondern geradeaus marschieren. Der bei Kurvenfahrt notwendige Ausgleich kann nur gewissermaßen gewaltsam erfolgen, indem das Rad, das die kürzere Wegstrecke zurückzulegen hat, auf der Fahrbahn radiert. Das mag bei rutschigem Untergrund und geringen Geschwindigkeiten noch möglich sein, auf festem Untergrund und bei höheren Geschwindigkeiten aber nicht mehr.

Das Differential sorgt dafür, daß das Antriebs-Drehmoment unabhängig von der Drehzahl gleichmäßig auf beide Räder übertragen wird. Es ist eine elegante Lösung, deren einziger Nachteil bei einem Pkw kaum ins Gewicht fällt. Über das Differential kann nämlich kein höheres Drehmoment auf die Fahrbahn übertragen werden, als es das am geringsten belastete Rad zuläßt. Rutscht etwa ein Rad auf Eis durch, während das andere auf festem Untergrund steht, bekommt das rutschende Rad die gesamte Vortriebskraft zugeleitet, während das andere Rad antriebslos bleibt.

Was bei einem Pkw selten ist, kommt bei einem Geländewagen häufiger vor, denn der Untergrund ist im Gelände längst nicht so homogen wie auf der Straße. Bevor wir uns aber damit befassen, wie dieser Nachteil des Differentials im Gelände beseitigt werden kann, müssen wir uns mit einem anderen Problem auseinandersetzen: der auf unebenem und rutschigem Untergrund unzureichenden Vortriebskraft nur einer angetriebenen Achse.

Zwischen Reifen und Fahrbahn besteht eine Haftreibung, die allein es ermöglicht, die Vortriebskraft des Wagens auf die Fahrbahn zu übertragen. Bei einem Pkw auf fester Straße erreicht diese Haftreibung unter optimalen Verhältnissen den Wert von 1,0 (spezielle Rennreifen erreichen sogar weitaus höhere Haftreibungs-Werte). Auf Sand und Schotter sinkt die Haftreibungszahl auf Werte zwischen 0,2 und 0,4, bei Schlamm, Wasserpfützen, Eis und Schnee noch darunter. Kommt nun noch eine Erhöhung der Fahrwiderstände durch eine Steigung hinzu, wird es mit der Vortriebskraft von nur zwei angetriebenen Rädern kritisch.

Jedes der beiden angetriebenen Räder muß die Hälfte des Wagengewichts bewegen. Vom Pkw her wissen wir, wie schwierig das bei niedrigen Haftreibungswerten sein kann, etwa bei winterlich glatter Fahrbahn, wenig griffigen Reifen und an Steigungen. Die Grenze, bei der die Haftreibung in eine Gleitreibung übergeht, die Antriebsräder durchdrehen und der Vortrieb endet, ist dann bald überschritten. Wegen der Differentialwirkung ist ja bereits ›das Ende der Fahnenstange‹ erreicht, sobald nur ein Rad die Haftreibung verliert. Dazu sind nicht einmal winterliche Fahrbahnverhältnisse erforderlich. Verläßt man die Straße, genügt oft schon Sand, eine nasse Wiese oder ein verschlammter Feldweg.

Die Lösung des Problems liegt auf der Hand und ist gewissermaßen die wichtigste Voraussetzung für die Fortbewegung abseits fester Straßen: nicht eine, sondern beide Achsen werden angetrieben! Nicht zwei, sondern alle vier Räder übertragen jetzt die Vortriebskraft. Ein echter Geländewagen hat Allrad-Antrieb.

Bereits ein Tropfen genügt, um ein randvolles Gefäß zum Überlaufen zu bringen. Bei der Übertragung der Vortriebskraft auf vier statt auf zwei Räder wird die Traktionsleistung auf rutschigem Untergrund nicht nur verdoppelt, wie das rein rechnerisch naheliegend wäre. Da jedes Rad nur noch ein Viertel

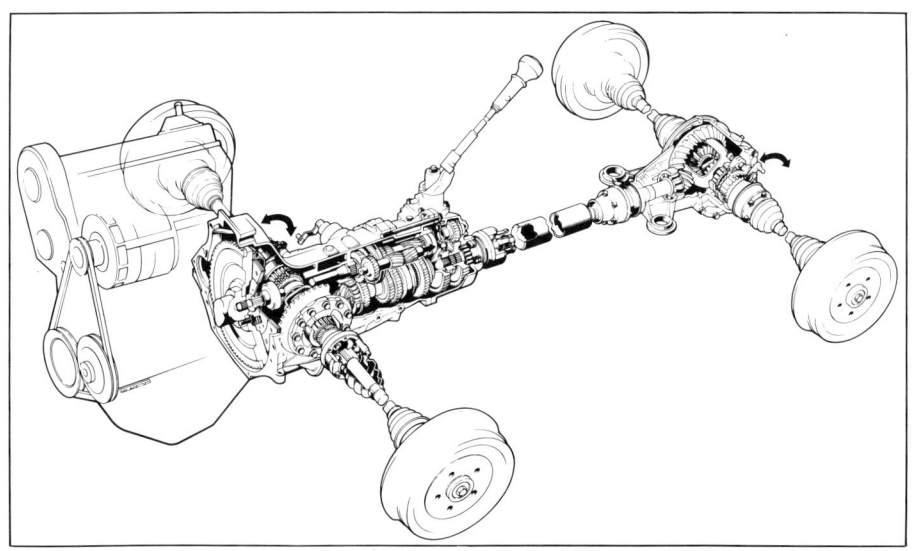

Antriebsstrang eines Wagens mit Hinterrad-Antrieb und zuschaltbarem Vorderrad-Antrieb.

statt der Hälfte des Wagengewichts zu bewegen hat, wird die Grenze von der Haft- zur Gleitreibung weitaus seltener überschritten. Auch ist die Gewichts- verteilung auf die angetriebenen Räder gleichmäßig, und wenn tatsächlich ein Rad durchdrehen sollte, weil gerade eine besonders rutschige Stelle wenig

Kraftfluß-Schema. Oben links: Normaler Hinterrad-Antrieb. Unten links: Allrad-Antrieb über Verteiler-Getriebe. Oben rechts: Hinterrad-Antrieb mit Differentialsperre. Unten rechts: Allrad-Antrieb mit vorderer und hinterer Differentialsperre.

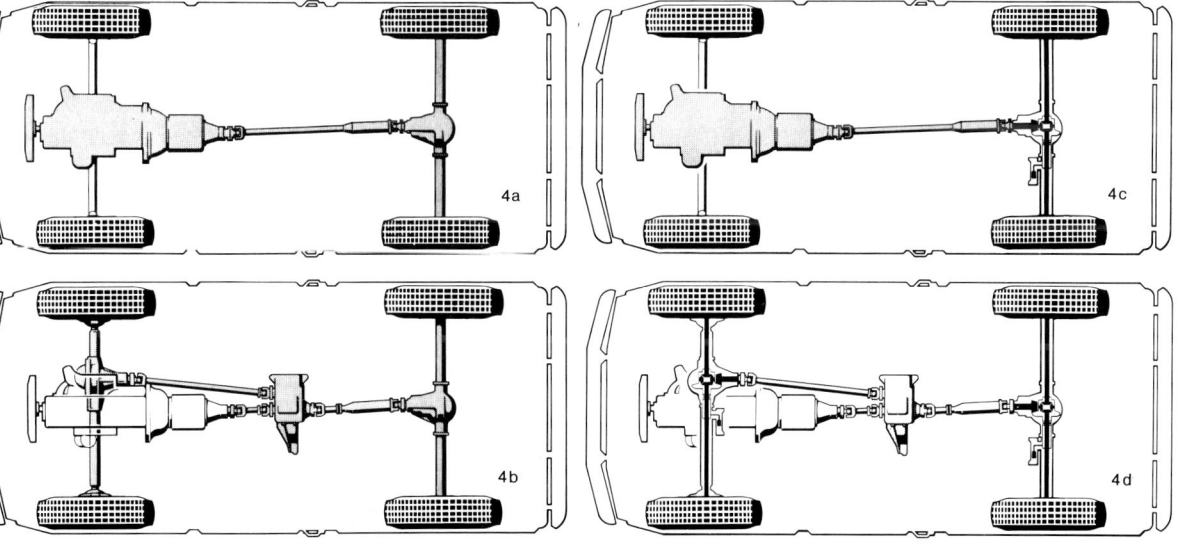

Haftreibung besitzt, wird dadurch nicht das gesamte Fahrzeug durch die Differentialwirkung antriebslos, sondern nur das andere Rad der gleichen Achse. Die Räder der zweiten Achse bleiben davon unberührt. Natürlich müssen aus den bereits erwähnten Gründen beide angetriebenen Achsen ein Differential haben.

Es erhebt sich nun die Frage, warum nicht jeder Pkw mit Allrad-Antrieb ausgerüstet wird – immerhin hat wohl schon jeder Pkw-Fahrer einmal im Winter Schwierigkeiten mit der Traktion seines Wagens gehabt. Dafür gibt es einige Gründe: erstens ist die Notwendigkeit einer verbesserten Traktion bei einem Pkw relativ gering; zweitens ist der zusätzliche Antrieb einer zweiten Achse recht teuer; drittens schließlich frißt der Antrieb der zweiten Achse Leistung und erhöht damit den Verbrauch. Das gilt auch, wenn der Antrieb der zweiten Achse für die Straßenfahrt abgeschaltet wird, wie das bei den meisten Geländewagen möglich ist. Die Räder der gerade nicht angetriebenen Achse bewegen nämlich, wenn sie sich während der Fahrt antriebslos drehen, den gesamten Antriebsstrang gegen dessen Reibungs-Widerstand bis hin zum Verteiler- bzw. Zwischen-Getriebe, in dem der Antrieb dieser Achse ausgeschaltet wird.

Wenn bei den meisten Geländewagen der Antrieb einer Achse für flotte Straßenfahrt abgeschaltet werden kann, dann weniger wegen der dadurch möglichen geringen Treibstoff-Ersparnis. Vielmehr treten zwischen zwei direkt angetriebenen Achsen die gleichen Probleme auf wie zwischen zwei ohne Differential miteinander verbundenen Rädern einer Achse. Beiden Achsen wird also die gleiche Drehzahl aufgezwungen, was im Gelände bei rutschigem Untergrund und geringen Geschwindigkeiten bedeutungslos ist, bei verhältnismäßig flotter Straßenfahrt aber zu erhöhtem Verschleiß und unruhigem, bockigem Fahrverhalten führt.

Auch bei Straßenfahrt gibt es zuweilen Situationen, in denen man sich die überlegene Traktion des Allrad-Antriebs wünscht, etwa bei Schneematsch oder bei Aquaplaning-Gefahr. Zudem ist es bei wechselnden Verhältnissen etwas umständlich, ständig den Allrad-Antrieb ein- und auszuschalten, wozu bei vielen Geländewagen angehalten werden muß. Deshalb haben einige wenige Geländewagen permanenten Allrad-Antrieb, können also immer mit zwei angetriebenen Achsen fahren. Das wird dadurch ermöglicht, daß ein drittes, zentrales Differential im Verteiler-Getriebe die Vortriebskraft in ähnlicher Weise zwischen den Achsen verteilt wie ein Achsdifferential zwischen den beiden Rädern. Es ist also ein Drehzahl-Ausgleich möglich, Verspannungen werden vermieden. Der Verbrauch ist bei permanentem Allrad-Antrieb nur geringfügig höher als bei einer abschaltbaren Achse (ca. 2–5 Prozent).

Der aufwendige permanente Allrad-Antrieb hat (außer den höheren Kosten) nur einen Nachteil: dreht ein Rad durch, wird über das Achsdifferential nicht nur das zweite Rad antriebslos, sondern über das Zentraldifferential auch die andere Achse! Deshalb haben Geländewagen mit permanentem Allrad-Antrieb eine Blockiervorrichtung, die das zentrale Differential bei Bedarf außer Funktion setzt. Das Fahrzeug verhält sich dann ebenso wie ein ›normaler‹ Geländewagen mit zwei direkt über das Verteiler-Getriebe angetriebenen Achsen.

Womit wir wieder bei den Differentialen angelangt wären. Achsdifferentiale

Wie die meisten Geländewagen hat der Mercedes G einen Rahmen statt einer selbsttragenden Karosserie. In der Mitte das zweistufige Zwischen-Getriebe, in dem auch der Vorderrad-Antrieb zugeschaltet werden kann. Bemerkenswert sind die Schraubenfedern.

können nämlich grundsätzlich in gleicher Weise blockiert werden wie ein Zentraldifferential. Ist das Differential auf diese Weise blockiert, wird bei einem durchdrehenden Rad nicht auch das andere Rad dieser Achse antriebslos. Ein solches ›Sperrdifferential‹ darf nur im Gelände und bei Bedarf zugeschaltet werden, keinesfalls auf der Straße, weil dann das Fahrzeug kaum mehr lenkbar ist. Insbesondere gilt das für ein Sperrdifferential an der Vorderachse. Die potentielle Gefahr, bei Verlassen des Geländes das Ausschalten der Differentialsperren zu vergessen, mag der Grund dafür sein, daß sie nur bei sehr wenigen Geländewagen ab Werk angeboten werden.

Natürlich hat man versucht, den Nachteil eines Differentials auch ohne diese Probleme bei Straßenfahrt zu eliminieren. Das Resultat dieser Versuche wird gleichfalls als Sperrdifferential bezeichnet, was freilich unrichtig ist. Die Funktion des Differentials wird nämlich nicht gesperrt wie bei den echten Differentialsperren, sondern nur künstlich schwergängig gemacht. Treffender ist die Bezeichnung ›selbsthemmendes Differential‹ oder ›limited slip‹, wie es in Englisch heißt, also Differential mit begrenztem Schlupf. Ein Teil des Antriebs-Moments wird dabei nicht über die Ausgleichsräder, sondern über eine Reibkupplung bzw. Lamellen übertragen. Dieser Anteil kann willkürlich festgelegt werden und wird bei einem durchdrehenden Rad auf das andere Rad übertragen. Meistens liegt er zwischen 25 und 50 Prozent.

Solche selbsthemmenden Differentiale sind ›automatisch‹, d. h. sie laufen immer mit und werden nur bei einer entsprechenden Radlast-Differenz wirksam. Diese Wirksamkeit ist natürlich geringer als bei einer echten Differentialsperre, deren Wirkungsgrad theoretisch 100 Prozent beträgt. Außerdem sind selbsthemmende Differentiale Verschleißteile.

Es ist logisch, daß man sich im Gelände viel langsamer bewegen muß als bei fester Straßendecke. Die von Unebenheiten ausgehenden Stöße werden bei höherer Geschwindigkeit potenziert, im Bodenbewuchs verborgene Hindernis-

Anfahr-Fähigkeit an Steigungen bei einem Chevrolet Blazer in Abhängigkeit vom Antriebs-System

	Ein Hinterrad auf rutschigem Untergrund		Ein Vorder- und ein Hinterrad auf rutschigem Untergrund		
	Eis/Schnee, H *) = 0,15	Nasses Pflaster/Schlamm H *) = 0,35	Eis/Schnee, H *) = 0,15	Nasse Pflaster/Schlamm H *) = 0,35	Bemerkungen
Hinterrad-Antrieb mit offenem Differential	4,5 %	14,0 %	4,5 %	14,0 %	Nur Untergrund an der Antriebs-Achse maßgebend
Hinterrad-Antrieb mit selbsthemmendem**) Differential	9,4 %	25,5 %	9,4 %	25,5 %	deutliche Verbesserung
Hinterrad-Antrieb mit Sperrdifferential	26,3 %	31,3 %	26,3 %	31,3 %	sehr entscheidende Verbesserung
Allrad-Antrieb***) mit offenen Differentialen	55,0 %	64,0 %	10,0 %	30,0 %	bei offenen Differentialen u. U. schlechter als bei nur einer Antriebsachse mit Sperrdifferential
Allrad-Antrieb***) mit hinterem Sperrdifferential	76,0 %	81,0 %	32,0 %	48,0 %	Werte bei zusätzlichem vorderen Sperrdifferential liegen nicht vor

*) H = Haftreibungszahl
**) vorgespannt
***) bei permanentem Allrad-Antrieb mit blockiertem Zentral-Differential

Anmerkung: Durch Schnee oder Schlamm, der vor den Rädern zusammengeschoben wird, können sich größere Fahrwiderstände und damit eine geringere Steigfähigkeit ergeben.

se werden zur tödlichen Falle, schwierige Passagen können nur mit höchster Zugkraft im langsamsten Gang gemeistert werden. Für einen Geländewagen ist es also äußerst wichtig, daß er nicht nur flott auf der Straße, sondern auch langsam im Gelände fahren kann, und diese Forderung hat einige technische Konsequenzen.

Bei hohen Fahrwiderständen, also etwa bei extremen Steigungen oder in achstiefem, zähem Schlamm, ist nicht nur eine geringe Geschwindigkeit erforderlich, sondern dabei auch die höchstmögliche Zugkraft. Diese höchste Zugkraft wird bei dem maximalen Drehmoment abgegeben, bei den meisten heutigen Pkw-Motoren zwischen 3000 und 4000 Umdrehungen pro Minute. Es gilt nun, die Fahrgänge eines normalen Schaltgetriebes so aufzuteilen, daß einerseits bereits bei Schrittgeschwindigkeit trotz hoher Motordrehzahl das maximale Drehmoment übertragen werden kann, andererseits aber auch noch flotte Straßenfahrt möglich ist – eine offensichtlich unlösbare Aufgabe.

Am einfachsten hat es sich VW mit dem Bus gemacht, indem ein zusätzlicher Geländegang für sehr niedrige Geschwindigkeiten in das normale Viergang-Getriebe integriert wurde. Üblich ist eine aufwendigere und bessere Lösung. In das Verteiler-Getriebe, das die Vortriebskraft auf die beiden Achsen überträgt, wird ein zweistufiges Zwischen-Getriebe eingebaut. In dessen langsamer Stufe kann über die Gänge des Schaltgetriebes für alle Schwierigkeitsgrade im Gelände die passende Übersetzung gefunden werden, die schnelle Stufe bietet vier oder fünf Gänge für den Straßen-Betrieb.

Bevor der Verbrauch seine heutige Bedeutung erlangte, mußte auch der Motor eines Geländewagens bestimmte Forderungen erfüllen, die sich nicht unbedingt mit jenen eines Pkw-Motors deckten. Im Prinzip sollte er ein möglichst hohes Drehmoment bei möglichst niedriger Drehzahl leisten, was sich sehr einfach durch großen Hubraum in Verbindung mit relativ niedriger PS-Leistung verwirklichen läßt. Die Motoren-Techniker drücken die Leistung eines Motors in Abhängigkeit von seinem Hubraum durch die spezifische oder Liter-Leistung aus, das ist jene Leistung, die auf einen Hubraum von einem Liter entfällt. Ein moderner Pkw-Motor hat eine Liter-Leistung zwischen 50 und 60 PS, sportliche Motoren liegen darüber. Bei den klassischen Geländewagen liegt die Liter-Leitung zwischen 30 und 40 PS. Dabei rutscht die Drehzahl, bei der das maximale Drehmoment abgegeben wird, von 3000 bis 4000 U/min auf 2000 bis 3000 U/min. Eine angenehme Begleiterscheinung der niedrigen Literleistung war die geringe Verdichtung, die die Verwendung jenes minderwertigen Benzins erlaubte, wie es in manchen Entwicklungsländern verfügbar ist. Unangenehm hingegen ist der überaus hohe Verbrauch, nicht nur wegen des großen Hubraums, sondern auch wegen des als Folge der niedrigen Verdichtung schlechten Wirkungsgrades.

Wie bereits im letzten Kapitel erwähnt, läuft die Zeit dieser Hubraumriesen ab. Ihr unverschämter Durst paßt nicht mehr in die heutige automobile Landschaft. Durch entsprechende Übersetzung ist man bemüht, mit kleineren Motoren höherer Literleistung und besserem Wirkungsgrad die gleichen Resultate im Gelände zu erreichen.

Eine besondere Rolle gerade bei Geländewagen spielen die Diesel-Motoren. Sie haben nicht nur einen wesentlich besseren Wirkungsgrad und sind deshalb sparsamer als ein Otto-Motor, sondern sie haben auch prinzipbedingt eine niedrigere spezifische Leistung und erreichen ihr Drehmoment-Maximum bei niedrigeren Drehzahlen. Das kommt natürlich den Anforderungen an einen Geländewagen-Motor besonders entgegen. Deutliche Verbrauchs-Vorteile haben Diesel-Motoren freilich nur im Teillast-Bereich, nicht bei Vollast. Wer vorwiegend längere Strecken mit hohem Tempo fährt, verbraucht mit einem Diesel-Motor fast ebenso viel wie mit einem Otto-Motor.

Insgesamt läßt sich feststellen, daß die Technik eines Geländewagens recht genau in der Mitte steht zwischen einem Pkw und einem Nutzfahrzeug mit Allrad-Antrieb, einem Baustellen-Lkw etwa. Auch dieser hat große Räder, einen Rahmen, einen niedrig drehenden Motor, Zwischen-Getriebe usw.

Nicht nur gut im Gelände

Geländewagen – oder besser das, was wir in diesem Buch darunter verstehen wollen – leiden unter ihrem Namen, der sie in die Ecke der Spezial-Fahrzeuge abdrängt. Ein Geländewagen ist aber viel mehr als ein Spezial-Fahrzeug für das Gelände. Sicherlich erinnern Sie sich, daß gleich zu Beginn dieses Buches der Versuch unternommen wurde, einen Geländewagen als ein echtes Universal-Fahrzeug zu definieren, geeignet sowohl für die Straße als auch für das Gelände; reine Spezial-Fahrzeuge für das Gelände wurden bewußt ausgeklammert.

Es ist allerdings unbestritten, daß ein Pkw als ein Spezial-Fahrzeug für die Individual-Personenbeförderung auf festen Straßen diese bestimmte Aufgabe besser als ein Geländewagen erfüllen kann – er ist schneller, bequemer, sparsamer und billiger. Ein Geländewagen ist einem Spezial-Fahrzeug auf dessen jeweiligem Einsatzgebiet unterlegen, dafür aber kann er in beispielloser Vielseitigkeit den unterschiedlichsten Anforderungen gerecht werden. Durch diese Vielseitigkeit ist er in bestimmten Situationen sogar einem Spezial-Fahrzeug auf dessen ureigenem Einsatzgebiet überlegen!

Betrachten wir uns einmal etwas näher, welche Vorteile ein Geländewagen im Alltags-Betrieb, also bei dem Einsatz als Pkw auf vorwiegend festen Straßen und ohne Berücksichtigung seiner überlegenen Eigenschaften im Gelände, hat.

Es gibt bereits seit vielen Jahren Pkw, die das wichtigste Merkmal eines Geländewagens haben, den Allrad-Antrieb. Den Corolla 4WD vom Landcruiser-Hersteller Toyota etwa oder den japanischen Subaru, den es sogar auf Wunsch mit einem Zweigang-Zwischengetriebe gibt, vor allem aber die Audi Quattro. Diese Quattros wurden im Gegensatz zu den beiden anderen Allrad-Pkw nämlich nicht für das zumindest gelegentliche Befahren von Geländestrecken gebaut, sondern erhielten ihren Allrad-Antrieb ausschließlich für bessere Fahreigenschaften auf fester Straße!

Den Audi-Konstrukteuren zufolge hat der Allrad-Antrieb auf der Straße die folgenden Vorteile:

- Bei winterlich glatter Fahrbahn eine wesentlich bessere Traktion, bei regennasser Straße eine stark verminderte Aquaplaning-Gefahr.
- Besseres Fahrverhalten auch bei trockener Straße, insbesondere in Kurven, durch gleichmäßige Vertei-

lung der Vortriebskraft auf beide Achsen, deshalb auch keine Lastwechsel-Reaktionen.
- Das Bremsverhalten wird gleichmäßiger, die Bremswege werden also kürzer, weil annähernd die gleichen Kräfte auf die Räder wirken und ein Blockieren einzelner Räder verhindert oder zumindest erschwert wird.

Natürlich stehen diesen Vorteilen auch Nachteile gegenüber, sonst wären wohl längst alle Pkw mit Allrad-Antrieb ausgerüstet. Es sind dies vor allem das höhere Gewicht durch die zusätzlichen Teile der Kraftübertragung, die dort auftretenden höheren Reibungsverluste und – last but not least – der wesentlich höhere Preis.

Um mit dem Preis zu beginnen: der zusätzliche Aufwand für den Allrad-Antrieb kostet für einen Wagen der unteren Preisklasse praktisch genau so viel wie für einen Wagen der oberen Preisklasse. Prozentual hingegen fällt er bei einem Wagen der oberen Preisklasse viel weniger ins Gewicht. Autos mit permanentem Allrad-Antrieb gehören oft zur oberen Preisklasse, so daß der Mehrpreis für den Allrad-Antrieb von ihren Käufern leichter verschmerzt wird, als das bei einem Wagen der unteren Preisklasse der Fall wäre.

Bekanntlich verzichtet man bei den Quattros auf ein Zwischengetriebe und bringt vom zentralen Differential aus die Vortriebskraft ganz normal an die Hinterachse, an die Vorderachse aber durch eine hohle Getriebewelle. Das spart sowohl Gewicht als auch Reibungsverluste. Das Mehrgewicht des Allrad-Antriebs wird bei den Quattros mit 75 Kilogramm angegeben. Die Reibungsverluste sind gegenüber einem versuchsweise nur mit Frontantrieb ausgerüsteten Quattro lediglich drei Prozent höher – das ist ein Wert, der sich mit dem kräftezehrenden Antrieb normaler Geländewagen nicht erreichen läßt.

Der Rollwiderstand eines angetriebenen Rades ist geringer als jener eines frei mitlaufenden Rades; je höher die Geschwindigkeit, um so stärker wirkt sich dieser Faktor aus. Unter dem Strich soll der Quattro seine Höchstgeschwindigkeit von rund 220 km/h ziemlich exakt unabhängig davon laufen, ob er mit Allrad-Antrieb oder nur mit Frontantrieb fährt! Trotz Mehrgewicht und höherem Rollwiderstand also.

Der Allrad-Antrieb des Quattro ist für den Straßen-Betrieb optimiert, seine Nachteile wurden weitgehend ausgeschaltet. Ansonsten ist der Quattro ein Pkw mit dessen spezifischen Vor- und Nachteilen. Grundsätzlich aber hat der Allrad-Antrieb eines Geländewagens auf der Straße die gleichen Vorteile wie im Audi Quattro.

Zweifellos der größte Vorteil des Allrad-Antriebs liegt in der Unabhängigkeit von witterungsbedingten Straßenverhältnissen. In abgelegenen Gegenden kann zur Winterzeit ein Wagen mit Allrad-Antrieb zur absoluten Notwendigkeit werden. Was aber ist abgelegen?

Mit der Motorisierungswelle der Nachkriegszeit, mit der Industrialisierung und der damit verbundenen Umweltbelastung in den Ballungs-Zentren, mit knappem, teurem Bauland in Stadtnähe sind immer mehr Häuser in ländlichen Gebieten, in einiger Entfernung von der Arbeitsstelle, entstanden. Hier gibt es eine höhere Wohn- und Lebensqualität, hier ist der Bauland-Preis noch erschwinglich, es müssen aber auch längere Anfahrtswege, teilweise über Nebenstrecken, zur Arbeitsstelle in Kauf genommen werden.

Durch die aufgelockerte Bebauung ist

Bei winterlichen Straßenverhältnissen sind Geländewagen – hier ein Suzuki SJ 410 – jedem Pkw weit überlegen.

Auch einige Kleinwagen gibt es bereits mit Allrad-Antrieb. Hier der Subaru Justy.

das Straßennetz, das im Winter schnee- und eisfrei gehalten werden muß, sehr ausgedehnt. Die Hauptstraßen werden natürlich bevorzugt geräumt, Nebenstraßen hingegen, wenn überhaupt, erst danach. Bei länger anhaltenden Schneefällen haben die Räumdienste genug damit zu tun, wenigstens die Hauptstraßen freizuhalten. Auch auf diesen Hauptstraßen, ja selbst auf den Autobahnen, kommt es jedoch in jedem Winter oft genug zum Verkehrschaos, wenn plötzlich einsetzender Schneefall die Räumdienste überfordert.

Der Winter ist die hohe Zeit der Geländewagen. Auf festen Straßen spielen normalerweise schon flinke Kleinwagen respektlos mit ihnen Katz und Maus. Geländewagen-Fahrer müssen in der Hektik des Straßenverkehrs schon eine stoische Gelassenheit bewahren, um sich nicht darüber zu grämen, daß sie in der Hierarchie der Straße ganz weit unten in der Nähe von Kleinstwagen und Lastkraftwagen angesiedelt sind. Dann aber kommt der Winter und damit ihre große Stunde. Ein Erfolgserlebnis reiht sich an das andere, der Entschluß zum Kauf eines Geländewagens findet seine Rechtfertigung, aus der freundlichen Herablassung anderer Verkehrsteilnehmer wird neidvolle Bewunderung.

Wenn andere Autofahrer morgens verzweifelt auf den Räumdienst warten, um noch rechtzeitig zur Arbeit zu kommen, steht der Geländewagen-Fahrer zur gewohnten Stunde auf, frühstückt gelassen und bahnt sich dann mit beiläufiger Selbstverständlichkeit seinen Weg durch die tief verschneite Fahrbahn. Wo sich hilflos herumrutschende Pkw Meter um Meter vorsichtig vorankämpfen und im Konvoi hintereinander herpirschen, rauscht der Geländwagen wie an der Schnur gezogen vorbei. Auf der Autobahn ist erst eine Fahrspur geräumt, das Tempo wird von einem müden Lkw oder einem übervorsichtigen Lenkrad-Neuling an der Kolonnenspitze diktiert. Na und? Fröhlich winkend zieht der Geländewagen-Fahrer auf der ungeräumten Fahrbahn an der Kolonne vorbei und enteilt. Selbst wenn ein Geländewagen einmal von der Straße gerutscht ist, wird sein Fahrer meistens in der Lage sein, sich aus eigener Kraft freizufahren.

Im Winter gehört ein Abschleppseil zur Standard-Ausrüstung freundlicher und hilfsbereiter Geländewagen-Fahrer. Oft genug werden sie zum Retter in der Not, helfen anderen Autos verschneite Steigungen hinauf oder ziehen sie aus dem Graben.

Ganz besonders zünftig sind Geländewagen für den Wintersport. Hier stehen sie in der Hierarchie ganz oben, vor den dicken Limousinen oder den schnellen Sportwagen. Mit einem Geländewagen kann man Gebiete erreichen, die anderen Autofahrern verschlossen sind, man bleibt auch bei winterlichen Schneefällen im Gebirge mobil.

Im Winter also ist der Geländewagen-Fahrer König. Auch im Sommer aber kommt er zuweilen zu seinem Erfolgserlebnis, etwa wenn bei heftig strömendem Regen die Autobahn überschwemmt ist, auf der rechten Fahrspur Autos in einer Gischtwolke dahinschleichen und allenfalls ein Kamikaze-Pilot daran vorbeizieht. Lässig rauscht der Geländewagen allradgetrieben an der Kolonne vorbei und scheucht den Kamikaze-Piloten, der die Welt nicht mehr versteht, von der Überholspur.

Wegen dieser Unabhängigkeit von Wind und Wetter, von Nacht und Nebel sind manche Berufsgruppen, die bei allen Witterungsbedingungen rechtzeitig ihr Ziel erreichen müssen, auf einen

Geländewagen angewiesen. Das können Landärzte oder Tierärzte sein, aber auch Handwerker, ein Klempner oder Elektriker, der eine Notreparatur auszuführen hat.

Wer in nicht allzu schneereichen Gegenden wohnt, zur Arbeitsstelle vorwiegend gut geräumte Hauptstraßen benutzt und es sich leisten kann, notfalls auch einmal ein paar Stunden zu warten, bis die Straße geräumt ist, braucht keinen Geländewagen. Es sind immerhin nur verhältnismäßig seltene Gelegenheiten, bei denen ein Geländewagen im Straßenverkehr einem normalen Pkw überlegen ist; im Flachland und bei gemäßigtem Klima ist man in aller Regel mit einem Pkw besser bedient.

Die Unabhängigkeit von den witterungsbedingten Straßenverhältnissen ist aber auch nur ein Argument für den Geländewagen und seine Vorteile im Alltagsbetrieb, wenn auch ein sehr starkes.

Wer wechselweise Personen und sperriges Transportgut befördern will oder muß, kann sich einen kleinen Bus oder einen kleinen Lkw kaufen – oder einen Geländewagen. Ein Geländewagen bietet durch seinen hohen Aufbau mehr Platz als ein vergleichbarer Kombi, und durch sein hohes Eigengewicht sowie durch seine robuste, geländetaugliche Bauweise ist seine erlaubte Zuladung meist auch höher als bei einem Pkw oder Kombi.

In seiner Technik steht ein Geländewagen einem Lkw oft näher als einem Pkw. Starrachsen sind aus gutem Grund ebenso die Regel wie eine Rahmen-Bauweise statt einer selbsttragenden Karosserie, und durch die Untersetzung des Zwischen-Getriebes steht auch bei niedrigen Geschwindigkeiten stets die volle Kraft zur Verfügung. Durch seine überlegene Ladekapazität und Nutzlast ist ein Geländewagen beispielsweise das ideale Fahrzeug für eine Urlaubsreise mit umfangreichem Gepäck.

Nicht nur durch seine größere Transport-Kapazität ist ein Geländewagen als Lastesel einem Pkw überlegen, sondern auch durch seine Zugleistung im Anhänger-Betrieb. Das ist ein Vorteil, der bereits so manchen Entschluß zum Kauf eines Geländewagens entscheidend beeinflußt hat, auch wenn der Käufer gar nicht die Absicht hat, damit ins Gelände zu fahren.

Ein kräftiger Geländewagen darf mehr als zwei Tonnen ziehen, und die schafft er auch ohne sonderliche Mühe. Reiter etwa wissen das zu schätzen, können sie doch neben Kind und Kegel sowie allem erdenklichen Gepäck auch noch einen Anhänger mit zwei Rössern transportieren. Ein Motor- und Segelboot dieser Gewichtsklasse kann schon ein hochseetauglicher Kahn sein!

Um bei diesen beiden genannten Beispielen zu bleiben: durch den Allrad-Antrieb können Geländewagen ihren Anhänger auch abseits fester Straßen bis unmittelbar zum Ort des Geschehens schleppen. Die Pferde etwa bis auf die nasse Turnierwiese oder in eine abgelegene Gegend, die sich für einen Spazierritt eignet; das sind Situationen, vor denen sich Fahrer normaler Gespanne sehr hüten, müssen sie doch befürchten, auf unbefestigtem Untergrund nicht wieder anfahren zu können. Noch mehr wissen wohl Bootseigner ihren Geländewagen zu schätzen, wenn sie nicht fernab von Strand und Ufer halten und ihr Boot mehr oder minder mühsam irgendwie zum Wasser bringen müssen. Statt dessen fahren sie ganz ungeniert bis an das Wasser heran, ja sogar der Watfähigkeit entsprechend ein ganzes Stück in das

Der neue Patrol GR ist dem »alten« Patrol deutlich überlegen, allerdings auch wesentlich teurer.

Der Patrol hat ein mittelprächtiges Schiff am Haken.

Der Mercedes G wirkt neben der Segelyacht winzig. Mit der Seilwinde kann ein Boot aus dem Wasser gezogen werden.

Wasser hinein. Jetzt ist es eine Kleinigkeit, das Boot zu Wasser zu lassen und es später auf die gleiche Weise, eventuell mit Hilfe einer Seilwinde, wieder zu bergen.

Nicht nur Reiter und Bootseigner freuen sich über die hohe Zugleistung ihres Geländewagens und dessen Fähigkeit, einen Anhänger auch auf unbefestigtem Untergrund zu manövrieren. Noch weitaus größer als die Bruderschaft der Reiter oder der Eigner großer Sport-

Mitte: Auch zum Transport von Turnierpferden sind Geländewagen bestens geeignet.

Unten: Wer in der freien Natur seinem Hobby nachgeht, erreicht auch entlegene, menschenleere Gegenden, wie dieser Angler oder... (siehe Seite 42).

boote ist die Sippschaft der Caravan-Freunde, die mit ihrem Wohnwagen als moderne Zigeuner durch die Lande reisen. Das ›Haus auf Rädern‹, ersetzt ihnen ihr Urlaubsquartier und kann dafür garnicht groß genug sein. Selbst bei raffinierter Inneneinrichtung ist die Wohnfläche eines Caravans im Vergleich zu einer Wohnung winzig; je größer der Wohnwagen ist, um so mehr Wohnkomfort bietet er.

Leider werden große Wohnwagen unvermeidlich auch schwerer, und der Zugleistung eines Pkw sind nun einmal Grenzen gesetzt. Nicht von ungefähr sind die Wohnwagen in Amerika wesentlich größer als in Europa: schwere, hubraumstarke amerikanische Autos sind gute Zugfahrzeuge, und wer eine noch höhere Zugleistung benötigt, greift dort ganz selbstverständlich zu einem Geländewagen. Mit einem großen Geländewagen kann man geradezu gigantische Wohnwagen schleppen, und das nicht nur auf, sondern auch noch neben der Straße. Wer gar Freude am Winter-Camping findet und mit seinem Wohnwagen auf winterlich glatten Straßen unterwegs ist, wird kaum um einen Geländewagen als Zugfahrzeug herumkommen.

Das Rangieren von Anhängern ist eine Kunst ganz besonderer Art, die so manchen Neuling verzweifeln läßt, muß doch bei Rückwärtsfahrt entgegen der Fahrtrichtung gelenkt werden. Vorwärts geht das besser; an den stabilen vorderen Stoßstangen oder direkt am Rahmen eines Geländewagens kann man verhältnismäßig leicht eine Rangier-Kupplung montieren, also das Gegenstück zu der üblichen hinteren Anhänge-Kupplung. Damit läßt sich auch von ungeübten Fahrern ein großer Anhänger millimetergenau manövrieren.

Warum sind Geländewagen eigentlich weitaus bessere Zugwagen als normale Pkw? Zunächst einmal ist ihr Eigengewicht höher als das eines vergleichbaren Pkw, allerdings gibt es auch dort ganz dicke Brummer. Weitaus wichtiger ist der Allrad-Antrieb: die Möglichkeiten, mit nur zwei angetriebenen Rädern eine hohe Zugleistung zu übertragen, sind verständlicherweise wesentlich geringer als bei vier angetriebenen Rädern.

Kaum weniger wichtig ist die durch die Geländestufe des Zwischen-Getriebes mögliche Übertragung der höchstmöglichen Zugleistung schon bei niedrigen Geschwindigkeiten, ggf. auch ein Motor, der ein hohes Drehmoment bereits bei niedriger Drehzahl abgibt. Um einen schweren Anhänger bei rutschigem Untergrund oder an einer steilen Steigung anzuschleppen oder zu manövrieren, muß ein hohes Drehmoment behutsam zugeführt werden. Das ist aber nicht möglich, wenn die Übersetzung zu ›lang‹ ist oder das maximale Drehmoment erst bei hohen Drehzahlen abgegeben wird, so daß es in der rutschenden Kupplung verpufft.

Wintersportler, Reiter, Bootsbesitzer, Jäger oder Urlaubsreisende mit ihren Wohnwagen – Geländewagen sind für alle Freizeit-Aktivitäten ideal, die ganz oder teilweise draußen in der Natur verwirklicht werden.

Ein Geländewagen kann auch für Sonderaufgaben umgebaut oder ausgerüstet werden, für die man sonst ein Spezial-Fahrzeug benötigt. In der Land- und Forstwirtschaft oder im Rettungswesen beispielsweise sind entsprechend umgebaute oder ausgerüstete Geländewagen im professionellen Einsatz. Auf ihren Rahmen kann jeder beliebige Aufbau gesetzt werden, was bei einer selbsttragenden Karosserie nicht möglich ist, und über zusätzliche Kraft-

... ein Jäger samt Hund, Winterfutter oder erlegtem Wild.

abnahmen in der Wagenmitte oder am Heck können die unterschiedlichsten Geräte betrieben werden. Praktisch jeder Geländewagen kann sehr einfach mit einem Schneepflug ausgerüstet werden, um Zufahrtswege, Bürgersteige oder Höfe freizuschieben.

Die Lebensdauer eines Autos gewinnt zunehmend an Bedeutung. Mit den verschiedensten Maßnahmen soll sie verbessert werden; Geländewagen mit ihrer robusten, härtester Dauerbeanspruchung gewachsenen Bauweise und ihrer wenig anfälligen, solide dimensionierten Technik sind bereits echte Langzeit-Autos. Es gibt weltweit zahlreiche Geländewagen, die seit mehr als 30 Jahren im Einsatz stehen, nicht als liebevoll behütete Veteranen, wohlgemerkt, sondern als anspruchslose Arbeitstiere. Selbst der Rost hat wenig Chancen, da es kaum Karosserie-Hohlräume gibt, in denen er sich einnisten kann, und der massive Rahmen leistet dem Zahn der Zeit ewig Widerstand. Es gibt also genug Gründe, sich auch im Alltags-Betrieb für einen Geländewagen zu entscheiden.

Auswahl und Kauf eines Geländewagens

Gründe gibt es genug, den Kauf eines Geländewagens zu rechtfertigen. Allerdings ist es nicht ganz einfach, einen solchen Kauf allein mit logischen Argumenten zu begründen, wenn Sie nicht zufälligerweise Förster oder Almbauer sind und die überlegene Traktion von vier angetriebenen Rädern tatsächlich täglich benötigen. Auch ein Architekt oder Bauführer, ein Landarzt oder Großgrundbesitzer kann vielleicht noch

Auch abgelegene Badestrände können mit einem Geländewagen aufgesucht werden.

die Anschaffung eines Geländewagens mit beruflicher Notwendigkeit begründen. Das ist aber nur eine verschwindende Minderheit unter den Geländewagen-Fahrern.

Weitaus größer ist jener Kreis, der sich einen Geländewagen zulegt, weil dieser die Ausübung eines Hobbys ermöglicht oder erleichtert. Der Jäger kann damit (fast) alle Stellen seines Reviers erreichen, erlegtes Wild abtransportieren oder im Winter die Wildfütterungen beschicken. Reiter, Besitzer großer Sportboote oder Caravan-Freunde schätzen die überlegene Zugleistung, Wintersportler erreichen damit die Langlauf-Loipe, Angler stoßen bis zu erfolgverheißenden Gewässern vor, und so weiter.

Noch eine dritte Gruppe von Geländewagen-Freunden gibt es, nämlich jene, für die ein Geländewagen nicht Mittel zum Zweck, sondern Selbstzweck ist; für die der Geländewagen nicht ein Hobby ermöglicht, sondern das Hobby ist. Engagierte Autofahrer konnten früher am Volant schneller Sportwagen ihren Spaß finden. Geschwindigkeitsbeschränkungen, einengende Vorschriften und eine zunehmende Verkehrsdichte machen das aber immer schwieriger. Es bietet sich also an, den Spaß am Auto abseits der überfüllten Straßen zu suchen – im Gelände.

Früher war das eine belächelte Minderheit, heute werden ungleich mehr Geländewagen als Sportwagen verkauft! Bei einem Hobby aber setzt man sich über profanes Nutzen-Kosten-Denken hinweg und ist bereit, sich seinen Spaß etwas mehr kosten zu lassen.

Es soll an dieser Stelle allerdings nicht verschwiegen werden, daß die große Freiheit im Geländewagen keineswegs überall in der Natur zu finden ist; im Gegenteil stehen überall Sperrschilder, es gibt nur relativ wenige Kiesgruben und dergleichen ›Spielwiesen‹, die mit Geländewagen beliebig zu befahren sind. Das ist auch kaum zu vermeiden, wären doch sonst bald die entlegensten Waldwinkel von durch das Unterholz brechenden, Wild und Wanderer störenden Off road-Vehikeln bevölkert! Auf unbefestigtem Naturboden hinterlassen Geländewagen Spuren, die nur langsam vernarben, vor allem bei Feuchtigkeit. Zweifellos würden sich besonders beliebte Geländestrecken bald in zerfurchte Schlammflächen verwandeln, wenn sich jeder Geländewagen-Fahrer nach Belieben dort tummeln könnte. Dennoch bleiben genügend Gelegenheiten zum ›spielen‹, wenn man danach sucht, und es bleibt die Gewißheit, ein Fahrzeug zu besitzen, mit dem man allen denkbaren Eventualitäten gewachsen ist.

Es ist naheliegend, daß der Verwendungszweck das wichtigste Kriterium bei der Auswahl des ›richtigen‹ Geländewagens ist. Bei beruflich bedingtem Einsatz ist der Verwendungszweck auch verhältnismäßig exakt zu definieren.

Betrachen wir uns einmal einige Beispiele. Da ist der Förster, der täglich unterwegs ist, um in seinem Revier Wild und Waldarbeiter zu beaufsichtigen. Für einen solchen Einsatz abseits fester Straßen ist ein robustes ›Arbeitspferd‹ genau richtig, etwa ein Landrover. Komfort und Fahrleistung sind von untergeordneter Bedeutung, ein grobstolliger Geländereifen ist ideal. Wird der Wagen als Hilfs-Fahrzeug bei Holzfäller-Arbeiten eingesetzt, ist eine mechanische Seilwinde sinnvoll. Ein Diesel-Motor ist vorzuziehen, weil sich dessen Verbrauchs-Vorteile, wie wir noch sehen werden, besonders deutlich bei niedrigen Geschwindigkeiten im Teillast-Bereich auswirken.

Der Architekt ist täglich auf Baustellen unterwegs, die mit einem normalen Pkw nicht befahren werden können. Andererseits liegen diese Baustellen oft weit voneinander entfernt. Der Wagen wird also vorwiegend auf der Straße bewegt; ein gewisses Maß an Komfort, Fahreigenschaften und Fahrleistung ist wünschenswert. Ob ein ›veredeltes Arbeitspferd‹ genügt, oder ob es besser ein ›Military-Pferd‹ sein sollte, hängt von den persönlichen Ansprüchen ab, ebenso, ob sich ein Diesel-Motor wirklich lohnt. Als Bereifung dürften ganz-

In manchen Berufen ist die überlegene Traktion eines Geländewagens unverzichtbar, wie der Mercedes G als Kastenwagen auf einer Baustelle demonstriert.

jährig gemäßigte M&S-Reifen richtig sein.

Wiederum andere Bedürfnisse hat der Landarzt. Er muß nicht im eigentlichen Gelände unterwegs sein, sondern die bessere Traktion seines Geländewagens dient ihm dazu, auch bei widrigen Witterungsverhältnissen, vor allem im Winter, abgelegene Gehöfte rasch und zuverlässig zu erreichen. Offensichtlich würde er sich zwischen einem ›Military-Pferd‹ und einem ›Rennpferd‹ zu entscheiden haben und allenfalls im Winter M&S-Reifen, ansonsten normale Straßenreifen fahren.

Soweit einige Beispiele für Auswahl-Kriterien beruflich benötigter Geländewagen. In der Praxis ist das freilich nicht ganz so einfach, denn wer beruflich einen Geländewagen benötigt, wird dessen spezifische Vorteile auch gelegentlich oder regelmäßig privat nutzen wollen. Der Landarzt wird sich also nicht für einen Subaru entscheiden, wenn er im Urlaub mit einem großen Wohnwagen unterwegs ist und deshalb einen starken Zugwagen braucht.

Noch schwieriger wird es, wenn der Geländewagen ausschließlich privaten Zwecken dienen soll. Es gibt so viele unterschiedliche Möglichkeiten, einen Geländewagen für bestimmte Aufgaben einzusetzen, daß kein allgemeingültiger Rat gegeben werden kann. Als Beispiel mögen drei am unteren Ende der Preisskala angesiedelte Allrad-Autos dienen. Wer einen lustigen, kleinen Zweitwagen sucht, mit dem er in der Freizeit seinen Spaß erleben will und vielleicht am Wochenende auch einmal an einem Geländewagen-Wettbewerb teilnehmen möchte, der ist mit einem Suzuki, mit dem Vitara oder dem SJ Samurai, gut bedient. Soll der Wagen dagegen alltagstauglich sein, um damit täglich zur Arbeit und eventuell auch einmal eine größere Strecke zu fahren, aber dennoch gute Gelände-Eigenschaften haben, wäre der Lada Niva die bessere Wahl. Für den Subaru Justy wird man sich dann entscheiden, wenn man einen vollwertigen Pkw mit überragenden Winter-Eigenschaften möchte, mit dem man auch einmal in nicht zu schwerem Gelände herumfahren kann. Wichtig wird immer die Frage sein, ob für normale Straßenfahrt noch ein Pkw zur Verfügung steht oder der Geländewagen auch Aufgaben gerecht werden muß, die üblicherweise an einen Pkw gestellt werden.

Nach dem Verwendungszweck ist zweifellos der Preis in Verbindung mit den Unterhalts-Kosten das wichtigste Kriterium. Der für den vorgesehenen Verwendungszweck ›ideale‹ Wagen wird in aller Regel nicht jener sein, für den man sich dann wirklich entscheidet, weil er einfach unerschwinglich ist. Das ist auch ganz verständlich, denn ein Geländewagen mit allen Schikanen, der ohne kalkulatorischen Rotstift lediglich unter dem Gesichtspunkt optimaler Effizienz gebaut wird, muß zwangsläufig teurer sein als ein bescheidenes, nüchternes ›Arbeitspferd‹ ohne alle Extras. Bei den Pkw ist das ähnlich – der Käufer eines Mittelklasse-Wagens träumt von der Luxus-Limousine und begnügt sich nur aus Kostengründen mit der ›zweiten Wahl‹.

Die Unterschiede in den Unterhalts-Kosten sollte man nicht überbewerten. Sie können ja selbst einmal ausrechnen, was im Jahr dabei herauskommt, wenn Sie die Unterhaltskosten eines bescheidenen und eines aufwendigen Geländewagens miteinander vergleichen. Mit Abstand der größte Kosten-Faktor ist der Verbrauch; die Verbrauchs-Differenz zwischen einem (relativ) sparsamen und einem durstigen Geländewagen liegt bei vergleichbarer Fahrweise etwa bei fünf Litern auf 100 Kilometer. Wenn Sie 12 000 Kilometer im Jahr fahren, sind das monatlich ganze 50 Liter Differenz. Die Differenz in der Haftpflicht-Versicherung hängt von Ihrem Schadenfreiheitsrabatt ab, für einen Liter Hubraum sind jährlich ab 132,– DM an Steuern zu zahlen. Alles in allem werden Sie es kaum schaffen, zwischen einem im Unterhalt günstigen und einem teuren Geländewagen auf eine Differenz von 200 Mark im Monat zu kommen. Das ist dann aber schon ein Extremwert.

Bei Preisvergleichen sollte immer der serienmäßige Lieferumfang berücksichtigt werden. So mancher Interessent, der vom niedrigen Basis-Preis des Suzuki SJ 410 angelockt wurde, mußte ernüchtert feststellen, daß darin nur eine recht bescheidene Grundausstattung ohne jeden Luxus enthalten ist. Bei manchen Ausstattungs-Paketen sind nützliche Extras mit allerlei Unsinn garniert, der mitbezahlt werden muß. In anderen Fällen hat ein bestimmtes Modell wohl unbestreitbare Vorzüge, aber diese müssen unverhältnismäßig teuer bezahlt werden. Da gilt es abzuwägen, ob uns diese Vorzüge wirklich so viel wert sind.

Modetrends spielen bei der Auswahl eines Geländewagens oft eine größere Rolle als reine Sachargumente. Zeitweise galt der Range Rover als das einzig standesgemäße off road-Fahrzeug; später waren vorübergehend die kantigen Konturen der Jeep-Modelle ›in‹, dann kam vor allem unter der Jugend, der Suzuki LJ 80 in Mode. Eine geschickte

Ein Range Rover wird auf Straßen und Wegen von keinem anderen echten Geländewagen übertroffen. Die folgenden fünf Abbildungen mögen beweisen, daß er aber auch im Gelände hervorragende Leistungen erbringt!

Werbung trägt dazu bei, den jeweiligen Wagen mit bestimmten Wunschvorstellungen zu assoziieren. Vielleicht spotten Sie jetzt über Menschen, die sich einen Geländewagen kaufen, nur weil er ihnen gefällt, obwohl er eigentlich für sie wenig zweckmäßig ist. Tun Sie das bitte nicht! Ein Geländewagen wird nur selten aus rein rationalen Gründen gekauft. In den weitaus meisten Fällen ist er ein Hobby-Fahrzeug, das man sich, wie es so schön heißt, »aus Spaß an der Freud'« kauft, und wenn nun einmal das Herz am Suzuki SJ 410 hängt, dann wird der viel ›vernünftigere‹ Lada Niva nur ein dürftiger Ersatz sein. Eines aber sollte man bei aller Begeisterung nicht leichtfertig übersehen: die Fahreigenschaften auf der Straße. Meistens stehen die (tatsächlichen oder vermuteten) Gelände-Qualitäten im Vordergrund der Kaufentscheidung, die Straßen-Qualitäten werden vernachlässigt. Fast alle Geländewagen aber werden, um es noch einmal zu sagen, überwiegend auf der Straße gefahren. Sollten Sie als Geländewagen-Neuling die Absicht haben, sich ein Allround-Fahrzeug zu kaufen, das Ihnen im Alltags-Verkehr einen Pkw ersetzt, dann kaufen Sie sich möglichst kein ›Arbeitspferd‹, auch wenn es Ihnen noch so sehr gefällt. Es gehört schon einiger Idealismus dazu, sich als Pkw-Fahrer mit den Unzulänglichkeiten mancher Geländewagen im Alltags-Verkehr abzufinden. Ist es nun gar ein primitiv-nüchternes, bockig-hartes, lautes und lahmes ›Arbeitspferd‹, dann wird die »Liebe auf den ersten Blick« nicht lange anhalten, es folgt die große Ernüchterung und Enttäuschung. Wird ein solches ›Arbeitspferd‹ von der Mode entdeckt, dann dauert es nicht lange, bis allenthalben diese Autos zum Kauf angeboten werden, oft mit dem bezeichnenden Hinweis »kein Gelände gefahren«, dafür aber mit zahlreichen optisch eindrucksvollen Extras.

Und noch etwas sollten Sie bedenken: die Gelände-Eigenschaften spielen im Vergleich mit den Straßen-Eigenschaften auch deswegen eine unwichtigere Rolle, weil sie sich im Gegensatz zu diesen bei den verschiedenen Fabrikaten viel weniger voneinander unterscheiden, als es Ihnen Hersteller, stolze Besitzer oder Auto-Zeitschriften mit Geländewagen-Spezialisten von eigenen Gnaden einreden wollen! Der Range Rover war rasch als ›Boulevard-Geländewagen‹, der Suzuki als nicht ernst zu nehmendes Spielzeug abqualifiziert, während Landrover oder Toyota Landcruiser als kernige Könner für die echten Insider galten, im Gelände klar überlegen.

Die Wahrheit sieht anders aus. Range Rover und Suzuki sind im Gelände viel besser als ihr Ruf, Landrover und Landcruiser tun sich schwer, mitzuhalten.

Gewicht und Radstand sind die wichtigsten Unterscheidungs-Merkmale, die die Geländegängigkeit beeinflussen. Bodenfreiheit, Achsverschränkung und Böschungswinkel unterscheiden sich bei den echten Geländewagen nur relativ wenig, Drehmoment-Unterschiede können durch eine entsprechende Übersetzung weitgehend kompensiert werden, und technische Finessen wie Sperrdifferentiale sind etwas für Perfektionisten, werden aber in der Praxis nur selten wirklich benötigt.

Natürlich gibt es Unterschiede, aber diese wirken sich nur in bestimmten Extremsituationen aus und sind selbst in ihrer Summe weitaus weniger wichtig als die richtigen Reifen. In einem konkreten Fall war es nicht möglich, einen Mercedes G mit zwei Achssperren einen verschlammten Hang hinauf-

zubringen, weil die mäßig profilierten M&S-Reifen sich zusetzten und keine Traktion mehr übertrugen. Den gleichen Hang bewältigte ein leichter, billiger Lada Niva mit den serienmäßigen grobstolligen Geländereifen ohne Achssperren scheinbar mühelos. Wichtig sind Feinheiten wie Sperren und dergleichen weniger in der eigentlichen Gelände-Praxis, in der man Extremsituationen möglichst meidet, sondern vor allem für Geländewagen-Wettbewerbe, bei denen solche Extremsituationen bewußt konstruiert werden.

Die für einen Pkw entscheidenden Kriterien sind zumindest teilweise meßtechnisch und vergleichbar zu erfassen. Bei der Geländegängigkeit ist das nicht so ohne weiteres möglich. Die Bewertung ›gut‹ oder ›schlecht‹ im Gelände ist subjektiv und relativ; sie wird stark beeinflußt von Kriterien wie der unterschiedlichen Bereifung oder dem fahrerischen Geschick. Wenn man die ›Rennpferde‹ einmal beiseite läßt, dann sind die Gelände-Qualitäten aller echten Geländewagen einander recht ähnlich, viel ähnlicher jedenfalls als die Straßen-Qualitäten.

Viele Geländewagen werden wahlweise mit einem Planenverdeck oder mit festem Aufbau geliefert. Das Planenverdeck hat den großen Vorteil, wesentlich billiger zu sein, auch macht es im Sommer besonderen Spaß, einmal ›oben ohne‹ zu kutschieren. Allerdings ist der Auf- und Abbau fast immer eine sehr umständliche und zeitraubende Angelegenheit, und nur wenige Planenverdecke sind einigermaßen zug- und regendicht. Für den Alltags-Betrieb ist jedenfalls ein fester Aufbau (der in manchen Fällen als Hardtop ebenfalls demontiert werden kann) vorzuziehen. Ein demontierbares Hardtop vereint die Vorzüge des Planenverdecks mit jenen

des festen Aufbaus, die Demontage ist freilich oft so umständlich, daß es nie dazu kommt, ›oben ohne‹ zu fahren.
Eine weitere ›Gretchenfrage‹ lautet ›Benzin- oder Dieselmotor‹? Vom Pkw her wissen wir, daß ein Diesel-Motor lahmer und lauter, dafür aber deutlich sparsamer ist als ein Benzinmotor. Für einen Geländewagen scheint sich ein Dieselmotor besonders gut zu eignen, weil er seine höchste Leistung und sein maximales Drehmoment bereits bei niedrigen Drehzahlen erreicht. Der eigens für den Einsatz im Geländewagen von 185 PS der Pkw-Version auf 156 PS reduzierte Benzinmotor des Mercedes 280 GE hat beispielsweise eine Nenndrehzahl von 5250/min; sein maximales Drehmoment leistet er bei 4250/min. Demgegenüber leistet der praktisch unverändert aus dem Pkw übernommene Motor des 300 GD seine 88 PS bei 4400/min und sein max. Drehmoment bereits bei 2400/min.
Die Verbrauchs-Vorteile des Diesel-Motors liegen vor allem im Teillast-Bereich. Wird er voll gefordert, verbraucht er kaum weniger als ein Benzin-Motor. Auf der Straße muß ein Diesel-Motor in einem schweren und klobigen Geländewagen schon ganz hübsch strampeln, um brauchbare Fahrleistungen zu erzielen, während ein Benzinmotor bei gleicher Geschwindigkeit noch locker dahinschnurrt. Das hat zur Folge, daß auf der Landstraße ein Diesel-Motor etwa ebensoviel verbraucht wie ein Benzinmotor, auf Kurzstrecken, in der Stadt und im Gelände deutlich weniger, dafür aber bei höherem Tempo auf der Autobahn sogar mehr!
Wer viel im Gelände und auf Kurzstrecken fährt, darf hoffen, den Mehrpreis für den Dieselmotor gelegentlich wieder hereinzuholen. Der gute Drehmoment-Verlauf ist eine angenehme Dreingabe, die mäßige Leistung spielt keine Rolle. Bei überwiegender Straßenfahrt hingegen ist der Verbrauchsvorteil allenfalls gering, das fehlende

Temperament wird wesentlich häufiger vermißt.

Kommen wir nun zu einem besonders heiklen Thema, dem Kauf eines gebrauchten Geländewagens. Das Risiko, ein hart strapaziertes Exemplar mit zahlreichen verborgenen Mängeln zu erwischen, ist noch größer als bei einem Pkw. Es gilt also, ihn besonders sorgfältig zu prüfen und möglichst Informationen über das ›Vorleben‹ einzuholen.

Grundsätzlich verzichten sollte man auf den Kauf eines Geländewagens, mit dem regelmäßig Wettbewerbe bestritten wurden. Die damit verbundene Extrem-Beanspruchung hinterläßt nicht nur äußerliche Narben. Der Rahmen oder Teile der Radaufhängung können verzogen sein, Motor und Kraftübertragung demnächst ausfallen, die Strapazen Materialermüdungen zur Folge haben – das Risiko ist einfach zu groß.

Selbst für einen Auto-Fachmann ohne spezifische Erfahrungen mit einem bestimmten Modell ist es schwirig, anläßlich einer verhältnismäßig kurzen Probefahrt den Zustand eines gebrauchten Wagens exakt zu beurteilen. Haben Sie ihn erst einmal gekauft, dann fallen Ihnen nach und nach immer mehr Mängel auf, die Sie zunächst übersehen haben. Falls möglich, sollten Sie den Wagen vor dem Kauf eine Woche lang fahren und vereinbaren, für diese Woche eine angemessene Leihgebühr zu zahlen, wenn es anschließend nicht zum Kauf kommt. Das ist immer noch viel billiger, als wenn Sie auf einen Trümmerhaufen hereinfallen. Darauf lassen sich allerdings viele Verkäufer nicht ein, müssen sie doch befürchten, daß ihr Geländewagen in dieser Woche »zu Tode getestet« wird.

In jedem Fall sollte man die Unterseite eines gebrauchten Geländewagens sorgfältig betrachten. Jede Tankstelle wird ihn mit einer hydraulischen Hebebühne hochfahren; achten Sie zunächst auf feuchte Flecken, die austretendes Öl signalisieren. Danach ordern Sie eine Unterwäsche, möglichst mit Dampfstrahl. Beulen und Schrammen am Fahrzeugboden sollten nicht überbewertet werden, es sind dies ehrenvolle und unvermeidbare Narben. Rost hingegen ist eine ernsthafte Warnung; wird er außen am Rahmen sichtbar, muß befürchtet werden, daß er auch schon von innen nagt.

Eine Unterboden-Schutzschicht, wie wir sie vom Pkw her kennen, ist bei Geländewagen nur mit erheblichen Einschränkungen sinnvoll. Ist sie nämlich einmal verletzt, breitet sich rasch von dort aus unter der Schutzschicht Rost aus, der wohl unsichtbar, dafür aber umso schlimmer ist. Im Gelände lassen sich Beschädigungen des Unterschutzes nicht immer vermeiden; werden sie nicht sofort behandelt und neu verstrichen, darf man sich über die Folgen nicht wundern.

Ein blanker, ungeschützter Unterboden ist ehrlich. Wenn aber ein Veteran Sie mit einer makellosen, gut erhaltenen Schutzschicht täuschen will, seien Sie lieber vorsichtig, darunter kann allerlei verborgen sein, was das Licht des Tages scheut! Ist der blanke Unterboden mit Roh- oder Dieselöl eingesprüht, können Sie wohl nicht undichte Stellen erkennen, aus denen Öl austritt, aber Sie wissen, daß der Boden sinnvoll gepflegt worden ist.

Bei dem Kauf eines Gebrauchtwagens sollten Sie möglichst nicht Ihr Budget voll ausschöpfen, sondern ein paar Mark für Reparaturen zurückhalten. Abgeschlaffte Stoßdämpfer oder andere Verschleißteile, wie Brems- oder

Kupplungs-Beläge, sollten Sie nicht vom Kauf abhalten, können aber den Kaufpreis drücken. Schrecken Sie auch nicht davor zurück, einen ›Oldtimer‹ zu kaufen, wenn er sich in gut gepflegtem Zustand befindet und entsprechend günstig angeboten wird. Für einen gut gepflegten Geländewagen sind zehn Jahre noch kein Alter, schlecht gepflegte können schon viel früher vom Zahn der Zeit zerfressen sein.

Von Wettbewerbs-Fahrzeugen einmal abgesehen, sind Geländewagen selten durch den Einsatz im Gelände über Gebühr strapaziert worden; dafür sind sie gebaut. Einige Vorsicht aber ist bei Wagen geboten, die mit dem Zusatz ›kein Gelände‹ inseriert werden. Das soll suggerieren, daß es sich um ein Fahrzeug in besonders gutem Zustand handelt, das nie hart beansprucht wurde. So mancher Geländewagen ist aber permanentem Autobahn-Vollgas weit weniger gut gewachsen als dem Einsatz im Gelände. Mußte er ständig als Zugwagen für schwere Anhänger herhalten, kann er in seinen mechanischen Teilen ebenfalls sehr stark beansprucht worden sein.

Nicht weniger entscheidend als der scheinbare Zustand des Geländewagens ist der Eindruck, den sein Vorbesitzer auf Sie macht. Hat er sein Vehikel nur vorgenommen, um es von Zeit zu Zeit lustvoll über Stock und Stein zu prügeln, ansonsten aber es sich selbst überlassen (»ein Geländewagen ist robust, der braucht keine Pflege«)? Dann schützt auch eine niedrige Kilometerleistung nicht vor Enttäuschungen. Umgekehrt ist der betagte Geländewagen eines technisch interessierten Fans, dessen Hobby nicht nur das Fahren, sondern auch die liebevolle Pflege ist, selbst unabhängig von einer hohen Kilometerleistung oft ein besserer Kauf.

So richtig klug werden Sie erst, wenn Sie selbst Erfahrungen gesammelt haben. Sie wissen dann, welche Eigenschaften Ihr nächster Geländewagen haben muß, welche er nicht haben darf, auf welche Mängel Sie zu achten haben, und so weiter.

Teil 2
Ausrüstung und Zubehör

Selbstbergung à la Münchhausen – Rund um die Winde

Baron von Münchhausen hat es bekanntlich verstanden, sich selbst am Schopf zu packen und aus einer mißlichen Situation herauszuziehen. Für einen Geländewagen-Fahrer ist das kein Problem, dafür hat er ja vorsorglich eine Winde an seinem Gefährt montiert. Hat er sich einmal in der menschenleeren Wildnis jenseits von Wanne-Eickel genüßlich bis zu den Achsen im Morast eingegraben, ergreift er flugs das Windenseil, schlingt es um einen freundlichen Baum, und schon ist er gerettet!

Winden sind vielleicht nicht das häufigste, aber wohl das bekannteste und attraktivste Zubehör für einen Geländewagen. Sie sind so schön zünftig, künden von Expeditionen, Safaris und gefahrvollen Abenteuern. Kurz, sie sind die passende Dekoration, gewissermaßen das Tüpfelchen auf dem i.

Wenn Sie nach diesen einleitenden Zeilen den Eindruck gewonnen haben, daß Winden grundsätzlich Unsinn seien, so trifft das in dieser Form nicht zu. Winden sind im professionellen Einsatz, etwa in der Forstwirtschaft, unverzichtbar. Ganz zweifellos sind sie auch an einem Geländewagen, der ›nur‹ zum Spaß im dichtbesiedelten Mitteleuropa eingesetzt wird, zuweilen recht nützlich. Allerdings längst nicht so oft, wie Sie vielleicht glauben oder man Ihnen weismachen möchte. Außerdem haben sie auch einige Nachteile.

Winden für den professionellen Dauereinsatz werden mechanisch über eine eigene Kraftabnahme angetrieben, die meist an der Rückseite des Fahrzeugs endet und mit dem Getriebe verbunden ist. Oft kosten sie so viel wie ein kleiner Pkw. Die Antriebskraft kommt vom Motor des Fahrzeugs und ist viel größer, als sie jemals für die Selbstbergung gebraucht wird. Bei entsprechender Untersetzung genügt schon ein PS, um mehrere Tonnen zu heben, der Motor unseres Geländewagens aber leistet viele PS.

Bei einer mechanischen Winde lassen sich die erforderliche Kraft und die Seilgeschwindigkeit über die Motordrehzahl, also mit dem Gaspedal, sowie durch das Schaltgetriebe dosieren. Im ersten Gang ist die Zugkraft am größten, die Seilgeschwindigkeit hingegen gering, im vierten Gang ist es umgekehrt. Sehr zweckmäßig ist ein Handgashebel, mit dem eine beliebige Motordrehzahl fest eingestellt werden kann. Für einige professionelle mechanische Seilwinden gibt es auch eine Fernbedienung.

Eine mechanische Seilwinde hat nicht nur Vorteile, sondern auch ihre Nachteile. Nicht jeder Geländewagen hat eine hintere Kraftabnahme, und wenn, dann kostet sie meistens einen erheblichen Aufpreis. Wie wir noch sehen werden, ist die Winde an einem Geländewagen überdies vorn am besten aufgehoben. Der Windenbetrieb ist sehr unwirtschaftlich, weil ja der Fahrzeugmotor als Antriebsquelle gewissermaßen überdimensioniert ist und nur einen Bruchteil seiner Kraft einsetzen kann. Und vor allem: läuft einmal aus irgend einem Grund der Motor nicht, kann auch die Winde nicht arbeiten. Das spielt im professionellen Einsatz keine große Rolle, wohl aber im Geländewagen. In der Forstwirtschaft zum Beispiel werden Winden eingesetzt, um gefällte Baumstämme an Abfuhrwege zu ziehen, während sie bei Geländewagen vor allem der Selbstbergung in Notsituationen dienen. Eine solche, geradezu klassische, Notsituation ist die, daß bei einer Wasserdurchfahrt der Motor durch Wassereinwirkung aussetzt. Mit einer Winde könnte man jetzt, eine Befestigungsmöglichkeit jenseits der Wasserdurchfahrt vorausgesetzt, sehr einfach Selbstbergung betreiben – wenn sie arbeitet! Das aber tut eine vom Fahrzeug-Motor angetriebene Winde dann nicht!

An Geländewagen werden so gut wie ausschließlich Seilwinden mit eigenem Elektromotor verwendet, die ihren Strom von der Fahrzeug-Batterie beziehen. Für den professionellen Dauereinsatz sind sie nicht geeignet: die Batterie-Kapazität ist begrenzt, der relativ schwache Elektromotor ist dafür nicht ausgelegt, Zugleistung und Seilgeschwindigkeit können nicht dosiert werden. Für die gelegentliche, kurzfristige Verwendung im Geländewagen aber sind sie genau richtig. Sie können unabhängig vom Fahrzeug-Motor betrieben werden und sind wesentlich billiger als mechanische Winden, obwohl sie im Gegensatz zu diesen ja ihren eigenen Antriebsmotor haben. Der Begriff ›billig‹ freilich ist sehr relativ. Eine erstklassige, kräftige Seilwinde für mittlere bis schwere Geländewagen kostet so viel wie 3000 Liter Benzin, wenn man Anbausatz und Montage mitrechnet, manchmal sogar noch mehr (zugrunde gelegt wurde die Warn-Winde 8274). Für leichtere Geländewagen genügt eine kleinere Winde, die etwa die Hälfte oder weniger kostet.

Der größte Nachteil elektrischer Winden ist die Tatsache, daß sie sehr kräftig an der Auto-Batterie saugen, die für solche Zwecke ja eigentlich nicht gedacht ist und der deshalb rasch die Spucke wegbleibt. Wie rasch, läßt sich nicht allgemeingültig sagen, denn das hängt von der Batterie, der Winde und der Zugleistung ab. Selbst der Elektromotor einer starken Winde leistet nur etwa zwei PS. Wenn Sie daran denken, wie rasch der Anlasser die Batterie leernudelt, wenn der Wagen nicht anspringen will, haben Sie eine Vorstellung davon, wie lange der Windenbetrieb möglich ist.

Die Entladungsdauer der Batterie läßt sich verlängern, wenn der Wagenmotor läuft, während die Winde arbeitet, so daß die Lichtmaschine laden kann. Das ist aber sehr unwirtschaftlich, abgesehen davon, daß ja gerade die Unabhängigkeit vom Fahrzeugmotor einer der Vorteile elektrischer Winden ist.

Wer es mit seiner elektrischen Seilwinde ernst meint und diese nicht nur als Dekorationsstück montiert hat, sollte gleich eine zweite Batterie installieren, damit er nicht während der Selbstbergung kurz vor dem rettenden Ufer stehen bleibt oder anschließend die Batteriespannung nicht mehr ausreicht, um den Motor anzulassen. Wenn Ihr Geländewagen eine Handkurbel hat und ggf. auch mit Muskelkraft angeworfen werden kann, genügt es, beide Batterien parallel zu schalten. Sie haben dann die doppelte Leistung, und das sollte eigentlich genügen; Voraussetzung ist natürlich, daß die Lichtmaschine aus-

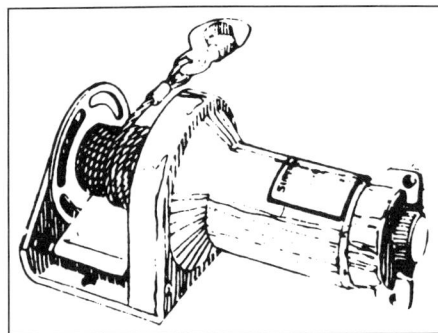

Kleine elektrische Seilwinde.

reichend dimensioniert ist, um beide Batterien zu laden.
Wenn Sie hingegen trotz diverser Bordverbraucher einschließlich der elektrischen Seilwinde stets eine leistungsfähige Batterie zum Anlassen in Reserve haben wollen, sollten Sie zwischen die beiden Batterien ein Trennrelais schalten, das nach Ausschalten der Zündung (bzw. Abstellen des Motors) die Verbindung unterbricht. Jetzt können Sie getrost eine Batterie mit der Seilwinde leernudeln und haben dennoch stets eine volle Batterie zum Anlassen zur Verfügung. Fehlen dann noch ein paar Meter, um den Wagen mittels Seilwinde aus einer mißlichen Situation zu befreien und das jenseitige rettende Ufer zu erreichen, nachdem eine Batterie leer ist, gibt es drei Möglichkeiten. Erstens können Sie mit der zweiten Batterie den Motor anlassen, so daß die Lichtmaschine die andere Batterie lädt; zweitens kann man das Trennrelais überbrücken, und drittens kann man vorübergehend die beiden Batterien austauschen. Ein Trennrelais gibt es (u. a. von Bosch) im Zubehör-Handel. Geladen werden beide Batterien gemeinsam während der Fahrt über die Lichtmaschine. Wer will, kann auch

Zwei Batterien sind vor allem dann angebracht, wenn Seilwinden oder andere Stromfresser vorhanden sind. Hier allerdings sind zwei 12 Volt-Batterien vorhanden, weil der Patrol Diesel (wie viele andere Diesel- und Militärfahrzeuge) eine 24-Volt-Anlage hat.

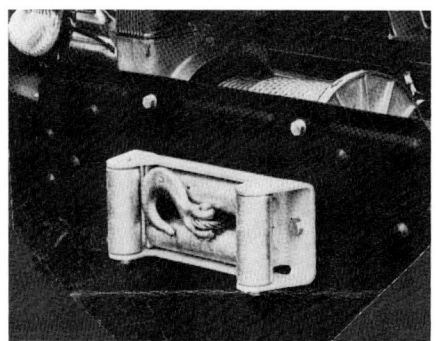

Rollen-Seilfenster, wichtigstes Winden-Zubehör.

noch einen Batterie-Ladeausgleich installieren, der bevorzugt die schwächere Batterie auflädt.

Zurück zu den Seilwinden. In fast allen Fällen werden sie an, auf, über oder unter der vorderen Stoßstange montiert, so wie es die Platzverhältnisse des jeweiligen Geländewagens zulassen. Bei manchen Wagen ist ein solcher Einbau bereits werksseitig vorgesehen, der Einbau ist dann ein Kinderspiel, etwa beim Landrover. Schon bei dessen elegantem Bruder, dem Range Rover, ist es schwieriger, und bei manchen Wagen, wie den großen Amerikanern oder dem Mercedes G, recht umständlich. Dementsprechend unterscheiden sich auch die Preise für die Anbausätze, die es für jedes Geländewagen-Modell gibt, erheblich.

Zur Winde selbst oder zum Anbausatz gehört unbedingt ein sogenanntes Seilfenster, bei besseren Ausführungen mit vier seitlichen Rollen als Einfassung. Andernfalls kann der Zug nur horizontal und exakt in der Verlängerung der Wagenachse erfolgen, weil das Seil sich sonst nicht auf die Trommel aufwickelt.

Auch mit einem Seilfenster kann der Zug nur in einem begrenzten Winkel von knapp 90° zur Seite hin ausgeübt

Durch ein Seilfenster kann der Wagen mit der Winde fast im Winkel von 90 Grad zur Fahrtrichtung gezogen werden.

Durch Umlenkrollen ist es möglich, die Zugrichtung der Winde beliebig zu verändern.

werden. Wer den Rückzug antreten muß, hat oft Pech; nicht immer ist die Flucht nach vorn die beste Lösung. Eventuell besteht die Möglichkeit, das Seil unter dem Wagenboden nach hinten zu führen, aber das ist schwierig, wenn der Wagen achstief im Schlamm sitzt. Außerdem ist es schwierig, zu verhindern, daß der Wagen sich beim Ziehen querstellt, und es besteht die Gefahr, daß das unter Last stehende Seil durch den scharfen Knick unter dem Seilfenster beschädigt wird.

Theoretisch gibt es noch eine andere Möglichkeit: über ein System von Umlenkrollen kann die Zugrichtung geändert, im Extremfall also sogar umgekehrt werden. Praktisch ist das aber kaum möglich, müßten doch dazu rings um das Auto an den richtigen Stellen drei bis vier Bäume oder andere Befestigungsmöglichkeiten vorhanden sein und man ebensoviele Umlenkrollen verwenden.

Was bei einer mechanischen Seilwinde eine kostspielige, weil technisch komplizierte Ausnahme ist, das ist bei einer elektrischen Seilwinde die Regel: eine Fernbedienung nämlich. Dafür haben aber fast alle elektrischen Seilwinden auch nur eine Zuggeschwindigkeit, meistens sind es drei bis acht Meter in der Minute ohne Last, mit Last entsprechend weniger.

Einige Winden erreichen auch wesentlich höhere Aufroll-Geschwindigkeiten, stets aber kann man dabei noch gemütlich nebenher gehen und die Fernbedienung betätigen. Da die Leistung der elektrischen Windenmotoren begrenzt ist, muß durch eine entsprechende Untersetzung die Bewegung schwerer Lasten ermöglicht werden, was die Seilgeschwindigkeit begrenzt.

Die Leistung einer Seilwinde wird meistens durch ihre Hubkraft ausgedrückt, also die Last, die sie senkrecht heben kann. Diese Hubkraft hat für die Verwendung in einem Geländewagen wenig Bedeutung. Aussagekräftiger ist die

Zugleistung bei einer rollenden Last und einer zehnprozentigen Steigung – unser Geländewagen wäre eine solche rollende Last. In der Praxis kommt es oft vor, daß die erforderliche Zugleistung deutlich über dem Wagengewicht liegt, etwa wenn tiefer Schlamm zusätzlichen Widerstand leistet. Deshalb sollte die Zugleistung einer Winde mindestens dem zulässigen Gesamtgewicht eines Geländewagens zuzüglich einer gewissen Reserve entsprechen. Das werden wohl kaum weniger als 1500 kg sein, bei schweren Geländewagen 2500 kg oder mehr. Die bereits erwähnte Warn-Winde 8274 hat eine Zugleistung von 3650 kg! Es gibt noch stärkere Winden.

Ist die Winde zu schwach, besteht die Möglichkeit, die Zugleistung zu verdoppeln, nämlich durch eine Umlenkrolle. Das funktioniert dann so, daß die Umlenkrolle an einem Baum oder einem anderen festen Punkt in Zugrichtung verankert wird. Dann wird das Windenseil über die Umlenkrolle gelegt und zum Wagen zurückgeführt, wo man es am vorderen Abschlepphaken einhängt. Bei ausreichender Windenleistung wird eine Umlenkrolle lediglich benötigt, um die Zugrichtung zu ändern und dadurch nicht auf einen genau vor dem Wagen befindlichen Ankerpunkt für das Windenseil angewiesen zu sein.

Verwendet man nämlich eine Umlenkrolle zur Verdoppelung der Zugleistung, dann steht logischerweise nur noch die halbe Seillänge zur Verfügung. Das aber wird gerade bei den schwächeren Winden, bei denen die Notwendigkeit einer Verdoppelung der Zugleistung am wahrscheinlichsten ist, oft zum Problem, denn deren Seil ist meist weniger als zehn Meter lang. Schon bei einfacher Seilführung ohne Umlenkrolle ist das nicht sehr viel und oft nicht genug. Behelfen kann man sich dann mit einem Hilfsseil, etwa einem Abschleppseil, mit dem man das voll ausgefahrene Windenseil verlängert. Sobald dann das eigentliche Windenseil aufgespult ist, muß man das Hilfsseil lösen und einen neuen Befestigungspunkt dafür suchen, wenn die Selbstbergung noch nicht abgeschlossen ist, denn für das Hilfsseil ist auf der Windentrommel kein Platz. Je länger das eigentliche Windenseil ist, um so weniger ist man auf unbefriedigende Hilfsmittel angewiesen.

Der klassische Befestigungspunkt für das Windenseil ist ein Baum. Es ist aber auch jedes andere Objekt denkbar, an dem man das Seil sicher festmachen kann. Schlingt man das Windenseil um einen dicken Baum oder um ein anderes größeres Objekt, verringert sich die Seillänge um die Schlinge. Auch wird das Seil dort, wo der Haken die Schlinge schließt, punktmäßig extrem belastet und gebogen. Besser ist ein sogenanntes Choker-Seil oder eine Choker-Kette, die um den Baum (oder einen anderen Befestigungspunkt) geschlungen werden und an die man dann das Windenseil einhakt. Seit einiger Zeit gibt es für diesen Zweck auch Gurte, die den Vorteil haben, Beschädigungen an Bäumen zu verhindern.

Was aber ist zu tun, wenn Sie sich mitten in der Sahara bis zu den Achsen eingebuddelt haben und kein gefälliger Baum oder dergleichen herumsteht? Dann hilft nur eines, nämlich ein Bodenanker. Das sind Metallkonstruktionen, die in den Boden gedreht oder mit langen Pflöcken auf dem Boden befestigt werden. Sie haben an der Vorderseite eine Öse, in die der Haken des Windenseils eingehängt werden kann. Um wirklich auch in lockerem Sandbo-

Ein solcher Gurt verhindert die Beschädigung des Windenseils und von Bäumen, an denen das Seil verankert wird.

den genug Halt zu geben, müssen Bodenanker sehr stabil und die Befestigungspflöcke lang und zahlreich sein. Das wirkt sich natürlich auch auf das Gewicht aus: ein vom Schweizer Bundesheer verwendeter Bodenanker hat acht jeweils 100 Zentimeter lange Pflöcke aus Stahl und wiegt komplett 30 kg! Zusätzlich benötigt man noch einen gewichtigen Vorschlaghammer, um die Pflöcke einzuschlagen, und muß sich nach dem Gebrauch einige Mühe geben, sie wieder herauszuziehen.

Sahara-Experten kennen einen anderen Trick, von dem sie behaupten, daß er einen Bodenanker ersetzt. Sie heben eine tiefe Grube aus, in die sie das Reserverad so hineinstellen, daß es mit der Breitseite in Zugrichtung steht. Dann wird das Windenseil in der Felgenmitte befestigt und die Grube wieder zugebuddelt. Ist das Loch tief und der Boden fest genug, mag diese Lösung Erfolg versprechen, auch wenn es ein etwas mühsames Verfahren ist.

Wenn schon gerade vom Gewicht die Rede ist: auch eine Winde wiegt einiges! Für eine kräftige Winde wie die mehrfach erwähnte Warn 8274 mit Anbausatz sind 75 kg nicht ungewöhnlich. Zu allem Übel befinden sich diese 75 kg ganz weit vorn am Auto, wo sie bis zur Vorderachse auch noch über einen Hebel wirken, so daß die ohnehin stärker beanspruchten vorderen Federn und Dämpfer einer erheblichen zusätzlichen Belastung ausgesetzt sind. Oft ist deshalb eine Verstärkung ratsam. Auch beeinträchtigt eine unter der Stoßstange angebrachte oder diese nach vorn überragende Winde den Böschungs-

Seilwinde »Swinger« zur Befestigung an Kugelkopf-Kupplungen.

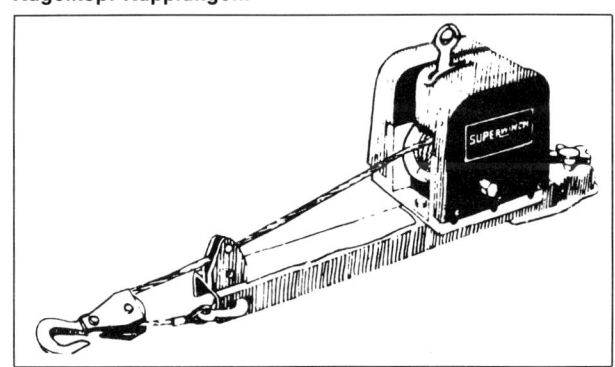

winkel. Schließlich wirken sich rund 100 kg, die man durch Winde, Bodenanker, Vorschlaghammer und Zubehör ständig herumschleppt, auch nicht gerade positiv auf die Fahrleistungen und den Verbrauch aus.

Eine besonders praktische Winde für den echten Notfall verdient eine Erwähnung: die Superwinch SH 8000 S. Sie ist auf einer Schiene montiert, die auf jede Kugelkopf-Kupplung gesteckt werden kann. Wer auch auf der vorderen Stoßstange einen Kugelkopf zum Rangieren hat, kann sie also vorn wie hinten aufsetzen. Eine Zugleistung von 2000 kg für rollende Last mag für mittelschwere Geländewagen in den meisten Fällen genügen, die Seillänge freilich ist mit 760 Zentimeter sehr bescheiden. Einen Anbausatz benötigt man natürlich nicht, und man kann die Winde bis zu einem eventuellen Einsatz dort im Wagen verstauen, wo sie am wenigsten stört, ohne daß sie über einen Hebelarm die Vorderachse belastet. Die Winde wiegt knapp 20 kg, ist recht preiswert, hat aber den gewaltigen Nachteil, daß man sie nicht sieht, sie also nicht die Optik unseres Geländewagens aufwertet...

Wer auf eine optische Aufwertung zu verzichten bereit ist und zusätzlich im Notfall auch noch etwas Muskelkraft investieren will, kann sich eine handbetätigte Seilwinde zulegen, einen Seilzug. Ein Seilzug arbeitet nach dem gleichen Prinzip wie eine Winde, ist aber noch stärker untersetzt, um die geringere Muskelkraft auszugleichen. Vom Kraftaufwand her ist also die Arbeit mit einem Hand-Seilzug durchaus zumutbar, dauert aber länger. Bei allem Verständnis für technisch interessante Spielereien lohnt es sich vielleicht, sich einmal Gedanken über die Alternative eines handbetätigten Seilzugs als Hilfsmittel für die Selbstbergung zu machen. Er hat nämlich gegenüber einer Winde eine ganze Reihe handfester Vorteile:

- ein handbetätigter Seilzug funktioniert immer – unabhängig von einem

Dieser Seilzug (Jockey) wiegt nur 1,7 kg, hat aber eine Hubleistung von 500 kg. Das genügt freilich nur für sehr leichte Geländewagen.

Mit solchen Seilzügen ist die Selbstbergung kein Problem. Sie haben eine Hubleistung von 1500 bzw. 3000 kg und wiegen 10 bzw. 20 kg.

Es ist kaum glaublich, aber die elektrische Seilwinde hat tatsächlich den schweren Geländewagen über diese fast senkrechte Felsschwelle gezogen!

Motor oder der Batteriespannung.
- ein handbetätigter Seilzug ist leicht – ein für praktisch alle Geländewagen ausreichend kräftiger Seilzug wiegt etwa 10 kg.
- ein handbetätigter Seilzug kann überall dort am Wagen angreifen, wo eine Befestigungsmöglichkeit vorhanden ist – vorn oder hinten, sogar seitlich!
- ein handbetätigter Seilzug braucht keinen Anbausatz und ist nicht fest installiert, sondern kann an beliebiger Stelle im Wagen aufbewahrt werden, bis man ihn benötigt.
- ein handbetätigter Seilzug ist billiger als eine Winde.

Das letzte Argument freilich ist nicht so zu verstehen, als sei ein Seilzug absolut billig. Ein guter Seilzug ist sogar ganz unverschämt teuer, wenn man den vergleichsweise geringen technischen Aufwand berücksichtigt. Um bei der ›Benzinwährung‹ zu bleiben: er kostet so viel wie etwa 400 Liter, und es gibt einige brauchbare elektrische Winden, die sogar noch ein paar Mark billiger sind. Mit Anbausatz und Montage freilich sind auch sie letztendlich teuer.

Es gibt eben bei den Seilzügen nicht den preismindernden Konkurrenzdruck wie bei den elektrischen Winden, sondern nur einen marktbeherrschenden Hersteller. ›Greifzug‹ heißen seine Produkte in Deutschland, ›Tirfor‹ im Ausland.

Während also bei einem Seilzug die Auswahl klein ist, hat man bei elektrischen Winden die Qual der Wahl. Es gibt sie in allen möglichen Größen und Preislagen. Eine allgemeingültige Empfehlung für die beste Winde kann nicht gegeben werden, weil einerseits das Wagengewicht und in Abhängigkeit davon die Leistungsfähigkeit einer Winde eine entscheidende Rolle spielt, andererseits zusätzliche Komfort-Merkmale wie Fernbedienung oder ein längeres Seil sich auf den Preis auswirken. Wichtig ist lediglich, daß Wagen und Winde in einem harmonischen Verhältnis zueinander stehen: es ist absolut unsinnig, an einen winzigen Suzuki eine zentnerschwere Warn 8274 anzuschrauben, und umgekehrt hat eine Mini-Winde an einem dicken Chevrolet Blazer nichts zu suchen.

Die Arbeit mit einer elektrischen Seilwinde ist nicht nur leicht, sondern auch einfach. Dennoch sollte man einige Grundregeln unbedingt beachten:
- die größte Gefahr besteht dann, wenn ein Windenseil reißt, was bei zu hoher Last oder bei scharfen Knicken im Seil schon einmal passieren kann; Kleinwinden haben eine Seilstärke von kaum mehr als drei Millimetern. Ein solchen Seil wirkt dann wie eine Peitsche und kann erhebliche Verletzungen verursachen, deshalb: möglichst weg von der Winde und mit der Fernbedienung arbeiten.
- Besondere Aufmerksamkeit ist geboten, wenn bei dem Aufspulen das Seilende näher kommt. Die Winde muß, wenn sie unter Last läuft, rechtzeitig abgeschaltet werden, sonst muß irgend etwas nachgeben: der Wagen, die Winde oder der Baum. Die Aufspulgeschwindigkeit wird am Schluß höher, weil sich der Trommel-Durchmesser durch das bereits aufgespulte Seil vergrößert hat.
- Wird das Seil ohne Last aufgespult, legt es sich locker kreuz und quer über die Trommel, die dann nachher zu klein ist. Um das zu vermeiden, führt man das Seil mit der Hand und leistet dabei etwas Widerstand, so daß es sich fest und gleichmäßig

aufspult. Mit der Zeit aber brechen oder reißen immer einige Stränge des Stahlseils, so daß es zu Verletzungen der nackten Hand kommen kann. Deshalb sollten unbedingt Handschuhe getragen werden.

- Ein unter Last stehendes Seil kann nicht ausgehakt werden. Ziehen Sie also nicht Ihren Geländewagen bis auf einen Millimeter an den freundlichen Baum heran, an dem Sie das Seil befestigt haben, sondern lassen Sie etwas Spielraum, damit Sie das Seil lockern und abnehmen können.

Eine elektrische Winde ist etwas für Perfektionisten, die ihren Geländewagen für alle Eventualitäten ausrüsten wollen und Spaß an technischem Aufwand haben. Ganz vorsichtige Geländewagen-Fahrer haben dann noch zusätzlich einen Greifzug an Bord – für alle Fälle, wenn die Winde versagen sollte, weil die Batterie leer ist oder der Wagen rückwärts geborgen werden muß. Die Entscheidung, ob man sich eine Winde oder einen Seilzug zulegt, ist in ähnlicher Weise eine Frage der Einstellung und der Mentalität wie etwa die Entscheidung zwischen Luftpumpe und batteriegetriebenem Kompressor, um den Reifendruck zu regulieren: die Luftpumpe funktioniert immer, der Kompressor erleichtert die Arbeit.

Die Reifen müssen greifen

Die Fortbewegung eines Autos, gleich ob im Gelände oder auf der Straße, ist nur möglich, wenn die Reifen die Vortriebskraft auf den Untergrund übertragen können. Wird die Reifenhaftung überschritten, drehen die Reifen durch und der Vortrieb endet. Durch die Differentialwirkung genügt es, wie wir wissen, wenn nur ein Rad pro angetriebener Achse durchdreht, um den Vortrieb zu beenden.

Auf festem, trockenem Untergrund genügt die Haftreibung zwischen Gummi und Straßenbelag zum Vortrieb. Ein Reifen dreht nur dann durch, wenn ein für den Untergrund zu hohes Drehmoment zugeführt wird, wie bei den berüchtigten ›Kavalierstarts‹ an der Ampel. Ist die Kontaktfläche Gummi/Straße groß genug, kann ein sehr hohes Drehmoment zugeführt werden, ohne daß die Räder durchdrehen. Das ist bei Rennwagen wichtig, und nicht zuletzt deshalb fahren Rennwagen mit extrem breiten Reifen, bei trockener Rennstrecke auch mit Reifen ohne jegliches Profil, mit den sogenannten Slicks. Jede Aussparung in der Lauffläche bedeutet natürlich ganz zwangsläufig eine Verringerung der Kontaktfläche zur Straße, denn die vertieften Teile der Lauffläche haben mit der Straße ja keine Berührung.

Ein normaler Reifen hat eine Lauffläche aus vertieften und erhabenen Teilen, das Profil. Die vertieften Teile des Profils werden als Negativ, die erhabenen als Positiv bezeichnet. Es erhebt sich nun die naheliegende Frage, warum man durch das Negativ die Kontaktfläche verringert.

Sobald es regnet, bildet sich auf der Straße eine mehr oder weniger starke Wasserschicht. Bereits die Feuchtigkeit durch Nieselregen vermindert die Reifenhaftung; tatsächlich ist eine leicht feuchte Fahrbahn sogar oft gefährlicher als eine richtig nasse, weil feine Schmutz- und Staub-Partikel dadurch zu einer rutschigen Schmiere werden, auf der die Kontaktflächen der Positiv-Blöcke wenig Halt finden.

Bei einer stärkeren Nässeschicht bildet sich unter den Reifen ein Wasserkeil,

Zahnrad-Effekt grobstolliger Reifen in Schnee oder Schlamm.

so daß die Reifen aufschwimmen und es zu dem gefürchteten Aquaplaning kommt. Dabei ist die Haftung zwischen Reifen und Fahrbahn gleich Null, das Fahrzeug schlittert unkontrolliert herum. Das Negativ nimmt das Wasser auf und leitet es nach hinten oder, bei entsprechender Profilgestaltung, auch seitlich ab. Dadurch können die erhabenen Teile des Positivs wieder Kontakt mit der Fahrbahn bekommen. Deshalb, und nur deshalb, haben auch ausgesprochene Pkw-Sommerreifen ein Profil, allerdings mit geringem Negativ-Anteil.

Um es einmal ganz klar zu sagen: auf trockener, fester Fahrbahn hat ein Profil nur Nachteile, die um so größer sind, je höher der Negativ-Anteil des Profils ist und je tiefer das Profil eingeschnitten ist. Ein weitgehend oder völlig abgefahrener Reifen hat auf trockener Fahrbahn keine schlechtere, sondern eine bessere Haftung als ein tief profilierter Neureifen. Je mehr Gummi auf die Straße gebracht wird, um so besser ist die Haftung.

Bei nasser Fahrbahn ist alles genau umgekehrt. Je höher der Negativ-Anteil des Profils ist und je tiefer dessen Einschnitte sind, um so mehr Wasser kann aufgenommen und abgeführt werden. Eine große Rolle spielt dabei das Gewicht, mit dem die Blöcke des Positivs

Hat sich das Reifenprofil erst einmal völlig zugesetzt, ist die übertragbare Traktion sehr gering.

auf die Straße gepreßt werden. Da wir das Wagengewicht (außer eventuell durch eine erhöhte Zuladung) nicht beeinflussen können, ist das auf jedem Quadratzentimeter des Positivs lastende Gewicht um so höher, je weniger Positiv-Fläche vorhanden ist.

Für eine verhältnismäßig dünne, lockere Neuschneedecke oder eine Schlammschicht über festem Untergrund gilt grundsätzlich das gleiche wie für einen Wasserfilm. Wenige und entsprechend hoch belastete, weit über das Negativ herausragende Positiv-Blöcke können am besten bis auf den festen Untergrund durchdringen und dort Haftung finden.

Wiederum anders ist es bei Schnee oder Schlamm, der keinen festen Untergrund hat oder so tief ist, daß die Reifen nicht bis zu dem festen Untergrund durchdringen können. Jetzt erfolgt der Vortrieb nach dem Prinzip der Zahnrad-Bahn: der nachgiebige Schnee oder Schlamm wird durch den Druck der Reifen verdichtet, das Positiv dringt tiefer ein als das Negativ, und die Fortbewegung erfolgt nach dem Zahnrad-Prinzip, indem die Positiv-Blöcke sich gegen die verdichteten, durch das Negativ gebildeten Erhöhungen stemmen. Positiv und Negativ sind gleichermaßen wichtig, von beiden sollte so viel wie möglich vorhanden sein, das Positiv sollte möglichst weit über das Negativ-Niveau hinausragen.

Der Vollständigkeit halber sei noch auf den Sonderfall ›Glatteis‹ eingegangen. Dessen Oberfläche ist (fast) so fest wie ein Straßenbelag, so daß das Positiv nicht wie bei Wasser, Schnee oder Schlamm eindringen kann. Im Gegensatz zum Straßenbelag ist aber der Haftwert zwischen Fahrbahn und Reifen extrem niedrig. Geringfügige Besserung kann eine besonders haftfähige Gummimischung bringen, eine überzeugende Lösung nach dem Zahnrad-Prinzip waren die Spike-Reifen, die wegen der Beschädigungen an der Fahrbahn-Oberfläche verboten wurden. Es handelte sich praktisch um ein vorgeschaltetes zweites Positiv: die harten Metallstifte drangen in das Eis ein, das eigentliche Positiv, in dem sie verankert waren, wurde gewissermaßen zum Negativ. Auch bei den Spike-Reifen galt: je mehr Spikes und je größer ihr Überstand, um so besser die Haftung bei Eis. Umgekehrt verschlechterten sich damit aber auch die Fahreigenschaften auf fester Straße enorm, weil nur die Spitzen der Spikes mit ihrem schlechten Haftwert zwischen Metall und Asphalt den Fahrbahnkontakt bildeten.

Für Geländewagen können wir jetzt verallgemeinern, daß bei Straßenfahrt ein hoher Positiv-Anteil, im Gelände hingegen ein hoher Negativ-Anteil vorteilhaft ist. Von der Art des Geländes hängt es ab, ob eine kleine Positiv-Fläche und damit ein hoher Flächendruck pro Quadratzentimeter Positiv besser ist oder ein niedriger Flächendruck auf nachgiebigem Untergrund. Im ersteren Fall sind schmale Reifen besser, ansonsten Breitreifen.

Womit wir beim Thema Breitreifen wären, das bei vielen Geländewagen-Freunden eigentlich schon kein Thema ist, glauben sie doch an das Motto »breit sein ist alles«. Tatsächlich haben Breitreifen große Vorteile, auch wenn man einmal von ihrer eindrucksvollen und für viele Geländewagen-Freunde kaufentscheidenden Optik absieht.

Zur Fortbewegung trägt nur jener Teil des Reifens bei, der gerade Fahrbahnkontakt hat, die Aufstandsfläche, auch treffend ›Reifenlatsch‹ genannt. Man muß sich das einmal so richtig vorstellen: vier schuhgroße Flächen, mit de-

Reifen-Aufstandsfläche und Bodendruck.

nen die Reifen den Boden berühren, entscheiden darüber, ob ein schwieriger Gelände-Abschnitt bewältigt werden kann oder nicht!

Die Reifen-Aufstandsfläche wird durch Umfang und Breite des Reifens festgelegt. Geländewagen haben überwiegend eine 15 Zoll-Bereifung, wobei die Zahl 15 den Felgen-Nenndurchmesser angibt. Das ist recht genau der Innendurchmesser des Reifens. Will man dessen Außen-Durchmesser ermitteln, der für den Reifen-Umfang (den Abroll-Umfang) entscheidend ist, dann muß man die doppelte Reifenhöhe hinzuzählen.

Das Verhältnis zwischen Höhe und Breite eines Reifens ist bei normalen Gürtelreifen etwa wie 0,8:1, d. h. die Höhe entspricht 80 Prozent der Breite. Diagonalreifen an Geländewagen ha-

Beide Reifen haben praktisch den gleichen Abroll-Umfang. Links ein Normalreifen, rechts ein Breitreifen.

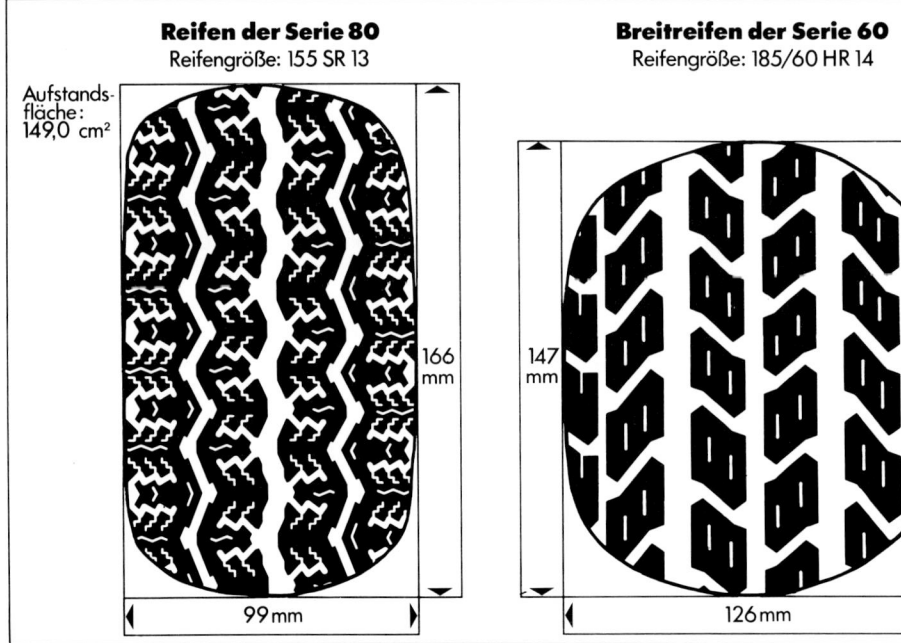

ben oft noch ein Verhältnis von 0,88:1 bis 0,98:1. Bei den sogenannten Breitreifen liegt das Verhältnis um 0,7 oder darunter. Trotz gleicher Breite wird bei diesen Reifen die Höhe und damit der Abrollumfang geringer, oder die Reifen werden umgekehrt bei gleichem Abrollumfang breiter.

Die Aufstandsfläche bei Normalreifen ist lang und schmal, jene von Breitreifen kürzer, aber breiter. Wie aus der Zeichnung des Aufstandsflächen-Vergleichs ersichtlich ist, ändert sich an der eigentlichen Aufstandsfläche nur wenig, wenn man statt eines Normalreifens einen Breitreifen gleichen Abrollumfangs verwendet. Allerdings erlaubt die Lauffläche eines Breitreifens eine wirksamere Profilgestaltung. Wesentlich größer wird die Aufstandsfläche nur dann, wenn man sich zu Reifen mit einem größeren Abrollumfang entschließt. Davon aber muß dringend abgeraten werden. Bei gleichem Gang und gleicher Drehzahl wird die Geschwindigkeit höher, was im Gelände keineswegs erwünscht ist. Auf der Straße wird das Temperament noch träger, als es bei Geländewagen ohnehin ist; möglicherweise erreicht der Wagen jetzt auch seine bisherige Höchstgeschwindigkeit nicht mehr, weil es ihm einfach bei der ›länger‹ gewordenen Übersetzung an Kraft dazu fehlt.

Breitreifen sind erheblich teurer, aber auch schwerer als Normalreifen, vor allem dann, wenn sie auch noch auf einer breiteren Felge montiert werden müssen. Das ist besonders unangenehm, weil die Räder zu den ungefederten Massen gehören, die die Radaufhängungsteile stark strapazieren und sich negativ auf Komfort und Straßenlage auswirken. Einen Teil des Mehrgewichts kann man durch Leichtmetallfelgen kompensieren, aber diese sind wesentlich teurer als normale Felgen, eine Beschädigung im Geländeeinsatz ist entsprechend kostspielig.

Kritisch werden Breitreifen bei Nässe. Neue Reifen haben noch ein ausreichend tiefes und offenes Profil, so daß Wasser gut abgeleitet wird, aber rascher als bei Normalreifen führt die Abnutzung dazu, daß der Reifen aufschwimmt; die teuren Breitreifen sollten also bei einer Profiltiefe ausrangiert werden, bei der Normalreifen noch nicht problematisch sind.

Der größte Vorteil der Breitreifen an Geländewagen liegt darin, daß sie in nachgiebigem Untergrund weniger tief einsinken, in Tiefschnee oder Schlamm also besser vorankommen. Ob dieser Vorteil (und die eindrucksvollere Optik) ausreicht, sich für Breitreifen zu entschließen, ist wohl nicht allgemeingültig zu beantworten, muß aber in vielen Fällen bezweifelt werden.

Wir müssen noch einmal auf das Profil zurückkommen. Wie wir gesehen haben, wirkt sich bei gegebener Lauffläche ein hoher Positiv-Anteil (bzw. ein kleiner Negativ-Anteil) vorteilhaft auf die Straßen-Fahreigenschaften aus, aber umgekehrt ein kleiner Positiv-Anteil (also ein großer Negativ-Anteil) vorteilhaft, meistens jedenfalls, auf die Gelände-Fahrleistung.

Nicht nur das Verhältnis zwischen Positiv und Negativ hat jedoch Auswirkungen auf die Fahreigenschaften, sondern auch Form und Anordnung des Profils. Ginge es nur um die Übertragung der Vortriebskraft, wären quer zur Fahrtrichtung eingeschnittene Negativ-Rillen optimal. Seitenführung, Geradeauslauf und Komfort eines solchen Reifens wären aber katastrophal. Ein Teil des Negativs muß also in Längsrichtung eingeschnitten werden. Das Verhältnis zwischen den Längs- und den

Extreme Spezialreifen für Sumpf und Sand.

Querrillen hängt ebenso vom Verwendungszweck eines Reifens ab wie das Verhältnis zwischen Positiv- und Negativ-Anteil sowie die Tiefe der Negativ-Einschnitte.

Es gibt tatsächlich Reifen, deren Profil lediglich aus quer und längs zur Fahrtrichtung verlaufenden Negativ-Rillen, also aus rechteckigen Positiv-Blöcken, besteht. Ein Diagonal-Profil kann aber sowohl in Längs- als auch in Querrichtung wirkende Kräfte aufnehmen. Bei den Reifen von Traktoren finden wir beispielsweise ein ausgeprägtes Diagonal-Profil mit einem V-Positiv. Bei manchen Spezial-Geländereifen, wie etwa dem Desert Dog, besteht das Profil gleichfalls aus zahlreichen, versetzt angeordneten V-förmigen Positiv-Blöcken und einem hohen Negativ-Anteil. Die Reifen-Hersteller sind bemüht, durch eine ausgeklügelte Profilgestaltung die Fahreigenschaften in dem von ihnen gewünschten Sinn zu beeinflussen. Leicht ist das allenfalls bei Spezialreifen. Je zahlreicher die Anforderungen sind, die an einen Reifen gestellt werden, um so schwieriger ist es, einen allen Anforderungen genügenden Kompromiß zu finden.

Bereits an einen Pkw-Sommerreifen stellen wir zahlreiche Forderungen. Wir erwarten, daß wir mit ihm die Höchstgeschwindigkeit unseres Wagens auch bei voller Zuladung bedenkenlos ausnutzen können. Er soll beim Bremsen und in der Kurve, bei trockener und bei nasser Fahrbahn bestmögliche Eigenschaften haben, komfortabel sein und lange halten. Da diese Eigenschaften einander teilweise widersprechen, gilt es, einen Kompromiß zu finden. Wird besonderes Gewicht auf eine bestimmte Eigenschaft gelegt, etwa bestes Nässeverhalten, werden davon andere Eigenschaften beeinträchtigt.

Noch schwieriger wird die Suche nach einem Kompromiß, wenn zusätzliche Eigenschaften gefordert werden, wie zum Beispiel bei Pkw-Winterreifen. Diese M&S-Reifen sind für uns besonders interessant, weil ja M&S soviel wie Matsch und Schnee bedeutet, also weichen, rutschigen Untergrund, wie wir ihn auch oft im Gelände finden.

M&S-Reifen unterscheiden sich von Sommerreifen vor allem durch ihren höheren Negativ-Anteil. Das hat zahlreiche Auswirkungen auf ihre Straßen-Fahreigenschaften. Für Geländewagen-Fahrer nur von beiläufigem Interesse ist dabei die Tatsache, daß ihre Höchstgeschwindigkeit meistens auf 160 km/h begrenzt ist. Der Verschleiß ist höher, die Abroll-Geräusche nehmen ebenso zu wie der Rollwiderstand: der Komfort verringert sich ebenso wie die Lebensdauer. Der Geradeauslauf wird schlechter, der Verbrauch höher. Alle diese Nachteile müssen für die verbesserte Traktion auf weichem Untergrund in Kauf genommen werden. Durch die größeren Negativ-Öffnungen kann eingedrungener Matsch oder Schnee besser herausgeschleudert werden – die Selbstreinigung ist besser. Bei fein profilierten Sommerreifen mit kleinem Negativ-Anteil hingegen setzen sich die Einschnitte rasch zu, so daß der gleiche Effekt entsteht wie bei profillosen Reifen.

Ginge es uns nur um einen Reifen mit guten Gelände-Eigenschaften, wäre die Sache leichter. Man könnte auf einige wichtige Anforderungen an einen Universalreifen, der auch straßentauglich sein muß, weitgehend verzichten: auf Seitenführung, Komfort, Lebensdauer usw. Bei der Definition eines Geländewagens haben wir allerdings bereits festgestellt, daß er als echtes Universalfahrzeug auch auf der Straße brauchbare Fahreigenschaften besitzen muß; die gleiche Bedingung müssen wir auch an seine Bereifung stellen.

Es gibt auch reine Spezial-Geländereifen wie die erwähnten Desert Dog oder noch extremere Kaliber, die dann aber für die Straße nicht mehr zugelassen sind. Sinnvoll sind solche Reifen nur für Sonderfälle, vor allem für Geländewagen-Wettbewerbe.

Natürlich werden die Eigenschaften eines Reifens nicht nur von seinem Profil bestimmt, sondern auch noch von anderen Faktoren, vor allem von der Gummimischung und dem Aufbau. Das Wort ›Gummi‹ ist eigentlich nicht ganz zutreffend, denn nur noch ein geringer Anteil des Reifens besteht aus Gummi, weitere 10 Prozent sind Chemikalien, der Löwenanteil sind Erdöl-Produkte. Auf die Geheimnisse der richtigen Mischung einzugehen, würde zu weit führen, wenden wir uns deshalb lieber gleich dem Aufbau zu.

Bei modernen Pkw hat sich der schlauchlose Stahlgürtelreifen endgültig durchgesetzt, während bei Geländewagen noch recht häufig Diagonalreifen zu finden sind und aus Sicherheitsgründen überwiegend Schläuche verwendet werden. Der Kern eines Diagonalreifens besteht aus mehreren Gewebeschichten, die von Wulst zu Wulst laufen. Sie sind diagonal und kreuzweise (unter einem Winkel von 30–40°) zueinander angeordnet – daher der Name.

Früher wurde die Tragfähigkeit eines Reifens durch die Zahl der Gewebelagen bestimmt; dank moderner Werkstoffe konnte man schließlich weitgehend davon unabhängig werden, aber noch immer basiert die Einstufung eines Reifens nach seiner Tragfähigkeit auf der damaligen Zahl seiner Schichten, auch wenn ein Vierschicht-Reifen (four ply rating) vielleicht nur noch effektiv zwei Schichten hat. Die Lastenklassen gehen von A bis F, was zwei bis 12 Schichten entspricht.

Mit wachsender Zahl der Schichten wird ein Diagonalreifen schwerer, steifer und unkomfortabler. Diagonalreifen verformen sich an ihren Flanken nur wenig, die dicken und steifen Flanken sind nicht so empfindlich gegenüber Beschädigungen, wie sie im Gelände leicht vorkommen können.

Bei einem Gürtelreifen gibt es meist nur zwei Gewebeschichten, die nicht diagonal zueinander angeordnet sind, sondern radial von Wulst zu Wulst laufen. Über diesen Gewebeschichten liegt unter der Lauffläche der umlaufende Gürtel aus mehreren Lagen, der die Lauffläche versteift, so daß es zu einer Art Gleisketten-Effekt kommt. Die flexiblen Flanken nehmen die Verformungen auf, während die Lauffläche den Fahrbahnkontakt behält. Gürtelreifen sind äußerlich daran zu erkennen, daß ihre weichen Flanken sich ausbeulen, als hätten die Reifen zu wenig Luft.

An sich liegen alle Vorteile auf der Seite der Gürtelreifen – mit einer Ausnahme: die empfindlichen Flanken. Deshalb gibt es einige Geländewagen-Reifen, bei denen auf einem mehrschichtigen Diagonal-Unterbau ein zusätzlicher Gürtel liegt, aber ein solcher Zwitter entspricht in seinen Fahreigenschaften einem Diagonal- und nicht einem Gürtelreifen.

Natürlich muß ein straßentauglicher Reifen sowohl in seinen Schnellauf-Eigenschaften als auch in seiner Belastbarkeit zu unserem Geländewagen passen und vom Hersteller für ihn freigegeben sein. Vorgeschrieben ist vom Hersteller auch der Luftdruck – oft ein niedrigerer Wert für das Gelände und ein höherer Wert für flotte Straßenfahrt.

Auf der Straße sollten wir den vorgeschriebenen Luftdruck keineswegs unterschreiten. Das hätte keine Vorteile, wohl aber ernste Nachteile: höherer Rollwiderstand und dadurch höherer Verbrauch und Verschleiß bei geringerer Fahrsicherheit.

Im Gelände hingegen kann es sinnvoll sein, den Luftdruck vorübergehend ganz erheblich zu reduzieren. Je stärker sich der Reifen dem ›Plattfuß‹ nähert, um so größer wird seine Aufstandsfläche, vor allem bei Gürtelreifen mit ihren weichen Flanken. Darin liegt natürlich die große Gefahr einer Flankenverletzung. In der Praxis freilich ist diese Gefahr nicht allzu groß, denn eine Vergrößerung der Aufstandsfläche durch Absenken des Luftdrucks ist nur bei weichem, wenig tragfähigem Untergrund sinnvoll, im Sand, Schlamm oder Tiefschnee. Durch die Walkbewegung reinigt sich auch das Profil bei niedrigem Luftdruck besser. Es ist erstaunlich, wie sehr sich etwa in weichem Sand die Traktion eines Geländewagens durch beherztes Absenken des Luftdrucks verbessern läßt.

Wie gesagt: je stärker der Luftdruck verringert wird, um so größer wird die Aufstandsfläche und um so besser die Traktion. Nun erhebt sich die naheliegende Frage, wie weit man im Extremfall mit dem Luftdruck heruntergehen kann. Bei vorsichtigster Fahrweise und auf weichem Untergrund wird oft der Extremwert von 0,3 bar als Minimum genannt, jedoch kann es bei einem derart niedrigen Luftdruck vorkommen, daß der Reifen auf der Felge rutscht und eventuell das Ventil abreißt.

Es muß einmal ganz deutlich gesagt werden, daß ein derartiges Absenken des Luftdrucks nur ein vorübergehender Notbehelf ist, um eine begrenzte Strecke mit sehr weichem Untergrund in langsamster Gangart zu bewältigen. Irgendwann einmal hat man die problematische Sand- oder Schlamm-Passage hinter sich gebracht; jetzt gilt es, umgehend den Luftdruck wieder zu erhöhen. Aber wirklich umgehend, denn die eigene Sicherheit, der enorm höhere Verschleiß und die Gefahr einer Beschädigung der Reifenflanken verbieten es, auch nur einen Meter mehr zu fahren als dringend notwendig! Keinesfalls darf man über feste Straßen bis zur nächsten Tankstelle fahren, um erst dort ganz bequem den Luftdruck wieder auf die vorgeschriebene Höhe bringen zu lassen.

Eigentlich sollte jeder Geländewagen serienmäßig mit einer Luftpumpe und einem Luftdruck-Messer ausgerüstet sein. Es ist aber leider nicht zu leugnen, daß es eine sehr anstrengende und zeitraubende Arbeit ist, mit einer Hand- oder Fuß-Luftpumpe die vier großen Reifen eines Geländewagens wieder auf den vorgeschriebenen Druck zu bringen. Wer das einmal gemacht hat, wird sich flugs einen kleinen, elektrisch über die Autobatterie angetriebenen Kompressor zulegen, der kaum teurer als eine gute Luftpumpe ist und uns die Arbeit abnimmt. Nur die Arbeit allerdings, denn er ist kaum schneller als eine manuelle Luftpumpe. Sind dann glücklich alle vier Refien aufgepumpt, kann es sein, daß Ihr Auto nicht mehr anspringt, weil die Batterie leergenudelt ist. Ein Grund mehr, sich die im Kapitel über die Winden beschriebene Zweitbatterie zu installieren und zur Vorsicht zusätzlich eine manuelle Luftpumpe mitzunehmen.

Ideal wäre es, wenn man während der

Mit Hilfe dieser aufwendigen Anlage kann der Luftdruck des Versuchsfahrzeugs während der Fahrt beliebig verändert werden.

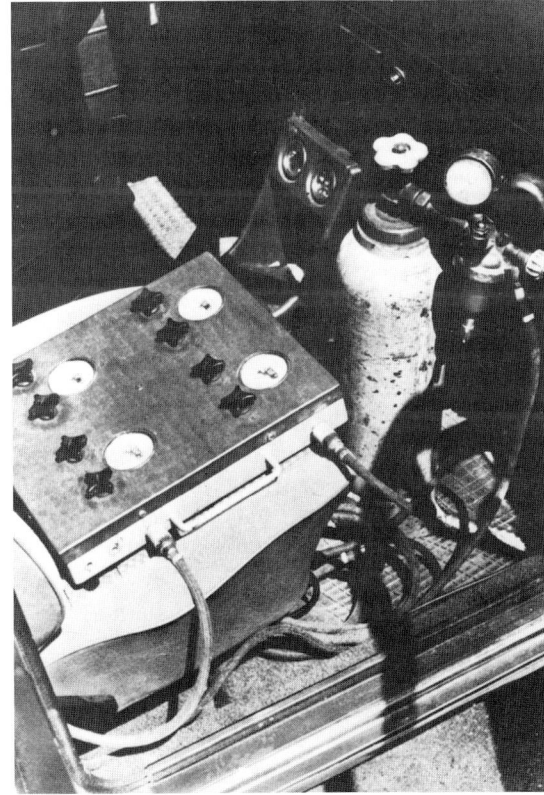

Fahrt mittels Knopfdruck vom Fahrersitz aus den Luftdruck in Abhängigkeit von Belastung und Untergrund beliebig verändern könnte. Bei manchen in der Wüste eingesetzten Militär-Lkw gibt es so etwas, aber wie kompliziert und aufwendig ein solches System ist, läßt das Foto auf S. 71 erkennen. Versuchs-Ingenieure haben die dort abgebildete Vorrichtung installiert, um die Auswirkung von Luftdruck-Veränderungen während der Fahrt zu studieren.

Ein Beispiel für extrem niedrigen Flächendruck durch Verwendung einer entsprechenden Bereifung sind jene bereits erwähnten Spezial-Fahrzeuge mit einer Kunststoff-Wanne als Aufbau und mehreren angetriebenen Achsen. Diese Fahrzeuge sind sehr leicht, sie wiegen leer rund 400 kg. Statt vier Rädern laufen sie auf sechs oder mehr Rädern mit mächtigen Niedrigdruck-Reifen; die Reifen haben tatsächlich ein derartiges Volumen, daß sie das gesamte Fahrzeug auf Wasser tragen und damit schwimmfähig machen! Es läßt sich denken, daß man damit leichtfüßig selbst den übelsten Sumpf oder Treibsand überqueren kann, solange die Wanne nicht aufsitzt.

Es gibt nicht den besten Reifen für Geländewagen, allenfalls den besten Reifen für ganz bestimmte Verhältnisse – für trockene, feste Straße, für Geröll, für Sand, für mehr oder weniger tiefen Schnee, und so weiter. Eigentlich müßte man also für alle unterschiedlichen Gelände-Verhältnisse jeweils andere Spezialreifen aufziehen, um die Antriebsleistung wirklich optimal in Vortrieb umsetzen zu können. Das aber ist ganz offensichtlich nicht möglich, schon deswegen nicht, weil die Fahrbahn-Verhältnisse im praktischen Betrieb laufend wechseln. Es ist höchstens möglich, alternativ zwei komplette Sätze zu montieren, wie das ja auch oft bei Pkw mit dem Wechsel von Sommer- auf Winter-Bereifung geschieht. Ein Satz wäre dann für überwiegenden oder ausschließlichen Gelände-Einsatz, der andere vorwiegend für den Straßen-Betrieb.

Grundsätzlich sollte es möglich sein, mit nur einer Garnitur auszukommen, wenn nicht ganz extreme Verhältnisse vorliegen. Es sollte dann ein Universalreifen gefahren werden, der zwangsläufig unter den entsprechenden Verhältnissen schlechter abschneidet als ein Spezialreifen, aber dafür auf keinem Gebiet völlig versagt und unter allen Bedingungen zumindest befriedigt.

Auch bei Geländewagen sollten wir als Universalreifen einen Gürtelreifen bevorzugen. Als Profil sollte man weder ein fein lamelliertes Straßen-Profil noch ein grobklotziges Geländeprofil wählen; am besten ist ein M&S-Profil. Wir erwarten von einem Geländewagen nicht die Straßen-Fahreigenschaften eines Pkw, so daß die auf festen Straßen schlechteren Eigenschaften eines M&S-Reifens durchaus akzeptabel sind und andererseits im Gelände seine Traktion befriedigt.

Schwierig wird es mit der Breite. Nicht zuletzt aus Preisgründen sind viele Geländewagen serienmäßig mit Diagonalreifen zwischen 6,00 und 7,50 Zoll Breite ausgestattet; das entspricht umgerechnet zwischen 152 und 190 Millimetern. Je nach Fahrzeug und bei ausreichender Tragkraft sind Gürtelreifen zwischen 165-16 und 205-16 ein guter Kompromiß; sollen die Reifen wesentlich breiter sein, ist es wegen des größeren Abroll-Umfangs zuweilen erforderlich, auf 15 Zoll zurückzugehen. Der winzige Suzuki etwa kann statt der Reifen 6,00-16 (Breite 152 mm) auch mit Gürtelreifen 195-15 ausgerüstet werden, usw. Stets muß der Reifen vom Hersteller des Geländewagens freigegeben sein, weil sonst die Betriebserlaubnis erlischt.

Man kann getrost so weit gehen zu behaupten, daß kein anderer Faktor die Geländeleistung eines Wagens mit Allrad-Antrieb auch nur annähernd in ähnlicher Weise beeinflußt wie die Reifen. Der größte technische Aufwand – Motorleistung, Übersetzungen, Sperrdifferentiale usw. – spielt eine vergleichsweise geringe Rolle! Trotz der gewaltigen Traktionsvorteile von zwei angetriebenen Achsen ist es sogar denkbar, daß ein Wagen mit Allrad-Antrieb, aber Reifen mit wenig oder keinem Profil auf rutschigem Untergrund steckenbleibt, während ein anderer Wagen mit nur einer Antriebsachse, aber griffigem Reifenprofil durchkommt!

Die ›Unterwelt‹

Die überragende Bedeutung der Räder, vor allem der Reifen, haben wir hinreichend gewürdigt. Sie übertragen nicht nur die Vortriebskraft auf den Boden, sondern beeinflussen als Elemente des Fahrwerks auch den Komfort und die Fahreigenschaften.

Neben den Rädern befinden sich unter einem Geländewagen noch Federn, Stoßdämpfer, Differentiale, Getriebe, Wellen, Auspuff, und was der schönen Dinge mehr sind. Sei alle haben die Eigenschaft, dem kritisch prüfenden Blick normalerweise entzogen zu sein und somit wenig Beachtung zu finden. Zumindest was das Fahrwerk anbelangt, scheinen auch die Konstrukteure der meisten Geländewagen den Teilen aus der ›Unterwelt‹ wenig Beachtung zu schenken – anders wäre es wohl kaum zu erklären, daß die Fahreigenschaften der Geländewagen in aller Regel noch viel schlechter sind, als sie es von ihrer Konzeption her eigentlich sein müßten.

Wie bereits an anderer Stelle festgestellt, besteht der Vorteil der anachronistischen Blattfedern gegenüber Schraubenfedern darin, daß sie billiger sind und jeder Dorfschmied Ersatz zurechtklopfen kann, wenn man einmal in menschenferner Wildnis von einem Federbruch überrascht wurde. Blattfedern brechen leichter als Schraubenfedern, sind viel schwerer, haben bei mehreren Lagen eine erheblich Eigenreibung, sind in ihrer Abstimmung schlechter dosierbar und ermöglichen keine so große Achsverschränkung. Eine Blattfederung ist wesentlich billiger als eine Schraubenfederung, weil sie im Gegensatz zu dieser die Achsen nicht nur federn, sondern auch führen muß.

Es läßt sich denken, daß schwere Starrachsen, die lediglich an den biegsamen Blattfedern aufgehängt sind, dort ein reges Eigenleben entwickeln können! Da sich Blattfedern beim Einfedern strecken, müssen sie in Längsrichtung beweglich sein. Nur selten federn beide Räder einer Achse gleichmäßig ein, die Bewegung der beiden Achsenden in Längsrichtung ist also unterschiedlich. Bei starker Beschleunigung oder starkem Bremsen verwinden sich die Blattfedern, um sich danach wieder zu entspannen, was zum Springen und Hüpfen der Achse führt. Nicht nur die Achsführung ist ungenügend, diese zusätzliche Aufgabe beeinträchtigt auch die Funktion der Federung. Sowohl in den Fahreigenschaften als auch im Komfort können mit Blattfedern nur bescheidene Resultate erzielt werden. Bei Schraubenfederung ist die Achse in

Längs- und in Querrichtung durch diverse Lenker und Stäbe exakt geführt, sie kann sich nur über die Schraubenfedern vertikal bewegen. Bei den Lenkern handelt es sich um Streben, die über Drehpunkte Achsen und Rahmen verbinden und die in ihrer Richtung wirkenden Kräfte aufnehmen. Die Achse kann sich also in Wirkungsrichtung des Lenkers nicht bewegen.

Es liegt an sich nahe, auch die blattgefederte Achse mit solchen Lenkern zu bändigen. Das ist aber nicht so einfach, weil die Arbeitsbewegungen der Blattfeder dadurch beeinträchtigt werden. Im Zubehör-Handel werden nachträglich einzubauende Lenker angeboten; manche Fahrer behaupten, damit eine Verbesserung der Fahreigenschaften erzielt zu haben, andere bestreiten es. Unbestreitbar ist eine Verminderung der Blattfeder-Verwindung beim Bremsen und Beschleunigen.

Statt sie durch den Einbau eines starren Lenkers zu unterbinden, kann man die unerwünschten Eigenbewegungen der Achse zumindest schwergängig machen – durch zweckentfremdete Lenkungsdämpfer. Auch das aber bleibt nicht ohne Auswirkungen auf das Ansprechverhalten der Federn.

Wegen der heftigen Stöße, denen ein Geländewagen ausgesetzt ist, und wegen der oft hohen Zuladung müssen Federn so ausgelegt sein, daß sie auch extremer Beanspruchung gewachsen sind. Das bedeutet dann, daß bei geringer Belastung die Federung sehr unkomfortabel ist. Bei Schraubenfedern gibt es die Möglichkeit, sich durch progressive Kennung (veränderliche Steigung der Federwindungen) zu helfen; die Federn verhärten sich allmählich mit zunehmender Belastung. Eine solche Möglichkeit gibt es bei Blattfedern nicht. Dafür kann man die Federhärte recht einfach durch Hinzufügen oder Entfernen eines Federblattes oder dessen Austausch gegen ein anderes verändern. Bei regelmäßiger hoher Zuladung ist eine solche Verstärkung der Federung zweckmäßig. Das darf aber nicht dazu führen, die erhöhte Zuladung ständig auszunutzen – die Folgen sind dann oft Rahmenrisse und -brüche, vor allem auf sehr schlechter Fahrbahn. Zweckmäßig ist die Verwendung von zusätzlichen Gummi-Hohlfedern, die weich einsetzen und eine progressive Kennlinie haben.

Eine verhältnismäßig einfache und wirkungsvolle Maßnahme zur Verbesserung des Komforts ist die Zerlegung, Reinigung und Bearbeitung der Blattfeder-Pakete, um die Eigenreibung zu verringern.

Die ausgebauten Blattfeder-Pakete werden zerlegt; dann wird jede einzelne Feder beidseits mit Drahtbürste, Schleifmaschine, Schleifpapier und Feile bis zur völligen Glättung bearbeitet. Scharfe Kanten und Grate werden entfernt. Danach legt man, wie bei Pkw-Blattfedern üblich, zwischen die einzelnen Federn dünne Kunststoff-Schichten, oder man bürstet reibungsmindernde MO_2-Paste ein. Das Resultat ist verblüffend! Bei der Verwendung von Kunststoff-Zwischenlagen sind die Blattfedern danach sogar wartungsfrei, die MO_2-Beschichtung muß hingegen von Zeit zu Zeit erneuert werden. Nach dem Zusammenbau werden die Federn kräftig eingefettet.

Die weitgehende Verminderung der Reibung zwischen den einzelnen Blattfedern hat freilich auch einen Nachteil: da die Reibung eine schwingungsdämpfende Wirkung hat, wird sie bei Geländewagen und Lkw meist nicht wie bei einem Pkw durch Kunststoff-Zwischenlagen bereits werksseitig vermindert,

Mit einem zusätzlichen Federblatt und einem zweiten Stoßdämpfer wird die Belastbarkeit größer, der Komfort aber verringert.

sondern dient der Entlastung der Stoßdämpfer.

Die Stoßdämpfer sind besonders ungeliebte Stiefkinder der meisten Geländewagen-Fahrwerkstechniker. Ohne großen Widerspruch werden vom Rotstift der Kaufleute diktierte Spar- und Billigdämpfer akzeptiert, die in Verbindung mit der Eigendämpfung der Blattfedern gerade ausreichen, die Federschwingungen einigermaßen abzubauen. Verringert man die Reibung der Blattfedern und damit die Eigendämpfung, genügen sie oft nicht mehr, um die Räder am Boden zu halten.

Stoßdämpfer sollten besser als Schwingungsdämpfer bezeichnet werden. Das Dämpfen der von der Fahrbahn ausgehenden Stöße ist Aufgabe der Federn; Aufgabe der Stoßdämpfer ist es, das Nachschwingen des Aufbaus in den Federn abzubauen. Sie wirken dabei in zwei Richtungen: beim Einfedern werden sie zusammengedrückt (Druckstufe), beim Ausfedern auseinandergezogen (Zugstufe). Beide Stufen können – und sollten – getrennt voneinander eingestellt werden. Die Druckstufe darf der Federung nur einen geringen Widerstand entgegensetzen, während die Zugstufe die Hauptarbeit des Dämpfens der Federschwingungen zu übernehmen hat. Bei ganz feinen Dämpfern könne Zug- und Druckstufe ohne Ausbau des Dämpfers verstellt werden, jedoch ist ein solcher Aufwand, der sich natürlich auch im Preis niederschlägt, bei Geländewagen nicht nötig.

Wenn es nur um die Verstärkung der Dämpfung geht, kann statt stärkerer Heavy Duty-Dämpfer oder Spezial-Dämpfer auch der einfache Weg gewählt werden, zwei Dämpfer pro Rad anzubringen. Das ist etwa dann eine akzeptable Lösung, wenn eine längere Urlaubsreise mit sehr hoher Zuladung unternommen werden soll. Bei geringer Zuladung ist aber die Druckstufe so hoch, daß das Ansprechverhalten der Federung erheblich verschlechtert wird.

Stoßdämpfer sind Verschleißteile. Ihre Wirkung läßt ganz allmählich nach, so daß man sich an das verschlechterte Fahrverhalten gewöhnt und die abnehmende Dämpferwirkung nicht bemerkt. Das gilt vor allem dann, wenn Schmutz und Rost an den Blattfeder-Paketen deren Eigendämpfung gleichzeitig mit dem Nachlassen der Dämpferwirkung erhöhen.

Ein notwendiger Austausch defekter Dämpfer bietet die beste Gelegenheit, auf Spezial-Stoßdämpfer umzurüsten. Das müssen keineswegs unbedingt Einrohr-Gasdruckdämpfer sein, auch wenn diese den besten Ruf haben; wirklich gute Zweirohr-Dämpfer, etwa von Koni, sind praktisch ebenbürtig. Wichtig ist vor allem, daß die Dämpfer für das jeweilige Fahrzeug, sein Gewicht und sein Federungsverhalten eigens abgestimmt sind.

Spezial-Stoßdämpfer kosten deutlich mehr als die üblichen Billig-Dämpfer. Dafür ist ihre Haltbarkeit aber auch wesentlich größer. Zudem läßt sich mit ihnen eine Verbesserung des Komforts und des Fahrverhaltens erreichen, die man selbst erlebt haben muß, um sie zu glauben! Es ist schwer verständlich, warum die meisten Geländewagen-Hersteller, zumindest in den höheren Preisklassen, solche Spezial-Stoßdämpfer nicht serienmäßig einbauen.

Ein Lenkungsdämpfer ist im Prinzip ein winziger Stoßdämpfer. Er soll die über die Räder auf die Lenkung wirkenden harten Stöße mildern, ist also bei Geländewagen recht nützlich. Allerdings wird die Lenkung durch einen Lenkungsdämpfer nicht nur beruhigt, sondern sie wird auch schwergängiger. Das sollte nicht unterschätzt werden, denn wer einen schweren Geländewagen in zähem Schlamm rangieren muß, braucht schon einen gut entwickelten Bizeps. Es gibt Lenkungsdämpfer unterschiedlicher Stärke, auch können zwei (oder mehr) Lenkungsdämpfer eingebaut werden.

Harte Burschen unter den Geländewagen-Fahrern lehnen schon Lenkungsdämpfer ab, von einer verweichlichenden Servolenkung ganz zu schweigen, zumal durch den Antrieb der Servo-Pumpe etwas Leistung verlorengeht. An sich gehört eine Servolenkung nicht zur ›Unterwelt‹, auch Lenkungsdämpfer nur bedingt, beide sollen aber als Ergänzungen der Lenkung mit dem zur ›Unterwelt‹ gehörenden Lenkgetriebe an dieser Stelle erwähnt werden. Eine Servolenkung ist jedenfalls bei schweren Geländewagen ein recht angenehmes Extra, wenn auch kein billiges. Selbst unter schwierigen Umständen wird dadurch aus harter Lenkrad-Arbeit ein spielerisches Vergnügen.

Ohne die unterstützende Hilfe einer Servolenkung muß die Übersetzung recht indirekt sein, damit die Arbeit am Lenkrad nicht zu anstrengend wird. Das bedeutet, daß für eine bestimmte Richtungs-Änderung das Lenkrad verhältnismäßig stark gedreht werden muß. Die Servolenkung ermöglicht eine direktere und damit reaktionsschnellere Übersetzung. Fällt die Servopumpe aus irgendwelchen Gründen einmal aus, bleibt die Lenkung dennoch funktionsfähig. Der Grad der Servo-Unterstützung ist vom Hersteller beliebig einstellbar; bei zu hoher Unterstützung wird die Lenkung so leichtgängig, daß der Fahrbahnkontakt verloren geht.

Noch immer dominieren bei Geländewagen die Trommelbremsen; neuere

Entwicklungen haben allerdings oft zumindest an der Vorderachse Scheibenbremsen. Eine Scheibenbremse hat eine gleichmäßigere Wirkung, ist durch die bessere Wärmeabführung standfester, und die Beläge lassen sich sehr einfach wechseln. Dafür müssen sie auch öfter gewechselt werden, außerdem gelten Scheibenbremsen als empfindlicher gegen Schmutz und Nässe. Die besser gegen Verunreinigungen geschützte Trommelbremse hat noch einen weiteren großen Vorteil gegenüber der Scheibenbremse: ihre Selbstverstärkung durch die auflaufenden Bremsbacken. Zur Erzielung einer bestimmten Bremswirkung ist also der Kraftaufwand geringer, man kann ohne Servo-Unterstützung auskommen! Damit wird die Trommelbremse deutlich billiger als die Scheibenbremse.

Bei nicht allzu hartem und häufigem Einsatz in Matsch und Nässe ist die geschlossene Trommelbremse in der Tat besser vor eindringendem Schmutz geschützt als die Scheibenbremse. Das ändert sich aber, wenn wirklich harte Schlammschlachten ausgetragen werden. Die Scheibenbremse reinigt sich selbst, allenfalls ist ein kräftiger Wasserstrahl erforderlich. Der in die Trommelbremse eingedrungene Schmutz ist hingegen nur äußerst mühselig zu entfernen.

An den Vorderrädern ist eine Scheibenbremse aus zwei Gründen wichtiger als an den Hinterrädern: einmal wirkt sich ihr gleichmäßigeres Ansprechen vorteilhaft auf die Lenkung aus, zum anderen werden etwa 70 Prozent der Bremsleistung von den vorderen Bremsen aufgebracht. Das hängt mit der dynamischen Achslast-Verlagerung zusammen: beim Bremsen verschiebt sich das Gewicht nach vorn, was äußerlich daran zu erkennen ist, daß der Wagen an der Vorderachse »in die Knie« geht, während die Hinterachse gleichzeitig entlastet wird und sich hebt (beim Beschleunigen ist es umgekehrt).

Der Auspuff muß nicht unbedingt unter dem Wagenboden nach hinten geführt werden; bei manchen Traktoren oder Lkw ist er zuweilen direkt nach oben gelegt. Das erschwert aber bei einem Geländewagen die Unterbringung der Schalldämpfer. Obwohl es sich gerade bei Geländewagen empfehlen würde, den Auspuff nicht an der gefährdeten Unterseite zu verlegen, sondern nach oben zu führen, wo er auch vor eindringendem Waser geschützt wäre, verhindern die gesetzlichen Vorschriften in aller Regel eine solche Lösung. Es bleibt also in der Praxis keine andere Wahl, als ihn unter dem Wagenboden zu belassen.

Die Probleme mit dem üblichen Unterboden-Schutzanstrich bei Geländewagen wurden bereits erwähnt. Wer häufiger mit der Unterseite seines Geländewagens über Boden-Unebenheiten rutscht, sollte besser darauf verzichten, weil die verletzte Schutzschicht sonst von Feuchtigkeit unterwandert wird, die dort für Rostfraß sorgt. Bei Verzicht auf den korrosionshemmenden Unterbodenschutz muß die Unterseite häufiger gereinigt und mit Rohöl eingesprüht werden.

Gelände-Unebenheiten gefährden nicht nur die Unterboden-Schutzschicht, sondern auch die edleren Teile auf der Fahrzeug-Unterseite: Ölwanne, Differentiale, Lenkgetriebe, Zwischengetriebe und Auspuff. Eine solide Alu-Schutzplatte unter dem Wagenboden bringt Abhilfe; es genügt, sie nur dort anzubringen, wo edlere Teile tiefer als der Rahmen liegen. Für die meisten Geländewagen werden solche Schutzbleche passend angeboten, es ist aber auch

Maßgefertigte Bleche schützen die Unterseite vor Beschädigungen.

nicht schwer, sie nach Maß anfertigen zu lassen.

Leider verringert ein Schutzblech die Bodenfreiheit, und zwar gleich um ein oder zwei Zentimeter, denn zwischen dem Blech und dem zu schützenden Teil sollte als Puffer bei harten Stößen ein gewisser Abstand bleiben.

Zwischen dem Schutzblech und dem Wagenboden sammelt sich Schmutz an. Die Reinigung des Wagenbodens wird wegen des Schutzblechs schwierig, auch bei Reparaturen ist die Zugänglichkeit von unten schlecht. Deshalb müssen Unterboden-Schutzbleche leicht abschraubbar sein; um ein Abschleifen zu verhindern, werden die Schraubenköpfe versenkt. Schutzbleche sollten vorn und hinten hochgebogen werden, um sich nicht in den Schlamm zu bohren, sondern als Schlittenkufen zu wirken.

Bei hoher Zuladung ändert sich die Bodenfreiheit an der Vorderachse kaum, die Hinterachse aber wird tief zu Boden gedrückt, die Bodenfreiheit verringert sich beträchtlich. Das kann durch eine Niveauregulierung verhindert werden, mit der die Bodenfreiheit unabhängig von der Belastung konstant gehalten wird. Es gibt automatisch arbeitende Niveau-Regulierungen, bei denen die Wagenhöhe ohne die Möglichkeit oder Notwendigkeit der Beeinflussung konstant bleibt. Bei einer anderen Anlage wird über einen kleinen Kompressor das Heck nach Bedarf gliftet, und schließlich gibt es einfache Anlagen, bei denen auf einen eingebauten Kompressor verzichtet wurde und man sich mit Druckluft von der Tankstelle oder der Luftpumpe behelfen muß. In jedem

Fall wird ein über den Stoßdämpfern angebrachter Gummibalg mehr oder weniger stark aufgepumpt und verändert so die Bodenfreiheit.

Heiß umstritten sind Freilaufnaben. Bei Geländewagen mit abschaltbarem Vorderradantrieb wird im Verteilergetriebe ja nur die nach vorn führende Antriebswelle ausgerückt. Durch die sich während der Fahrt drehenden Vorderräder wird natürlich auch der gesamte Antriebsstrang bis hin zum Verteilergetriebe durchgedreht; der von ihm ausgehende Widerstand addiert sich zu den Fahrwiderständen. Deshalb ist die Einsparung an Treibstoff und Antriebskraft gering. Tatsächlich dient der abschaltbare Vorderrad-Antrieb ja auch in erster Linie dazu, Verspannungen zwischen den beiden starr miteinander verbundenen Achsen bei flotter Straßenfahrt zu vermeiden. Bei den Freilaufnaben kann direkt an den Rädern der Antriebsstrang abgekoppelt werden, dreht sich also nicht mit. Das bringt unbestreitbar eine Einsparung an Treibstoff und Antriebskraft, die zwischen zwei und drei Prozent geschätzt wird. So weit, so gut. Um aber den Allrad-Antrieb einzuschalten, muß man anhalten, aussteigen und die beiden Freilaufnaben sperren. Theoretisch wäre auch eine Fernbedienung oder eine automatische Verriegelung während der Fahrt denkbar, aber beide Antriebswellen müssen ja im Verteilergetriebe drehzahlgleich sein. Wird der vordere Antriebsstrang durch die Vorderräder gedreht, hat er die gleiche Drehzahl wie der auf die Hinterräder wirkende Antriebsstrang, deshalb kann der Allrad-Antrieb während der Fahrt ein- und ausgeschaltet werden, was bei durch Freilaufnaben abgekoppelten Rädern nicht möglich ist. Bei automatischen Freilaufnaben muß man nicht mehr aussteigen; sie verriegeln selbsttätig, wenn man im Stand auf Allrad-Antrieb schaltet.

Rund um den Geländewagen

Es gibt so allerlei mehr oder weniger sinnvolles Zubehör, das Sie an Ihrem Geländewagen anbringen oder mitführen können und mit dem wir uns in diesem Kapitel einmal etwas näher befassen wollen.

Da wären zunächst einmal die Scheinwerfer, mit denen Sie auch bei Dunkelheit mobil bleiben. Empfehlenswert sind ausschließlich Halogen-Leuchten, sowohl in den Haupt- wie in den Zusatz-Scheinwerfern. Aus Kostengründen sind Halogen-Hauptscheinwerfer noch keineswegs bei allen Geländwagen serienmäßig, die Einsätze können aber problemlos ausgetauscht werden. Ein Austausch nur der Birnen ist nicht möglich.

Halogen-Scheinwerfer haben gegenüber den herkömmlichen Scheinwerfern keine Nachteile, wenn man einmal von dem geringfügig höheren Stromverbrauch (55 statt 45 Watt, stärkere sind nicht erlaubt) absieht. Sie geben aber nicht nur wesentlich helleres Licht, sondern unterliegen auch im Gegensatz zu normalen Glühbirnen keiner Alterstrübung. Ihr Füllgas enthält Halogen-Zusätze (daher der Name), die mit dem vom Glühwendel abgeschiedenen Wolfram eine Verbindung eingehen. Diese Wolfram-Reste schlagen sich bei konventionellen Glühbirnen als schwärzender Belag auf der Innenseite des Glaskolbens nieder. In Halogen-Birnen entsteht dadurch ein stabiler Kreislauf, daß sich bei hohen Temperaturen der Halogen-Wolfram-Dampf am Glühwendel aufspaltet und sich das Wolfram dort wieder niederschlägt.

Jede Menge Scheinwerfer, vier davon so hoch montiert, daß sie von Schlammspritzern nicht mehr erreicht werden. Unter dem bullbar ist das Seilfenster einer Winde zu erkennen.

Bei den Hauptscheinwerfern haben wir es also leicht, die richtige Wahl zu treffen. Schwieriger ist die Frage zu beantworten, ob Zusatz-Scheinwerfer sinnvoll sind. Grundsätzlich unterscheidet man Breit- und Weitstrahler. Die Weitstrahler haben die Aufgabe, durch stärkere Bündelung des Lichtes eine größere Strecke auszuleuchten, als dies dem Fernlicht der Hauptscheinwerfer mit ihrer guten Mittelfeld-Ausleuchtung möglich ist. Das gelingt ihnen wegen der besseren Kontrastwirkung um so besser, je höher sie montiert sind. Fraglich ist allerdings, ob wir bei einem Geländewagen, der ja nicht so schnell gefahren wird wie ein Pkw, eine solche weitreichende Fahrbahn-Ausleuchtung wirklich benötigen. Zusatz-Scheinwerfer kosten Geld, werden im Gelände leicht beschädigt und verbrauchen Strom.
Breitstrahler streuen ihr Licht noch stärker als die Hauptscheinwerfer. Ihre Leuchtweite ist demgegenüber gering.

Sie sind nicht nur bei Nebel zweckmäßig, sondern auch zur seitlichen Ausleuchtung der Fahrbahn. Im Gegensatz zu den Weitstrahlern ist ihre Wirkung bei Nebel um so besser, je tiefer sie montiert sind. Eine Montage unter der Stoßstange ist bei Geländewagen aber nicht möglich. Über der Stoßstange montiert, ist nicht nur die Wirkung schlechter, es gelangt auch Streulicht nach oben und blendet den Fahrer.
Bei gegebener Leuchtstärke wächst die Lichtausbeute aller Scheinwerfer mit der Größe des Reflektors. Alle Zusatz-

Praktischer Handscheinwerfer.

Scheinwerfer müssen so montiert werden, daß sie auch den harten Stößen bei Geländefahrt gewachsen sind. Bei größeren Scheinwerfern ist das nur mit zusätzlichen, am oberen Lampenrand angebrachten Befestigungs-Streben möglich. Vor Beschädigungen des Lampenglases schützt ein Gitter, das zur Reinigung verschmutzter Scheinwerfer leicht abnehmbar sein muß.

Zur Verschmutzung neigen Scheinwerfer im Gelände-Einsatz besonders stark. Wer bei einer nächtlichen Schlammschlacht nicht alle paar Minuten aussteigen will, um die Scheinwerfer zu reinigen, kann sich mit einem außerhalb der durch Schlammspritzer gefährdeten Zone hoch oben am Fensterholm montierten Zusatz-Scheinwerfer helfen, der zweckmäßigerweise schwenkbar ist, so daß er vom Fahrer während der Fahrt als Suchscheinwerfer benutzt werden kann. Liegt seine Unterkante höher als einen Meter über der Erde, muß er auf der Straße abgedeckt sein. Die bessere Lösung dürfte aber ein großer Halogen-Handscheinwerfer sein, der nicht bei Unterholz-Fahrten gefährdet ist, bei Bedarf in die Zigarrenanzünder-Buchse eingestöpselt wird und vom Fahrer oder Beifahrer aus dem Fenster gehalten werden kann.

Unverzichtbar ist ein Rückfahrscheinwerfer, am besten ein großer Halogen-Breitstrahler, gut geschützt über der hinteren Stoßstange montiert. Er ist weitaus besser als die Mini-Scheinwerfer, die oft in den hinteren Leuchten-Einheiten zusammen mit Blinker, Rücklicht und Rückstrahler integriert sind.

Zusatz-Scheinwerfer, Winden oder anderes vorn am Wagen befestigtes Zubehör ist im Gelände verstärkt Beschädigungen ausgesetzt. Außerdem verbietet der Gesetzgeber vorspringende Teile, die Fußgänger gefährden können. Schutzbügel sind deshalb zweckmäßig, am wirkungsvollsten ist ein Gitter, das den gesamten Vorderwagen mit allem Zubehör schützt. Zur Gewichtsersparnis sollte es aus Aluminium hergestellt sein. Solche Schutzgitter werden als bull bar, profaner als Kuhfänger, etwas exotischer auch als Känguruh-Fänger bezeichnet, was darauf hindeutet, daß sie nicht nur im Unterholz hilfreich sein können...

Im Unterholz ist durch den bull bar wohl der Vorderwagen geschützt, nicht aber die darüber liegende Windschutzscheibe. Wenn Sie sich öfter im Wald tummeln, können Sie zusätzliche Astabweiser anbringen. Diese verbinden an den beiden Außenseiten des Wagens den bull bar mit der Oberkante des Fensterholms. Dort werden Befestigungen angebracht, an denen die Astabweiser abnehmbar verschraubt werden können. Wenn Sie die Befestigungen nicht direkt am Geländewagen anbringen wollen, kann das auch an einem Dachgepäck-Träger geschehen, womit wir bei dem nächsten Punkt der Liste angelangt wären.

Trotz ihrer ohnehin hohen Transport-Kapazität sind Geländewagen häufig mit Dachgepäckträgern ausgerüstet. Das liegt wohl daran, daß Geländewagen oft für Fernreisen verwendet werden, bei denen viel Gepäck befördert werden muß. Der Innenraum kann bei größeren Geländewagen ggf. als Schlafraum dienen, wenn das Gepäck auf dem Dach verstaut wird.

Seit einiger Zeit gibt es dazu eine neue Variante. Statt das Gepäck auf dem Dach unterzubringen und im Innenraum zu schlafen, können Sie auch umgekehrt Ihr Gepäck im Wagen lassen und auf dem Dach nächtigen – in einem Dachzelt. Dabei handelt es sich um ein

Ein bullbar, oder schlicht Kuhfänger, schützt die Wagenfront bei »Feindberührung«.

Eine Rohrkonstruktion ermöglicht bei diesem Suzuki die Montage eines Dachzelts trotz des Faltdachs. Der Einstieg liegt auf der Rückseite, während ...

... das Dachzelt bei diesem Mercedes G quer montiert ist.

Spezialzelt, das wie ein Gepäckträger mit einem Gestell auf dem Wagendach befestigt wird und einen geteilten, festen Boden hat. Auf diesem Boden ist das Zelt samt Gestänge zusammenklappbar montiert. Während der Fahrt liegen Zelt und Gestänge zwischen den beiden übereinander geklappten, gepolsterten Hälften des festen Zeltbodens, geschützt durch eine wetterfeste Plane. Der gesamte Aufbau ist dann nur etwa 30 Zentimeter hoch.

Das Aufschlagen erfolgt buchstäblich in Sekunden; die Plane wird abgenommen, der Zeltboden auseinandergeklappt, und schon ist das Zelt bezugsfertig. Eine Leiter stützt die das Wagendach überragende aufgeklappte Hälfte des Zeltbodens ab und ermöglicht ein rasches Besteigen. Manche Modelle haben noch ein angebautes Vorzelt, das die aufgeklappte Zelthälfte allseitig bis auf den Boden verlängert.

Zwei große Vorteile hat ein Dachzelt gegenüber normalen Zelten: es ist sehr schnell auf- und abgebaut, und man schläft in luftiger Höhe, fern von allerlei Unannehmlichkeiten, mit denen man eventuell zu ebener Erde rechnen muß. Neben dem sehr hohen Preis ist sein Hauptnachteil der Umstand, daß man jedesmal das Lager samt allem Drum und Dran abschlagen muß, wenn man von einem festen Standort aus einen kurzen Ausflug unternehmen will. Es eignet sich deshalb für motorisierte Wanderer mehr als für Leute, die tagelang am gleichen Ort verweilen und von dort aus die Umgebung erforschen wollen. Wohl kann man das Zelt auch vom Wagendach abnehmen und auf dem Boden aufstellen, aber das ist so umständlich, daß es nur bei einem längeren Aufenthalt sinnvoll ist.

Wenn das Dachzelt so ausführlich kommentiert wird, dann deshalb, weil es gerade für Geländewagen-Fahrer besonders zweckmäßig ist, die auf abgelegenen Strecken durch menschenferne Gegenden fahren wollen, ohne längere Zeit an einem Ort zu verweilen.

Dachgepäckträger und Dachzelte haben im praktischen Fahrbetrieb so viele Nachteile, daß man sie nur bei Bedarf montieren sollte. Die Fahrleistungen und der Verbrauch werden deutlich schlechter; bei flottem Reisetempo kann der Verbrauch um bis zu drei Liter steigen! Noch bedenklicher ist der Umstand, daß der Schwerpunkt nach oben verlagert wird und dadurch vor allem in Kurven und im Gelände die Kippneigung zunimmt. Bei genieteten Dächern können sich die Dachverbindungen durch die Rüttelei auf schlechten Straßen lösen (Rover). Ohnehin sind Dachzelt und Dachgepäckträger nur bei festem Dach, also nicht bei einem Planenverdeck, verwendbar.

Auf Fernfahrten in abgelegenen Gegenden muß man oft lange Strecken ohne Tankmöglichkeit zurücklegen. Wohl ist der Tank von Geländewagen meistens recht groß, aber ihr Durst ist gleichfalls beträchtlich. Es kann also erforderlich sein, zusätzlichen Treibstoff mitzuführen – in fest installierten Zusatztanks oder in Kanistern. Beide haben ihre Vor- und Nachteile.

Zusatztanks sind zweifellos die elegantere Lösung. Wenn sie außerhalb des Innenraums installiert werden, geht kein Gepäckraum verloren. Andererseits muß eine Stelle für den Einbau gefunden werden, an der sie weder bei einem Unfall die Brandgefahr vergrößern noch bei Gelände-Unebenheiten beschädigt werden. Die Kotflügel-Innenseite etwa ist beliebt, aber gefährlich. In jedem Fall ist auf sorgfältigen Einbau mit guter Be- und Entlüftung zu achten.

Außen oder innen anschraubbarer Halter für einen Reserve-Kanister.

Sandbleche sind in schwerem Gelände eine vorzügliche Traktionshilfe.

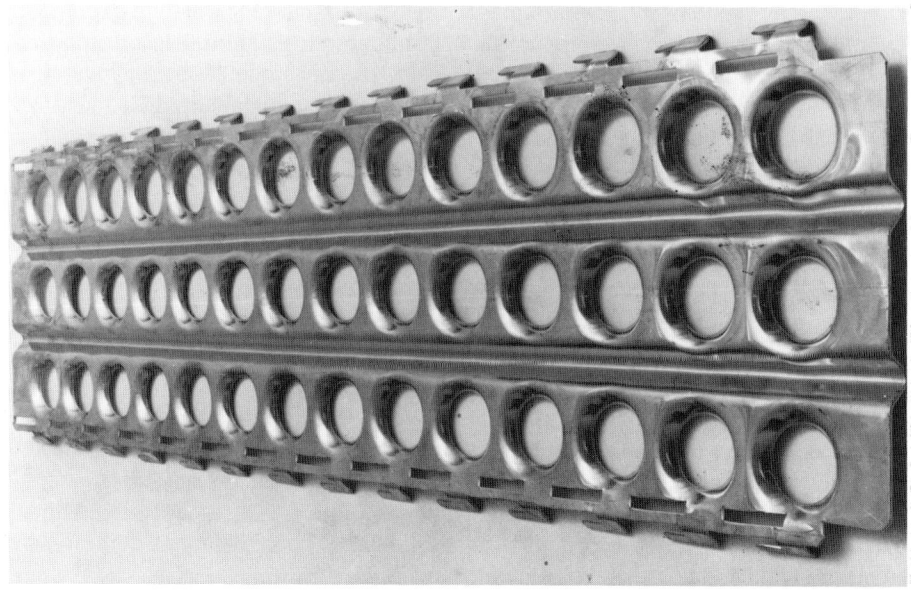

Zusatztanks sind teuer. Sie können im Gegensatz zu Kanistern nicht einfach zuhause gelassen werden; man muß sie immer mitschleppen, braucht sie aber nur bei Fernfahrten. Im Alltagsverkehr ist es zumindest unnötig, die (gefüllten) Zusatztanks und damit ein erhebliches Mehrgewicht herumzufahren, wenn überall Tankstellen sind.

Kanister sind billiger, werden nur bei Bedarf in der benötigten Anzahl eingeladen oder können auch außen am Wagen in besonderen Halterungen transportiert werden, so daß kein Innenraum verlorengeht. Es ist allerdings die zusätzliche Arbeit des Nachfüllens erforderlich. Wofür Sie sich entscheiden, bleibt Ihnen überlassen.

An geeigneten Stellen der Fahrzeug-Karosserie können Sie nicht nur Halterungen für Kanister, sondern auch für alles mögliche andere Zubehör anbringen, das Sie ständig oder bei bestimmten Gelegenheiten mitführen. Damit sparen Sie wertvollen Gepäckraum; außerdem ist das Zubehör immer griffbereit und muß nicht irgendwo unter dem Gepäck hervorgesucht werden. Dafür verschlechtert es den Luftwiderstand, darf Fußgänger nicht durch scharfe Kanten gefährden und sollte diebstahlsicher befestigt werden.

Bei den weit vorspringenden Stoßstangen mancher Geländewagen bietet es sich an, darauf feste, verschließbare Staukästen zu montieren, für Werkzeug etwa, das dort immer griffbereit ist. Wie alles andere an der Vorderseite angebrachte Zubehör sollten Kisten samt Inhalt nicht zu schwer sein, um die Vorderachse nicht übermäßig zu belasten (langer Hebelarm).

Sandbleche können wegen ihrer Länge ohnehin nur auf oder seitlich am Geländewagen befestigt werden. Es sind dies drei Meter lange und 45 Zentimeter breite, gelochte Alu-Bleche (billigere Eisen-Bleche sind zu schwer), die für Geländewagen halbiert werden können. Sie dienen als Unterlage, um im Sand oder Schlamm festgefahrenen Wagen ein Anfahren zu ermöglichen; mehr über ihre Verwendung an anderer Stelle. Für einen Geländewagen benötigen Sie vier Bleche zu 150 Zentimetern (Gewicht 30 kg).

Anderes eventuell außen an der Karosserie in Halterungen zu befestigendes Zubehör sind Axt und Schaufel, Feuerlöscher, ein Spezial-Wagenheber (Hi-Lift) und ähnliche Dinge. Was Sie wo und wie und ob überhaupt anbringen, hängt von Ihnen, Ihren Plänen und ihrem Wagen ab.

Auch im Innenraum sollte alles, was bei den wilden Sprüngen, die ein Geländewagen mitunter macht, wie ein Geschoß im Wagen herumfliegen kann, sorgfältig in Halterungen oder fest montierten Staukästen untergebracht werden: Verbandkasten, Warndreieck, Werkzeuge, Ersatzteile, Handscheinwerfer, Luftpumpe, Kompressor, Greifzug, Bodenanker, Ketten usw., auch Feuerlöscher und Wagenheber, soweit nicht außen am Wagen befestigt. Das gilt vor allem für jenes Zubehör, das ständig, also auch bei ansonsten leerem Wagen, mitgeführt wird. Auf größeren Fahrten mit viel Gepäck ist es einfacher, Zubehör so zu verstauen, daß es festgeklemmt ist und nicht in der Gegend herumfliegen kann. Sehr zweckmäßig in vielen Situationen ist ein spezielles Auto-Messer (Puma) mit feststehender Mehrzweck-Klinge, für das es eine anschraubbare Auto-Halterung gibt.

Leider sind viele Geländewagen recht kläglich mit Instrumenten ausgestattet, manche haben nur einen Tachometer und eine Benzinuhr. Empfehlenswert

sind, falls nicht vorhanden, die folgenden Ergänzungen:
Drehzahlmesser. Er ermöglicht es Ihnen, exakt das maximale Drehmoment einzusetzen und sich stets im verbrauchsgünstigsten Bereich zu bewegen.
Öldruckmesser. Er warnt rechtzeitig vor zu niedrigem Öldruck und damit vor einem bevorstehenden Motor-Exitus. Die Höhe des Normal-Öldrucks ist bei den einzelnen Motoren recht unterschiedlich, immer aber ist er bei kaltem Motor höher als bei warmem Motor.
Wasser- und Öl-Thermometer. Sie dienen der Überwachung des thermischen Wohlbefindens des Motors. Die Öltemperatur kann wesentlich über 100 Grad ansteigen. Nur warmes Öl ist optimal schmierfähig, die richtige Temperatur wird später erreicht als jene des Wassers. Ist die Öltemperatur permanent zu hoch, hilft ein Ölkühler.
Ampere- und Voltmeter. Sie dienen der Überwachung des Elektrizitäts-Haushalts. Wichtig sind sie vor allem, wenn zusätzliche Stromverbraucher (Winde, Kompressor, Zusatz-Scheinwerfer) betrieben werden.
Bordcomputer. Er ist vielseitig nutzbar (z. B. VDO infobord). Seine wohl wichtigsten Funktionen sind die exakten Angaben des Gesamt-, Durchschnitts- und Momentanverbrauchs.
Kompaß. Sinnvoll ist er nur, wenn er trotz des umgebenden Metalls exakt anzeigt und wirklich benötigt wird, etwa bei einer Wüsten-Expedition. Meistens wird man darauf verzichten können.

Was man mitnimmt

Geländewagen-Fahrer neigen mehr als die Fahrer eines Pkw dazu, für alle nur denkbaren Fälle Vorsorge zu treffen und stets und ständig ein umfangreiches Sortiment an Bordwerkzeug, Spezial-Ausrüstung und Ersatzteilen herumzufahren. Im normalen Alltagsverkehr ist eine solche Vorsorge nicht nur unnötig, sondern verringert die Ladekapazität und schlägt sich durch erhöhten Benzinverbrauch nieder. Etwas völlig anderes ist es bei Fernfahrten in entlegene Gebiete, wie sie Geländewagen-Besitzer ja recht häufig unternehmen.
Für den Alltags-Betrieb ist im Prinzip die gleiche Ausstattung zweckmäßig, die auch in einem normalen Pkw zu finden ist, weil sie entweder vom Gesetzgeber vorgeschrieben wird, wie Warndreieck oder Verbandskasten, oder weil sie, wie ein Feuerlöscher, der Sicherheit dient. Für die Hilfe in Notfällen gibt es auch an Bord eines Pkw ein Reserverad, einen Wagenheber, Bordwerkzeug, oft auch ein Abschleppseil, Sicherungen, Glühbirnen und ähnliche Klein-Ersatzteile.
Genau hier, nämlich für die Hilfe in Notfällen, wird ein Geländewagen-Fahrer sehr viel großzügiger vorsorgen als ein Pkw-Fahrer. Das liegt vor allem daran, daß man sich mit einem Geländewagen ja auch dort tummelt, wo Hilfe nicht ohne weiteres selbstverständlich erwartet werden kann. Auch kommen Defekte bei Ausflügen in das Gelände ungleich häufiger vor als bei einem Pkw, der nur feste Straßen benutzt.
Ein Pkw-Fahrer, der eine schlichte Reifenpanne hat und sich nicht selbst helfen kann oder will, hält einfach das erste vorbeikommende Auto an und bittet, die nächstgelegene Werkstatt zu benachrichtigen. Die Wahrscheinlichkeit, daß auf unseren gut ausgebauten Straßen ein kleinerer oder gar ein größerer Defekt die Weiterfahrt verhindert,

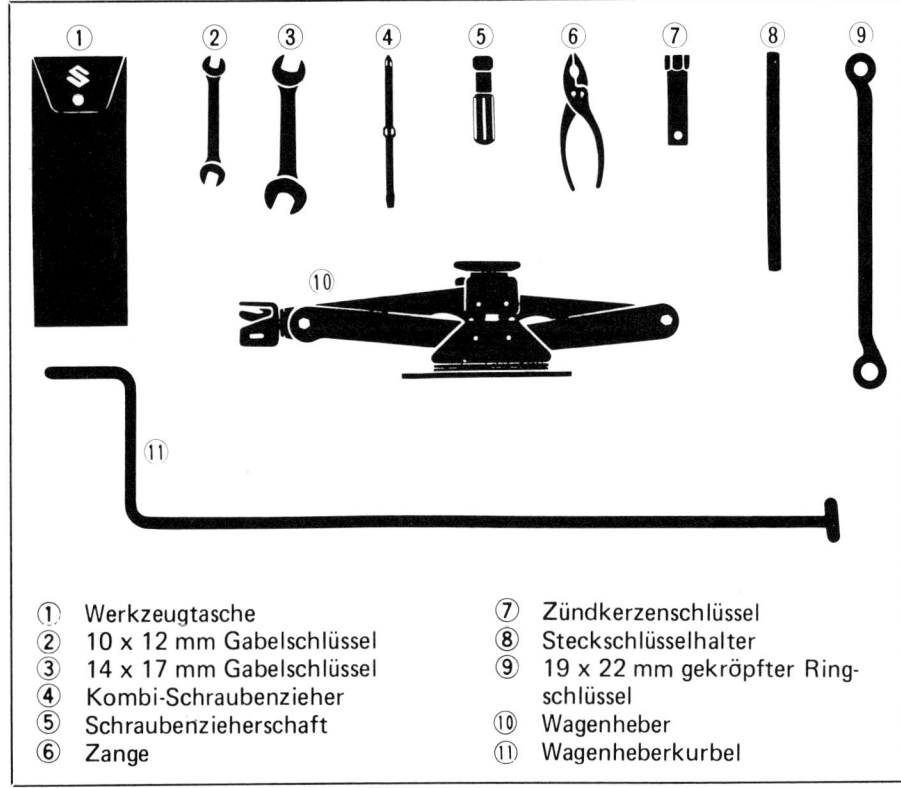

① Werkzeugtasche
② 10 x 12 mm Gabelschlüssel
③ 14 x 17 mm Gabelschlüssel
④ Kombi-Schraubenzieher
⑤ Schraubenzieherschaft
⑥ Zange
⑦ Zündkerzenschlüssel
⑧ Steckschlüsselhalter
⑨ 19 x 22 mm gekröpfter Ringschlüssel
⑩ Wagenheber
⑪ Wagenheberkurbel

Das dürftige, serienmäßige Bordwerkzeug eines Suzuki LJ 80.

ist bei einem Pkw recht gering. Selbst die zu Zeiten unserer Väter noch alltäglichen Reifenpannen sind selten geworden, seit die Straßen nicht mehr von Pferden benutzt werden, die Hufnägel verlieren. Das hat dazu geführt, daß die meisten Pkw-Hersteller am Bordwerkzeug sparen und neben dem Wagenheber oft nur ein einziges Kombi-Werkzeug vorhanden ist, mit dem die Radkappen abgedrückt und die Radmuttern gelöst werden können.

Glücklicherweise sind manche Geländewagen von Haus aus besser ausgerüstet. Als Musterbeispiel mag der sehr preiswerte Lada Niva gelten. Er hat nicht nur ein umfangreiches Bordwerkzeug, sondern ist auch mit Dingen wie einer Luftpumpe und einem Luftdruckmesser, einer Handlampe, zwei Reifenmontiereisen und einer Anwerfkurbel ausgerüstet! Wer einigermaßen geschickt damit umzugehen versteht, wird sich in den meisten Notfällen schon selbst helfen können.

Bordwerkzeug-Grundausstattung

1. Ein Satz Ring-Maulschlüssel
2. Kombizange
3. Kerzenschlüssel
4. Einige Schraubenzieher
5. Verstellschlüssel
6. Prüflampe
7. Einige Feilen
8. Kontaktspray
9. Taschenlampe
10. Zubehör für Radwechsel

Das ist, wie erwähnt, nur die Bordwerkzeug-Grundausstattung. Zu einem

Terrano

Vitara

Feroza

Toyota »Middle Wheelbase«

Pajero V6

Bordwerkzeug ›Für alle Fälle‹ gehört natürlich noch mehr. Zu der empfehlenswerten Ergänzung der Grundausstattung für längere Fahrten gehören die Bordwerkzeuge der

Bordwerkzeug-Zusatzausstattung

1. Bremsleitungsschlüssel
2. Hammer und Meißel
3. Fühllehre
4. Drehmomentschlüssel
5. Abzieher/Abdrücker
6. Lötwerkzeug (Brenner, Lötzinn, Lötfett)
7. Seegeringzangen
8. Zwei Montiereisen für Reifen
9. Wasserpumpenzange
10. Hand-Abschmierpresse
11. Bindedraht
12. Ggf. Spezialwerkzeug

Besonders engagierte Fahrer schleppen auf Fernfahrten sogar noch einen Schraubstock mit! Natürlich kann man darüber streiten, ob bestimmte Werkzeuge noch zur Grundausstattung oder schon zur Zusatzausstattung gehören, auch mag manches Werkzeug überflüssig erscheinen, anderes, für wichtig gehaltenes vielleicht fehlen. Wer die nötigen Kenntnisse hat, sollte aber in der Lage sein, damit die wichtigsten Reparaturen durchzuführen.

Mitgeführt werden auch Dinge, die keine eigentlichen Werkzeuge sind und die wir einmal als Ausrüstung bezeichnen wollen. Ob sie alle ständig oder nur bei besonderen Anlässen an Bord sind, müssen Sie selbst entscheiden.

Bord-Ausrüstung

1. Luftpumpe (evtl. zusätzlich kleiner Kompressor)
2. Luftdruckmesser
3. Handlampe
4. Abschleppseil oder Abschleppstange
5. (Motor)-Säge
6. Axt bzw. Beil und/oder Machete
7. Reservekanister für Benzin und Öl
8. Seilzug mit Umlenkrolle (Schäkel), evtl. auch ein Bodenanker
9. Schneeketten
10. ›Hi-lift‹-Wagenheber
11. Feuerlöscher
12. Warndreieck/ Verbandskasten

Die Luftpumpe bzw. den Kompressor brauchen Sie sowohl für die Wiederherstellung des vorgeschriebenen Luftdrucks, nachdem Sie ihn vorübergehend zur Traktionsverbesserung abgesenkt hatten, als auch – in Verbindung mit den Reifenmontiereisen aus dem Bordwerkzeug – zum Auswechseln defekter Schläuche. Im Gelände ist die Wahrscheinlichkeit von Reifenpannen, wie wir bereits wissen, groß. Es kann durchaus passieren, daß wir gleichzeitig oder kurz hintereinander zwei oder gar mehrere Reifenpannen haben. Ein Reservereifen genügt also nicht, mehr als zwei Reservereifen maximal sind zu schwer und zu sperrig. Die Notwendigkeit, Schläuche auszuwechseln, ist also durchaus gegeben; um die ausgewechselten Schläuche aufzupumpen, benötigt man die Luftpumpe oder den Kompressor, zur Überprüfung den Luftdruckmesser. Eine Luftpumpe ist zuverlässiger und verbraucht keinen Strom, mit dem Kompressor arbeitet man müheloser.

Säge, Axt, Beil oder Machete dienen dazu, dem Wagen einen Weg freizuschlagen. Eine Axt oder ein Beil sind vielseitig, mit einer Machete läßt sich aber dünnes Unterholz oder Astwerk bis etwa zur Daumenstärke viel schneller und leichter beseitigen; überdies ist eine Machete eine sehr wirkungsvolle Verteidigungswaffe.

Einen umgestürzten Baum, der die Weiterfahrt blockiert, mit einer Axt oder gar einem Beil zu zerlegen, dauert lange und ist sehr anstrengend. Viel leichter geht das mit einer Säge, geradezu kinderleicht mit einer Motor-Kettensäge.

Für die Motorsäge gilt das gleiche wie für die Luftpumpe im Vergleich mit dem Kompressor und für die Seilwinde im Vergleich mit einem Seilzug: sie ist teurer als eine Handsäge, defektanfälliger und benötigt Fremdenergie, spart aber Muskelkraft. Es gibt kleine Kettensägen, die von der Autobatterie angetrieben werden. Wenn Sie sich aber schon für eine Motorsäge entscheiden, dann nehmen Sie lieber eine mit einem Benzinmotor, die es in allen denkbaren Größen gibt. Sie ist zweckmäßiger als eine Motorsäge mit Elektromotor, denn sie schont die Batterie und man ist nicht an das Auto gebunden, sondern kann in beliebiger Entfernung davon arbeiten.

Der ›Hi-lift‹-Wagenheber ersetzt einen normalen Wagenheber und unterscheidet sich von ihm vor allem dadurch, daß seine Hubhöhe rund einen Meter beträgt. Das ist weniger bei einem Radwechsel als vielmehr bei der Selbstbergung wichtig, auf die wir noch zurückkommen werden. Auch verbogene Karosserieteile kann man damit herausdrücken, ja, man kann ihn sogar als Seilzug-Ersatz verwenden – wie, wird an anderer Stelle beschrieben.

Ketten verbessern bei einem Pkw die Kraftübertragung auf rutschigem Untergrund, vor allem auf Schnee. Messungen von ›auto, motor + sport‹ zufolge liegt der Traktionsgewinn von Ketten gegenüber M&S-Reifen zwischen 65 und 75 Prozent. Sie helfen aber nicht nur im Winter, sondern ebenso auch im Schlamm und sind schon bei der Safari-Rallye in Ostafrika am Äquator eingesetzt worden! Dort, wo ein normaler Pkw trotz Ketten scheitert, kommt ein allradgetriebener Geländewagen noch recht gut voran. Sind aber zur Winterzeit auf Gebirgspässen Schneeketten vorgeschrieben, gilt diese Vorschrift auch für Geländewagen. Überdies stößt ein Geländewagen unter schwierigen Einsatzbedingungen häufiger an die Grenzen seiner Traktion als ein Pkw auf fester Straße – und das nicht nur zur Winterszeit. Ketten sind also für einen Geländewagen mindestens ebenso wichtig wie für einen Pkw.

Leider sind Ketten für einen Geländewagen ein teurer Spaß, nicht nur wegen der großen Geländewagen-Räder, sondern vor allem, weil sie auf allen vier Rädern montiert werden müssen! Würden sie nur auf den Rädern einer Achse montiert, ist deren Traktion viel besser als jene der anderen Achse, was zur Folge hat, daß deren Räder praktisch nicht mehr zum Vortrieb beitragen. Die

Hi-lift-Wagenheber, links in tiefster Stellung, rechts auf »Halbmast«.

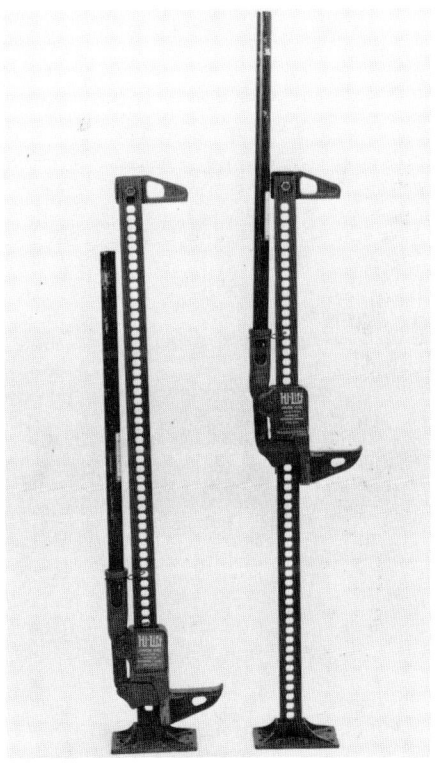

Wie bei dem Toyota und im Gegensatz zum Isuzu ist der schmale Flügel der asymmetrisch geteilten Hecktür auf der »falschen« (Fahrer-)Seite angebracht.

Teurer Spaß, aber beste Traktionshilfen: Schneeketten gehören an alle vier Räder eines Geländewagens. Der Mercedes ist mit aufwenigen RUD-Ketten bestückt.

Verwendung von Ketten ist aber nur auf rutschigem Untergrund notwendig, wo die Traktion der Räder beider Achsen unverzichtbar ist. Ist nur ein Paar Schneeketten vorhanden, sollte es an den Vorderrädern montiert werden.

Einen Lichtblick gibt es: Ketten für Geländewagen können von billiger Bauart sein. An einem Pkw müssen Ketten nicht nur die Traktion verbessern, sondern sollen in Kurven auch möglichst noch Seitenführungskräfte übertragen. Das ist schwierig, weil die mit Ketten ausgerüsteten Räder der Antriebsachse auf Schnee und Eis eine viel bessere, auf trockener Straße aber eine viel schlechtere Haftung haben als die unbewehrten Räder der anderen Achse und deshalb das Fahrverhalten unkontrollierbar wird, wenn die Straßenverhältnisse wechseln. Die Schneeketten-Hersteller haben sich bemüht, zumindest die Seitenführung von Ketten auf trockener Straße zu verbessern. Dazu haben sie raffinierte und teure Systeme entwickelt, die unter den Namen Spurkreuz-, Schräg- oder Kantenspur-Ketten im Handel sind. Wesentlich billiger sind die einfachen Leiter- oder Zickzack-Ketten, die in Fahrtrichtung wirkende Kräfte zumindest ebenso gut übertragen können.

Bei einem Geländewagen mit Ketten an allen vier Rädern ändert sich das Fahrverhalten ohnehin nicht, sondern bleibt unabhängig von den Streckenverhältnissen konstant. Es genügt also eine Kette, die lediglich die Traktion verbessert.

Viel wichtiger noch als bei einem Pkw ist eine einfache Montage. Manche Ketten sind selbst auf Pkw-Rädern nur recht umständlich zu montieren. Bei einem Geländewagen wird sich, wie erwähnt, die Notwendigkeit einer Montage der Ketten häufiger ergeben. Oft steht er, wenn man schließlich eingesehen hat, daß es ohne Ketten nicht mehr geht, bis zu den Achsen im Schlamm, was die Montage zusätzlich erschwert, und schließlich müssen die Ketten ja nicht nur auf zwei, sondern auf vier Räder montiert werden.

Es gibt zwei verschiedene Systeme: das Auffahr- und das Endlos-System. Für welches Sie sich entscheiden, hängt davon ab, womit Sie besser zurecht kommen. Bei Geländewagen dürfte meist das Endlos-System zweckmäßiger sein. Auf jeden Fall lohnt es sich, vor dem Kauf einmal die Montage zu probieren. Viel rascher als Ketten sind Anfahrhilfen in Form von Stahlbügeln zu montieren. Wie schon ihr Name sagt, sind sie aber wirklich nur zum Anfahren brauchbar und sollten sofort abgenommen werden, sobald die schwierige Passage überwunden ist. Sie sind eine Alternative, aber kein Ersatz für Ketten. Auch Plastik-Ketten, wie sie zunehmend angeboten werden, sind bisher guten Stahlketten noch unterlegen.

Neben dem Bordwerkzeug und der Bord-Ausrüstung gibt es noch eine dritte Gruppe von Dingen, die vor allem bei einer Fernreise in einem Geländewagen mitgeführt werden müssen: die Ersatzteile. Die Entscheidung darüber, welche Ersatzteile erforderlich sind, wird schon fast zu einer Mentalitätsfrage. Optimisten begnügen sich mit einem Minimum, etwa einigen Glühbirnen und Sicherungen, allenfalls noch mit Reifen-Flickzeug und einem Keilriemen. Sie vertrauen darauf, daß an einem robusten Geländewagen so rasch kein lebenswichtiges Teil ausfällt, und wenn, dann hoffen sie, irgendwo Hilfe zu finden. Pessimisten hingegen beladen ihr Fahrzeug mit derart vielen Ersatzteilen, daß kaum noch Platz für Gepäck bleibt und schließlich gar die Radaufhängung wegen der Überlastung zusammenbricht.

Der Optimist wird sehr rasch zum Pessimismus bekehrt, wenn er mit seinem Wagen auf einer Fernfahrt mit einer Kleinigkeit, etwa einem geplatzten Kühlwasserschlauch, liegenbleibt – ausgerechnet dort, wo keine Menschenseele vorbeikommt und es bis zur nächsten Ansiedlung viele Kilometer zurückzulegen gilt. Wenn er wirklich Pech hat, kann er jetzt ein praktisches Survival-Training betreiben.

Der Pessimist macht vielleicht die Erfahrung, daß er noch lange nicht pessimistisch genug war. Dann nämlich, wenn er feststellt, daß ausgerechnet ein Teil versagt, für das er keinen Ersatz mitgenommen hat, oder, was häufig passiert, ein Teil mehrfach hintereinander ausfällt und die Ersatzteile nicht ausreichen. Häufig passiert das deswegen, weil oft der Defekt, nicht aber dessen Ursache behoben wird.

Irgendwie gilt es, den berühmten ›goldenen Mittelweg‹ zu finden. Allzu großer Optimismus ist auf Fernfahrten, vor allem in abgelegenen Gegenden, schlichter Leichtsinn. Andererseits ist es weder möglich noch sinnvoll, für alle Eventualitäten vorzusorgen und Ersatzteile mitzunehmen.

Der Austausch eines defekten Teils durch ein Ersatzteil ist im allgemeinen auch für Laien nicht allzu schwierig; ein Werkstatt-Handbuch zeigt die dazu erforderlichen Schritte. Wer als Mechaniker etwas weiter fortgeschritten ist, wird statt eines Austauschs des defekten Teils dieses lieber reparieren. Er wird also nicht komplette Wasserpumpen, Verteiler, Bremszylinder usw. mitnehmen, sondern nur sogenannte Reparatursätze. Das spart nicht nur Platz

„Das ist das Schöne am Camping-Urlaub: Man kann wirklich abschalten."

und Gewicht, sondern man kann auch mehrere gleichartige Defekte hintereinander beheben.

Das wohl beste Beispiel dafür, daß Reparaturen besser sind als ein Austausch, sind die Reifenpannen. Selbst wer sich die Mühe macht, vier komplette Reserveräder mitzuschleppen, wird vielleicht feststellen, daß er nach der fünften Panne hilflos liegenbleibt. Wer nur ein oder allenfalls zwei Reserveräder mitnimmt, zusätzlich aber Flickzeug und einige Reserveschläuche, kommt mit einem Bruchteil an Platz und Gewicht aus und kann sich bei weitaus mehr Pannen helfen.

Jeder Geländewagen hat spezifische Schwachstellen, die überdurchschnittlich defektanfällig sind. Hier lohnt es sich, von vornherein Reparaturmöglichkeiten einzuplanen und die entsprechenden Ersatzteile mitzunehmen. Es würde zu weit führen, hier die Schwachstellen sämtlicher Geländewagen auf dem Markt aufzuzählen, aber es sollte kein Problem sein, sich als Neuling bei erfahreneren Markenkollegen zu informieren.

Für Fahrten im normalen Alltagsbetrieb genügt es in aller Regel, nur ein paar Glühbirnen, Sicherungen und vielleicht einen Keilriemen mitzuführen, jene Dinge also, die unser ›Optimist‹ auch bei einer Fernreise für ausreichend hält. Sie sind in der nachstehenden Liste nicht nochmals aufgeführt. In dieser Liste sind die wichtigsten Reparatur- und Ersatzteile für eine längere Fahrt zusammengestellt. Natürlich kann sie nur ein Anhalt sein und keinen Anspruch auf Vollständigkeit erheben. Nicht berücksichtigt sind modellspezifische Ersatzteile. Einige Teile sind nur für Wagen mit Benzinmotor, andere nur für Diesel-Motoren erforderlich.

Reparatur- und Ersatzteile

1. Schläuche, Reifenflickzeug, Pannenschaum
2. Zündkerzen, -Kabel und -Stecker
3. Unterbrecher, Kondensator, Verteiler-Kappe und -Finger
4. Einspritzdüse, Glühkerze, Diesel-Feinfilter, oder Vergaser-Düsensatz
5. Reparatursatz Wasserpumpe (evtl. Benzinpumpe)
6. Reparatursatz Haupt-/Radbremszylinder
7. Reparatursatz Kupplungs-Geber-/Nehmer-Zylinder
8. Radlager komplett
9. Kardankreuze
10. Kühlwasserschläuche/ Schellen
11. Gaszug
12. Lichtmaschinenregler
13. Außenspiegel
14. Diverse Filter
15. Diverse Kabel
16. Einspritz-Leitung zum Improvisieren
17. Dichtungssatz
18. Kleinteile (Schrauben, Muttern, Splinte, U-Scheiben usw.)

Bestimmt scheinen Ihnen hier einige unverzichtbare Teile zu fehlen, etwa Bremsbeläge; zumindest Scheibenbrems-Beläge sind ja Verschleißteile von recht begrenzter Lebensdauer. Es sollte aber von dem Grundsatz ausgegangen werden, daß unser Geländewagen vor der Fahrt in einen hundertprozentigen Zustand versetzt wird, so daß sich während der Fahrt die Notwendigkeit eines Belagwechsels nicht ergibt. Die aufgeführten Teile sollen es wohl ermöglichen, die meisten Reparaturen unterwegs selbst auszuführen, andererseits aber sollten sie nicht schwerer sein als unbedingt nötig und nicht mehr Platz wegnehmen als unerläßlich.

Teil 3
Die Praxis im Gelände

Allgemeine Grundsätze für das Fahren im Gelände

Wer seinen Führerschein druckfrisch in der Tasche hat, darf wohl legal am Straßenverkehr teilnehmen, ist aber dadurch noch lange kein guter Autofahrer. Selbst bei täglicher Fahrpraxis dauert es ein bis zwei Jahre, bevor das Unterbewußtsein eine automatische Reaktion auf die Anforderungen des Straßenverkehrs entwickelt hat und man in jeder Situation ohne bewußtes Nachdenken richtig reagiert.

Wenn Sie in einen Geländewagen umsteigen, müssen Sie im Straßenverkehr zunächst einmal die Ihnen vom Pkw her vertraut gewordenen Grenzen nach unten korrigieren. In der Technik gibt es keine Wunder; wie bereits mehrfach festgestellt wurde, wirken sich die technischen Voraussetzungen, die eine Fortbewegung auch abseits fester Straßen ermöglichen, negativ auf die Straßen-Fahreigenschaften aus. Bevor wir uns aber mit den Besonderheiten des Fahrens im Gelände befassen, müssen wir uns mit den Besonderheiten eines Geländewagens auf festen Straßen auseinandersetzen. Wer seinen Geländewagen auf der Straße wie einen Pkw bewegt, läuft Gefahr, diese Straße schneller zu verlassen, als er vorhatte...

Auf den Geräuschpegel und den Fahrkomfort einzugehen, erübrigt sich. Wer einen Geländewagen kauft, muß wissen, daß dieser lauter und unbequemer ist als ein Pkw, auch wenn die Unterschiede zwischen den einzelnen Geländewagen gerade hier recht beträchtlich sind. Wichtiger aber ist die Verschlechterung der Straßenlage. Die schweren, meist nur ungenügend geführten Starrachsen neigen bei Unebenheiten zum Versetzen und entwickeln ein reges Eigenleben. Durch den hoch liegenden Schwerpunkt wächst die Seitenneigung in extremen Fällen bis zur Kippgrenze. Schließlich übertragen die grobstolligen M&S-Reifen oder gar die noch grobstolligeren Geländereifen viel weniger Seitenführungskräfte als ein normaler Pkw-Reifen.

Auch die Fahrleistungen sind wesentlich schlechter als bei einem Pkw. Zweifellos gibt es großkalibrige Geländewagen, die ein beachtliches Temperament entwickeln und auf der Autobahn für Verblüffung sorgen, wenn ein solcher Koloß auf der linken Fahrbahn einherstürmt. Selbst ein Range Rover erreicht aber nur die Fahrleistungen eines Opel Kadett; die Verblüffung gilt also weniger den absoluten Fahrleistungen als vielmehr dem Mißverhältnis zwischen dem für Pkw-Maßstäbe mächtigen Gefährt und den relativ dazu hohen Fahrleistungen. Heutzutage fahren die meisten Pkw schon wegen des geringeren Benzinverbrauchs mit verhaltenem Tempo. Natürlich können Sie Ihr großes Erfolgserlebnis haben, wenn Sie als Besitzer eines großkalibrigen Geländewagens mit 160 km/h über die Autobahn fegen und dann die meisten Pkw von der Überholspur scheuchen. Dieses Erlebnis muß dann allerdings an

Der Mercedes gehört zu den Geländewagen, die auf der Straße ordentliche Fahreigenschaften entwickeln.

Spaß scheinen die wilden Sprünge über Stock und Stein ja zu machen, auch wenn ...

... Fahrer und Fahrzeug dabei starken Belastungen ausgesetzt sind.

Sanddünen können oft nur mit flottem Tempo gemeistert werden ... (siehe Seite 102).

der Tankstelle extrem teuer bezahlt werden. Außerdem ist es sehr demütigend für Ihren Stolz, wenn ein kesser Mittelklasse-Pilot die Herausforderung annimmt und Sie mit seinem Pkw, der weniger als die Hälfte Ihres Nobel-Geländewagens gekostet hat, kaltlächelnd niederkämpft!

Selbst im Winter oder bei regenüberfluteter Fahrbahn ist es nicht unbedingt ratsam, die überlegene Traktion eines Geländewagens in höhere Geschwindigkeit umzusetzen. Erstens ist es aus Gründen, die an anderer Stelle erläutert sind, nicht empfehlenswert, bei höherer Geschwindigkeit mit Allrad-Antrieb zu fahren (ausgenommen Fahrzeuge mit permanentem Allrad-Antrieb). Bei nur einer angetriebenen Achse aber hat ein Geländewagen keine bessere Traktion als ein Pkw. Zweitens ist auch bei Allrad-Antrieb der Bremsweg auf Eis, Schnee oder Wasser praktisch ebenso lang wie bei einem Pkw!

Die meisten Geländewagen sind ohnehin so müde motorisiert und saufen bei höherem Tempo derart viel Sprit, daß man sich besser dem von flotten Lkw vorgelegten Marschtempo anpaßt als versucht, mit den Pkw mitzuhalten. Das erfordert freilich eine besondere Mentalität, eine Gelassenheit am Lenkrad, die man sich möglich rasch aneignen sollte.

Verlassen wir nun die Straße und begeben uns in das Gelände. Hier bewegen wir uns auf unebenem und unbefestigtem Untergrund, unter Verhältnissen also, die den meisten Pkw-Fahrern unbekannt sind. Ist der Untergrund trocken, dann kommen Geländewagen-Neulinge aus dem Staunen nicht mehr heraus. Ihr Wagen kann viel mehr, als sie sich vorgestellt haben; nur fehlender Mut verhindert, seine Grenzen voll auszuschöpfen. Aus der Begeisterung darf jetzt natürlich kein Leichtsinn werden. Vor allem zweierlei gilt es bei trockenem Untergrund zu vermeiden: hohes Tempo und seitliches Befahren von Steilhängen.

Manche bei Off Road-Wettbewerben aufgenommenen Fotos zeigen Geländewagen, die sich in wildem Weitsprung und vollem Speed über eine Kuppe werfen. Das sieht natürlich besonders spektakulär aus, kann aber zur Nachahmung nicht empfohlen werden. Lenkung und Bremsen reagieren im Gelände viel weniger präzise als auf Asphalt, Fahrbahn-Hindernisse sind oft erst auf kürzeste Entfernung zu erkennen, kurz: hohe Geschwindigkeit ist im Gelände höchst unsinnig und allenfalls bei Gelände-Wettbewerben zu akzeptieren.

Steilhänge zu erklimmen ist dank Allrad-Antrieb und dem niedrigen Gangbereich der Geländeübersetzung im Zwischengetriebe ebenso einfach wie eindrucksvoll. Lange bevor die Grenze der Steigfähigkeit erreicht wird, werden die Fahrwiderstände so groß, daß die Haftfähigkeit der Reifen auf dem Untergrund überschritten ist und die Räder durchdrehen. Das bedeutet, daß die Gefahr eines Überschlags in Längsrichtung, also nach hinten oder, bei Bergabfahrt, nach vorn minimal ist. Hingegen neigt ein Geländewagen wegen seines hohen Schwerpunktes früher als ein Pkw zum seitlichen Kippen, wenn man versucht, einen Steilhang schräg zur Steigung zu befahren. Schräg oder gar quer zur Steigung aber kann man recht schnell unfreiwillig kommen, weil durch die Achslast-Verlagerung nach hinten (bergauf) bzw. nach vorn (bergab) beide Achsen nicht mehr die gleiche Traktion haben. Drehen die entlasteten Vorderräder bei Bergauffahrt durch, sind sie nicht mehr oder nur

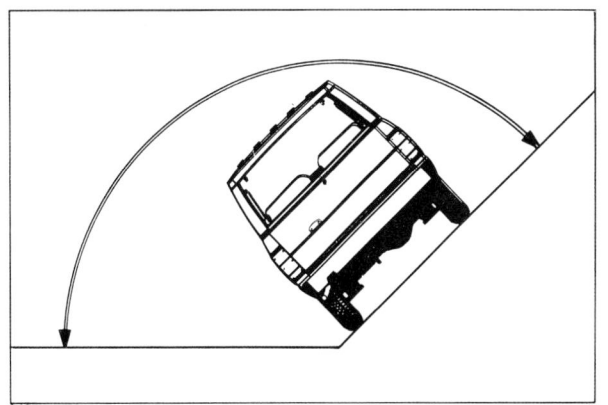

Der Kippwinkel von Geländewagen liegt bei etwa 40 Grad.

noch mit großen Einschränkungen lenkbar. Werden umgekehrt bei Bergabfahrt die belasteten Vorderräder durch Bremsen zusätzlich beansprucht, blockieren sie. Auch das bedeutet, daß sie nicht mehr lenkbar sind. Statt die senkrechte ›Fallinie‹ einzuhalten, rutscht der Wagen quer; die Kippgefahr ist dann beträchtlich.

Auf trockenem Untergrund gibt es im Gelände ansonsten kaum Schwierigkeiten, sieht man einmal von tiefem Sand ab, wie er in unseren Breiten ja nicht alltäglich ist. Probleme treten nur dann auf, und nicht zu knapp, wenn der Untergrund feucht und rutschig ist. Dann kann es leicht passieren, daß die zur Überwindung der Fahrwiderstände erforderliche Kraft nicht mehr auf den Boden übertragen werden kann, die Räder also durchdrehen und der Vortrieb endet.

Diese Fahrwiderstände setzen sich zusammen aus dem Rollwiderstand, dem Luftwiderstand und dem Steigungswiderstand. Der Steigungswiderstand tritt natürlich nur an Steigungen auf; wir

Der Rollwiderstand ist bei Gürtelreifen deutlich geringer als bei Diagonalreifen.

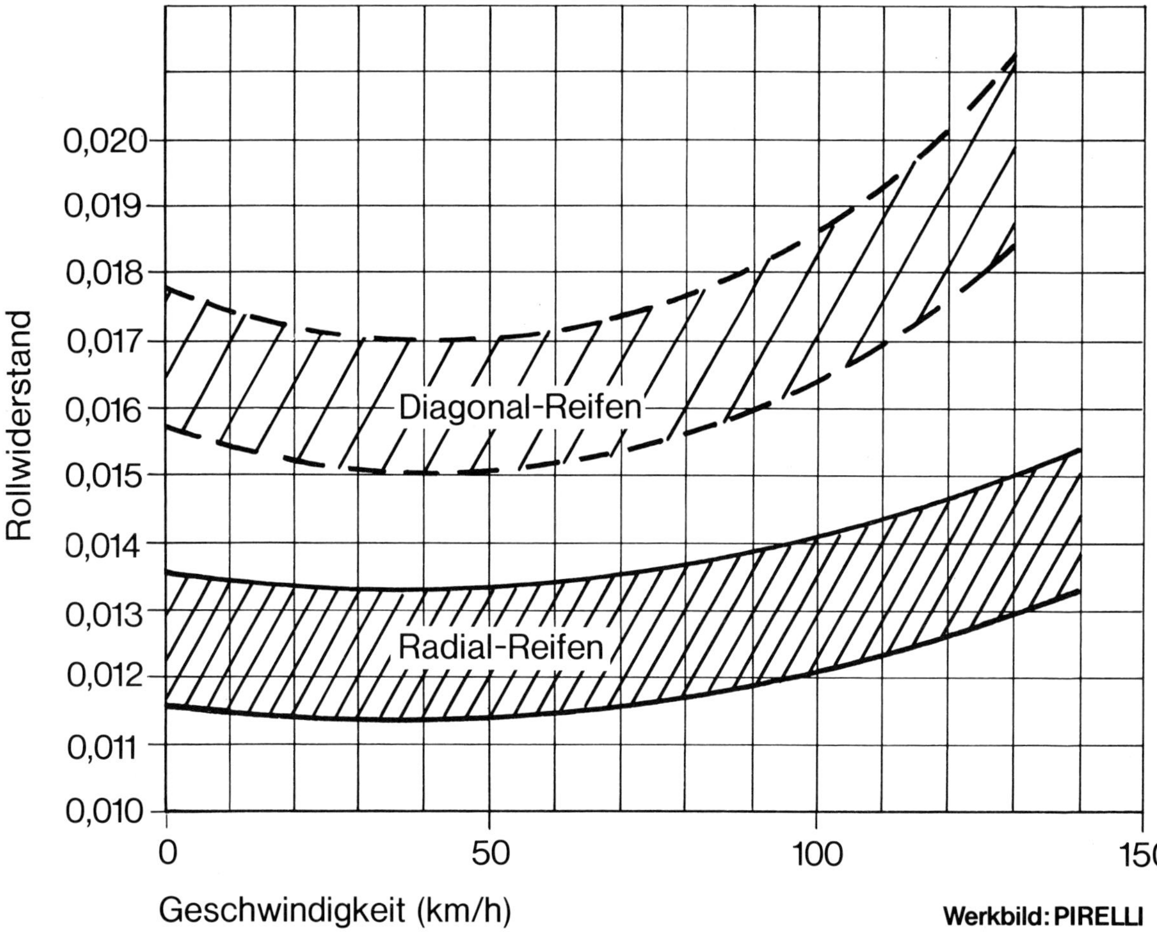

Werkbild: PIRELLI

wissen ja, daß ein Pkw bei Glatteis auf der Ebene noch vorankommen kann, an einer Steigung durch den zusätzlichen Steigungswiderstand aber mit haltlos durchdrehenden Rädern hängen bleibt, der Vortrieb also endet.

Bei den im Gelände üblichen sehr niedrigen Geschwindigkeiten spielt der Luftwiderstand nur eine geringe Rolle. Dafür ist der Rollwiderstand bei unbefestigtem, nachgiebigem Untergrund um so höher. Der Rollwiderstand entsteht durch ›Formänderungsarbeit‹ an Rad und Untergrund. Er erechnet sich nach der

$$\text{Formel } F_{Ro} = mgf$$

wobei m das Wagengewicht (die ›Masse‹), g die Fallbeschleunigung (eine Konstante, rund 10 m/sek^2) und f die sogenannte Rollwiderstandszahl ist. Die Rollwiderstandszahl wächst mit der Verformung an Reifen und Untergrund und abnehmendem Radhalbmesser. Auf festem Naturboden liegt sie um 0,05, bei aufgeweichtem Boden steigt sie bis auf mehr als 0,35 (zum Vergleich: auf Asphalt beträgt sie 0,015). Läßt man einmal alle anderen, weniger wichtigen bzw. nicht beeinflußbaren Faktoren beiseite, dann ist zu erkennen, daß der Rollwiderstand in schwerem Gelände mehr als zwanzigmal höher ist als auf Asphalt. Zu seiner Überwindung muß eine entsprechend höhere Kraft aufgewendet werden.

Kraft hat ein Geländewagen dank der großen Gesamtübersetzung in der Geländestufe des Zwischengetriebes reichlich. Leider kann aber diese Kraft nicht unbegrenzt auf den Boden übertragen werden, weil die Haftung zwischen Reifen und Fahrbahn, der ›Kraftschluß-Beiwert‹, begrenzt ist. Wir erinnern uns, wie gering die Haftreibung bei Glatteis ist. Führt man so viel Kraft zu, daß die Reifenhaftung auf dem Untergrund überschritten wird, drehen die Räder durch und der Vortrieb endet. Bei einem Rennwagen oder auch einem sehr leistungsstarken Pkw kann man das sogar auf Asphalt erreichen: gibt man beim Anfahren zuviel Gas und läßt die Kupplung zu schnell kommen, radieren die Räder auf der Stelle.

Wie wir wissen, ist auf Glatteis die Vortriebskraft, die ohne Durchdrehen der Räder übertragen werden kann, nur etwa ein Zehntel so groß wie auf trockenem Asphalt. Glücklicherweise ist bei Glatteis aber auch die Rollwiderstandszahl klein, so daß auf ebener Strecke nur eine geringe Kraft übertragen werden muß, um den Wagen in Bewegung zu halten.

Im Morast oder Tiefschnee ist die Reifenhaftung wohl nicht ganz so schlecht wie auf Glatteis, dafür aber ist der Rollwiderstand erheblich größer. Es ist also eine entsprechend hohe Kraft erforderlich, um den Wagen in Bewegung zu halten, und deshalb wird relativ früh die Grenze der Reifenhaftung überschritten. Das gilt um so mehr, als nicht alle Räder gleichmäßig belastet werden. Dreht nur ein Rad durch, endet (bei Wagen ohne Differentialsperre) auch der Vortrieb des anderen Rades dieser Achse. Die andere Achse aber ist allein nicht mehr in der Lage, eine zur Fortbewegung ausreichende Kraft auf den Boden zu bringen. Glücklicherweise haben wir bei einem rollenden Wagen noch einen Helfer: die jedem sich bewegenden Körper als Folge der Massenträgheit innewohnende kinetische Energie. Aus der Pkw-Praxis wissen wir, daß eine vereiste Steigung mit Schwung genommen werden kann, wenn es ohne Anlauf nicht klappen will. Die kinetische Energie errechnet sich nach der

$$\text{Formel } E_k = \tfrac{1}{2} mv^2$$

... auch wenn der Mercedes-Freiflug wohl kaum notwendig gewesen sein dürfte.

Nur bei Off Road-Wettbewerben ist hohes Tempo bei einem Geländewagen zweckmäßig ...

... bei losem Sand darf man aber auch nicht zu langsam sein – es gilt, das goldene Mittelmaß zu finden.

wobei m wieder das Wagengewicht, v die Geschwindigkeit ist. Da die Geschwindigkeit im Quadrat eingeht, ist ihr Einfluß auf die kinetische Energie viel größer als jene des Wagengewichts. Eine Verdoppelung des Wagengewichts, die ja ohnehin nur theoretisch denkbar ist, würde bei gleicher Geschwindigkeit auch eine Verdoppelung der kinetischen Energie bedeuten. Eine Verdoppelung der Geschwindigkeit hingegen entspricht (bei unverändertem Wagengewicht) der vierfachen kinetischen Energie. Also: je höher das Tempo, um so besser trägt uns der Schwung über eine kritische Passage hinweg.

So weit, so gut. Jetzt aber kommt die große Einschränkung: wenn man mit viel Elan in ein Schlammloch oder eine Schneewehe stößt, führt das schlagartige Anwachsen der Fahrwiderstände zu einer ebenso schlagartigen Verzögerung. Selbst wenn sich kein fester Gegenstand im Schlamm oder Schnee verbirgt, kann bei zu hohem Eintauchtempo die plötzliche Verzögerung zu allerlei Ungemach führen. Unter ungünstigen Umständen, etwa wenn man in ein tiefer gelegenes Schlammloch stößt, so daß die Vorderachse tiefer ist als die Hinterachse und überdies plötzlich verzögert wird, während die Hinterachse noch Vortrieb übertragen kann, ist sogar ein Purzelbaum nach vorn nicht auszuschließen. Es gilt also, je nach den Umständen ein gesundes Mittelmaß zu finden.

Wie gesagt: so lange ein Wagen rollt, ist nur eine verhältnismäßig geringe Kraft erforderlich, um ihn am Rollen zu erhalten, da die ihm innewohnende kinetische Energie dabei hilft. Wer das Gaspedal eines Geländewagens mit Allrad-Antrieb gefühlvoll betätigt, wird zumindest bei ebener Fahrbahn nur selten Schwierigkeiten haben, die zur Beibehaltung der Bewegung erforderliche Kraft auf den Boden zu bringen, ohne daß die Räder durchdrehen.

Völlig anders sieht es aus, wenn der Wagen aus dem Stand in Bewegung gesetzt werden soll. Haben wir bei rollendem Fahrzeug Unterstützung durch die Massenträgheit gehabt, so setzt diese unserem Vorhaben jetzt Widerstand entgegen. Das Massenträgheitsgesetz besagt, daß ein Körper stets versucht, seinen momentanen Bewegungszustand beizubehalten und jede Änderung dieses Bewegungszustandes einen Kraftaufwand erfordert. Das bedeutet einerseits, daß in kritischen Situationen bei rollendem Fahrzeug nur so viel Gas gegeben werden darf, wie erforderlich ist, um das Tempo gerade zu halten; wird zuviel Kraft zugeführt, will diese gegen den Widerstand der Massenträgheit das Fahrzeug beschleunigen, was zum Durchdrehen der Räder führen kann. Andererseits aber ist der erforderliche Kraftaufwand, um den Bewegungszustand eines stehenden Fahrzeugs zu ändern und es zum Rollen zu bringen, so hoch, daß diese Kraft auf rutschigem Untergrund oft nicht mehr von den Rädern auf den Boden übertragen werden kann. Es gilt also, ein Stehenbleiben an kritischen Stellen möglichst zu vermeiden.

Stehenbleiben sollte man hingegen *vor* einer kritischen Stelle. Es ist durchaus ratsam, zunächst einmal anzuhalten, auszusteigen und zu Fuß eine Erkundung vorzunehmen. Als erstes wäre die Möglichkeit zu untersuchen, die kritische Stelle zu umfahren. Ist das nicht möglich, kontrollieren wir, ob dort verborgene Hindernisse auf uns lauern, und machen uns anschließend Gedanken über die geeignete Strategie zur Überwindung dieser Passage. Im Prin-

Ist der Wagen erst einmal stehen geblieben, wird ein erneutes Anfahren schwierig. Auch die Seilwinde hilft nur, wenn eine Befestigung für das Windenseil vorhanden ist.

Schwieriges Gelände sollte man möglichst nur mit zwei Wagen in Angriff nehmen.

zip sind die gleichen Maßnahmen erfolgversprechend, mit denen wir uns im nächsten Kapitel auseinandersetzen, in dem es darum geht, ein festgefahrenes Fahrzeug wieder flott zu bekommen. Es ist allerdings viel einfacher, durch geeignete Maßnahmen vorbeugend ein Festfahren zu verhindern, als erst danach zur Selbstbergung zu schreiten.

Natürlich kann es sein, daß die besagte kritische Stelle auch ohne vorbeugende Hilfen wie das Ablassen von Luft, die Montage von Ketten oder das Unterlegen von Ästen zu bewältigen ist und man sich diese doch recht zeitraubenden und mühsamen Maßnahmen hätte sparen können. Hier scheiden sich dann die Geister: der unbesorge Optimist versucht es halt erst einmal ohne Hilfsmittel. Hat er Glück gehabt, mag er sich freuen, andernfalls hat er sich aber ungleich mehr Arbeit eingehandelt als der vorsichtige Pessimist, der mit vergleichsweise geringem Arbeitsaufwand erfolgreich vorgebeugt hat.

Eines freilich ist keine Frage der Mentalität, sondern des gesunden Menschenverstandes und der angewandten Gelände-Fahrpraxis: die technischen Möglichkeiten eines Geländewagens müssen auch genutzt werden, und zwar rechtzeitig, nicht erst, wenn man sich festgefahren hat! Das ergibt sich logisch aus dem wohl wichtigsten Grundsatz des Geländefahrers, ein Stehenbleiben in kritischen Passagen unter allen Umständen zu vermeiden. Wer die feste Straße verläßt, wird umgehend die eventuell vorhandenen Freilaufnaben blockieren und nicht etwa aus Furcht, sich dem strömenden Regen auszusetzen oder sich schmutzige Schuhe zu holen, damit warten, bis es zu spät ist. Das gilt auch für das Zuschalten des Allradantriebs (wenn unser Wagen keinen permanenten Allrad-Antrieb hat – dann hat er selbstverständlich auch keine Freilauf-Naben). Eventuell vorhandene Differential-Sperren sind immer dann einzulegen, wenn ein vor uns liegender Streckenabschnitt möglicherweise mit ihrer Hilfe besser bewältigt werden kann, nicht erst, wenn die Räder tatsächlich durchdrehen. Es ist falcher Ehrgeiz, zu versuchen, mit möglichst wenig technischen Hilfsmitteln auszukommen!

Das alles mag noch selbstverständlich sein, aber auch der Gelände-Gangbereich des Zwischengetriebes und der richtige Gang des Schaltgetriebes sollten unbedingt vor einer schwierigen Passage eingelegt werden. Ein Schaltvorgang ist gleichbedeutend mit einer Zugkraft-Unterbrechung. Das aber bedeutet immer eine Pause, während der die Fahrwiderstände das Tempo verringern. Wird nun nach dem Zurückschalten wieder eingekuppelt, können leicht die Räder durchdrehen und das Fahrzeug bleibt stehen.

Richtig ist der Gang, in dem voraussichtlich trotz der anwachsenden Fahrwiderstände die Drehzahl nicht unterschritten werden muß, bei der der Motor sein maximales Drehmoment liefert. Wir werden also bereits am Fuß eines Steilhangs jenen Gang einlegen, der uns bis zum Scheitelpunkt bringt. Eine Ausnahme von dieser Regel gibt es allenfalls dann, wenn die kritische Stelle mit Schwung genommen werden soll und der für eine optimale Zugkraft-Übertragung richtige Gang zu niedrig wäre. Solche Abwägungen sind im Gelände häufig, und mit zunehmender Praxis wird es immer einfacher, die richtige Entscheidung zu treffen. Für Anfänger gilt im Zweifelsfall: lieber ein Gang zu niedrig als ein Gang zu hoch.

Haben wir uns trotz aller Vorsicht einmal festgefahren, besteht kein Grund zum Verzweifeln. Wie wir uns helfen, zeigt das nächste Kapitel.

Hilfe in der Not – wenn es nicht mehr weitergeht

Zweierlei zeichnet den Könner am Lenkrad eines Geländewagens aus: erstens meidet oder meistert er schwierige Passagen und fährt sich kaum fest; zweitens aber vermag er sich notfalls aus eigener Kraft zu helfen, wenn er sich doch einmal festgefahren hat!

Das klingt wie ein Widerspruch: wer sich nicht festfährt, ist ein guter Fahrer. Folglich braucht sich, so sollte man annehmen, ein guter Fahrer keine Gedanken darüber zu machen, wie er sich in einer Lage hilft, in die nur ein schlechter Fahrer kommen kann. Der scheinbare Widerspruch erklärt sich aber schon dadurch, daß ein guter Fahrer auch nicht vor Strecken zurückschreckt, bei denen ein oft mehrmaliges Festfahren unvermeidlich ist und die anschließende Selbstbergung gewissermaßen zur Routine gehört.

In wirklich von Menschen weitgehend unveränderter Wildnis gibt es immer wieder Streckenabschnitte, die auch von dem besten Geländewagen und dem routiniertesten Fahrer nicht ohne weiteres zu bewältigen sind. Irgendwann ist es einfach nicht mehr möglich, weiterzukommen – man hat sich festgefahren. Jetzt gilt es, je nach Lage der Dinge die richtige Entscheidung zu treffen. Oft muß die Strecke erst passierbar gemacht werden, bevor ein Versuch zur Weiterfahrt unternommen werden kann. Eventuell sind Bäume zu fällen, umgestürzte Bäume oder Felsbrocken beiseite zu räumen. Ein Schlammloch wird vielleicht durch Äste oder Steine, die hineingeworfen werden, passierbar, oder es muß ein Knüppeldamm gebaut werden.

Wie ein ursprünglich unpassierbarer Streckenabschnitt befahrbar gemacht werden kann, sagt uns der gesunde Menschenverstand in Verbindung mit praktischer Erfahrung. Ein Tip jedenfalls ist beherzigenswert: haben wir eine Maßnahme als richtig erkannt, sollten wir uns nicht mit Halbheiten zufrieden geben. Es hat keinen Sinn, eine Arbeit vorzeitig abzubrechen, weil sie uns als zu anstrengend oder zeitraubend erscheint, einfach auf unser Glück zu vertrauen und dann doch steckenzubleiben. Gerade wer in Eile ist, sollte den schönen Spruch beherzigen: »Für Halbheiten haben wir keine Zeit.«

Nicht nur in menschenferner Wildnis gibt es Passagen, die unpassierbar sind und in denen man sich festfährt. Auch in unseren Wäldern und Fluren kann es vorkommen, daß wir uns festfahren. Dem Könner wird das freilich nur selten passieren, weil er die Grenzen der Möglichkeiten seines Geländewagens besser beurteilen kann als ein Anfänger, und weil er von diesen Möglichkeiten besseren Gebrauch macht. Viel häufiger wird das »Ende der Fahnenstange« aber immer dann erreicht, wenn wir aus sportlichem Ehrgeiz besonders schwierige Strecken nicht etwa meiden, sondern diese im Gegenteil sogar suchen, um an ihrer Bewältigung das eigene Können und jenes unseres Wagens zu messen. Dagegen ist an sich wenig zu sagen, denn die meisten Besitzer von Geländewagen haben diese in unseren Breiten ja weniger aus einer echten Notwendigkeit heraus gekauft, sondern gerade aus Freude am Fahren, an der

Bewältigung besonders schwieriger Aufgaben.

Für engagierte Fahrer flotter Sportwagen lautet die selbst gestellte Aufgabe, eine bestimmte Strecke möglichst schnell zu bewältigen; Fahrer von Geländewagen suchen ihre vergleichbare Befriedigung darin, möglichst schwierige Strecken zu meistern.

Bei Geländewagen-Wettbewerben ist es kaum vermeidbar, sich gelegentlich festzufahren. Der Parcours wird ja so ausgewählt und vorbereitet, daß möglichst kein Teilnehmer ihn ohne Probleme bewältigt. Wie sollte man sonst eine Wertungs-Reihenfolge ermitteln, die ja der Sinn eines jeden Wettbewerbs ist? Allenfalls durch sinnlose Tempo-Bolzerei, die mit der eigentlichen Kunst des Fahrens im Gelände wenig zu tun hat.

Ein Grundsatz gilt sowohl in menschenferner Wildnis als auch in der heimatlichen Kiesgrube: schwierige Strecken werden tunlichst nicht im Alleingang unter die Räder genommen! Zwei oder mehr Geländewagen-Teams können sich gegenseitig auf mannigfaltige Weise helfen. Es gibt sogar Strecken, die man mit nur einem Geländewagen guten Gewissens gar nicht in Angriff nehmen darf, gemeinsam mit einem Partner-Fahrzeug aber getrost versuchen sollte. Da wäre etwa das Durchwaten einer unbekannten, breiten Furt. Wir wissen nicht, ob unser Geländewagen durchzukommen vermag oder nicht, haben wir doch mit Stangen ausgelotet, daß das Wasser stellenweise eine Tiefe von einem Meter erreicht. Die Strömung ist recht stark, stromabwärts lauern Wasserfälle darauf, mit einem abgetriebenen Geländewagen Ping-Pong zu spielen.

Im Allgeingang sollten wir uns keines-

Mit einer Seilwinde kann man nicht nur Selbstbergung betreiben, sondern auch Hindernisse aus dem Weg räumen.

wegs in diese Furt wagen. Etwas anderes ist es, wenn ein zweiter Geländewagen am Ufer bereit steht, den durch ein Seil mit ihm verbundenen ›Kundschafter‹ zu bergen. Hat dieser ›Kundschafter‹ aber dann glücklich das jenseitige Ufer erreicht, dann wird der Spieß umgedreht: jetzt steht er bereit, den Kameraden bei Bedarf an Land zu ziehen!

In diesem Kapitel wollen wir aber einmal von der Annahme ausgehen, daß wir allein unterwegs sind, eine schwierige Situation falsch eingeschätzt und uns festgefahren haben. Dafür gibt es im Prinzip nur drei Möglichkeiten, die allerdings auch kombiniert auftreten können und die wir uns einmal näher betrachten wollen.

1. Ein Hindernis blockiert die Strecke.

Das kann ein Baum sein, auch ein gefällter oder umgestürzter Baum, ein hoher Baumstumpf, ein Felsbrocken oder dergleichen. Hier sind die Möglichkeiten begrenzt.

1.01 Beseitigen des Hindernisses. Das ist oft nicht möglich (der Felsbrocken ist zu schwer, das Fällen von Bäumen strafbar, usw.).

1.02 In der eigenen Spur zurückfahren. Das wird wohl in den meisten Fällen möglich sein, bringt uns aber nur dann weiter, wenn wir unser Ziel auch auf einem anderen Weg erreichen können. Mehr darüber unter 3.01.

1.03 Mit Seilwinde/Seilzug arbeiten. Entweder ist es möglich, den Wagen mit Hilfe der Seilwinde über das Hindernis zu ziehen, oder wir können ihn eventuell nach hinten oder zur Seite hin freiziehen, wenn er es aus eigener Kraft nicht schafft. Wie wir dem Kapitel über Seilwinden entnehmen können, ist das nicht einfach, weil die Winde meist auf der vorderen Stoßstange montiert ist. Ein Seilzug hingegen kann beliebig eingehängt werden. Notfalls können wir den Hi-lift-Wagenheber zum Seilzug umfunktionieren. Dessen Bodenplatte wird dazu an der in Zugrichtung liegenden Stoßstange oder an einem Baum festgekettet, die Hubklaue verkehrt herum eingesetzt, ganz nach oben gekurbelt und ein Seil zwischen der Hubklaue und dem Baum (bzw. dem Geländewagen) gespannt. Jetzt kann man über die gesamte Hublänge (also über rund einen Meter, bei einem Sondermodell sogar über 1,5 Meter) in ähnlicher Weise Zug ausüben wie mit einem Greifzug. Genügt die Hublänge nicht, um den Wagen freizuziehen, wird das Verfahren eben einfach wiederholt. Das mag umständlich sein, funktioniert aber gut, solange stets ein Baum oder ein anderer Befestigungspunkt in Reichweite und an der richtigen Stelle steht.

1.04 Das Hindernis wird überbrückt. Das funktioniert natürlich nur, wenn das Hindernis nicht allzu hoch und/oder nicht allzu breit ist. Ein umgestürzter Baum, der zu dick ist, um beseitigt werden zu können, ist über beidseitig angebrachte Rampen zu überqueren. Sehr gut sind für solche Rampen Sandbleche geeignet, von denen man allerdings meist vier benötigen wird, aber vielleicht nur zwei mitführt. Eine schmale Schlucht, deren Wände auch für einen Geländewagen zu steil sind, kann durch einen Knüppeldamm überbrückt werden – eine Heidenarbeit!

Die zweite Möglichkeit, sich festzufahren, ist häufiger. Wir erleben sie immer dann, wenn eine Gelände-Unebenheit höher ist als die Boden- oder Bauchfreiheit unseres Wagens:

Bergung mit Hilfe der Seilwinde.

Der Hi-lift-Wagenheber als Seilzug-Ersatz.

Nach vorn geht hier nichts mehr; vielleicht klappt es noch im Rückwärtsgang?

2. Der Wagen sitzt auf. Das passiert vor allem bei tiefen Spurrillen, verursacht durch Traktoren oder andere Nutzfahrzeuge, deren Bodenfreiheit größer ist als bei einem Geländewagen. Auch bei Kuppen, Grabenrändern usw. setzt ein Geländewagen leicht auf, weil seine Bauchfreiheit zu gering ist.

Es ist an dieser Stelle vielleicht zweckmäßig, die Begriffe Bodenfreiheit und Bauchfreiheit einmal etwas näher zu erläutern. Beide sind in DIN 70020 exakt definiert, werden aber oft verwechselt.

Grundsätzlich bezeichnet die Bodenfreiheit den geringsten Abstand zwischen dem horizontalen Boden (der ›Standebene‹) und dem tiefsten Punkt des Wagens. Dieser tiefste Punkt ist meist ein Achsdifferential. Wenn dieser Punkt sich nicht in der Wagenmitte befindet, gilt die Bestimmung: »Die Bodenfreiheit einer Achse kann nach den Rädern zu, soweit dies durch Teile der

Die Bodenfreiheit. Durch das Differentialgehäuse ist die tatsächliche Bodenfreiheit a geringer als die Bodenfreiheit b nach DIN 70020.

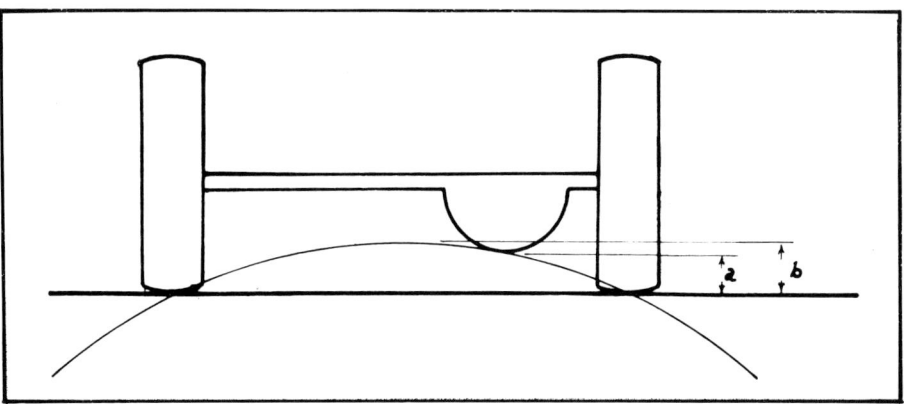

Abhängigkeit der Bauchfreiheit vom Radstand. Der Radius der Kreisbögen wurde zur Verdeutlichung verringert.

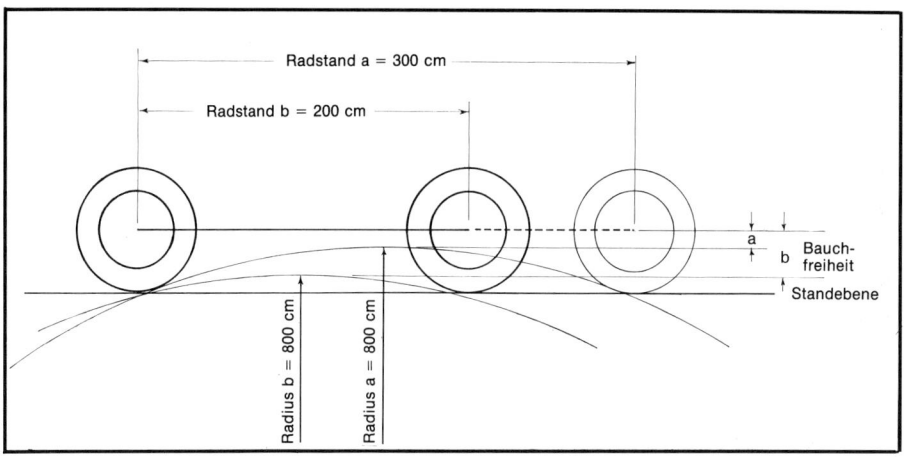

Bodenfreiheit.

Achs- oder Radaufhängung und der Bremsvorrichtung bedingt ist, abnehmen. Der entsprechende Freiraum wird durch einen Kreisbogen bestimmt, der durch die Mitte der Auflagefläche der Räder einer Achse geht und dessen Scheitelhöhe der Bodenfreiheit des Fahrzeugs entspricht.« Das Vorderachs-Differential ist meistens nicht in Achsmitte angeordnet, so daß die Bodenfreiheit nach DIN 70020 dann geringfügig größer als die tatsächliche Bodenfreiheit ist.

Auf Kuppen können selbst Wagen mit kurzem Radstand leicht aufsetzen.

Eine Unterlage für den Wagenheber verhindert, daß dieser auf weichem Untergrund einsinkt.

Die Bauchfreiheit ist wesentlich geringer als die Bodenfreiheit, weil sie nicht den Abstand von dem tiefsten Punkt des Wagens zu der ›Standebene‹ angibt, sondern zur ›Mantelfläche eines die Räder berührenden Kreiszylinders von acht Meter Radius, wobei das Fahrzeug quer zur Zylinderachse steht‹. Die Bauchfreiheit ist deshalb stark vom Radstand abhängig und bei kurzem Radstand größer als bei langem Radstand.

Boden- und Bauchfreiheit werden bei bis zum zulässigen Gesamtgewicht belastetem Fahrzeug gemessen.

Wenn unser Wagen mit der Unterseite aufsitzt, können die Reifen ihn selbst auf festem Boden nicht mehr voranbringen. Was ist zu tun?

Bauchfreiheit.

Dieser Chevrolet Blazer hat mit der Unterseite aufgesetzt und kommt aus eigener Kraft nicht mehr frei. Er wird mit dem Hi-lift-Wagenheber angehoben und ...

... dieser anschließend einfach umgekippt, so daß das Heck seitlich versetzt wird. Anschließend wird dieses Verfahren an der Vorderseite wiederholt.

2.01 In der eigenen Spur zurückfahren (siehe auch 3.01). Bis hierher sind wir gekommen; manchmal geht es jetzt nicht mehr vorwärts, wohl aber wieder rückwärts. Das Unterschutzblech sollte nicht nur vorn, sondern auch hinten nach oben abgewinkelt sein, sonst bohrt es sich bei Rückwärtsfahrt in den Boden.

2.02 Mit Seilwinde/Seilzug arbeiten (siehe 1.03). Eine ordentliche Winde schleift den Geländewagen wie einen Schlitten auf dem Unterschutzblech voran, selbst wenn die Räder frei in der Luft baumeln und zum Vorankommen keinen Beitrag zu leisten vermögen. Auch mit einem Seilzug oder dem Hi-lift ist das möglich, aber harte Arbeit.

2.03 Freigraben. Das ist die scheinbar nächstliegende Lösung, aber nicht einfach, muß man doch unter dem Wagen herumwühlen und den durch das Wagengewicht zusammengepreßten Boden heraus buddeln. Spätestens jetzt lernt man die Vorteile einer ordentlichen Schaufel gegenüber einem der üblichen Klappspaten kennen! Bei felsigem Untergrund ist ein Freigraben oft nicht oder nur mit unverhältnismäßig großem Aufwand möglich.

2.04 Hochbocken – Kippen. Dazu brauchen wir einen Wagenheber mit möglichst großem Hub, wie den Hi-lift. Wir setzen ihn unter der Mitte der hinteren Stoßstange an – vorausgesetzt, diese Stoßstange ist stabil genug, was bei Geländewagen ja meistens zutrifft. Experten führen übrigens unter einem der Sitze oder an anderer geeigneter Stelle stets ein Unterlegbrett für den Wagenheber mit, damit dieser nicht in weichem Boden versinkt. Ist das Wagenheck hoch genug geliftet, geben wir ihm von der Seite her einen kräftigen Schubs, so daß der Wagenheber umkippt und das Wagenheck entsprechend weit seitlich versetzt wird. Anschließend wiederholen wir das Verfahren an der Vorderachse; wir beginnen mit der Hinterachse, damit die Vorderachse zunächst als Drehpunkt dienen kann. Steht die Hinterachse erst einmal auf festem Grund, kann die Vorderachse folgen. Bei quer verlaufenden Bodenwellen ist es oft möglich, den Wagen hinten so weit anzuheben, daß er darüber hinwegrutscht, wenn der Wagenheber in Längsrichtung gekippt wird. Oft kippt der Wagenheber von selbst, sobald der Wagenboden freigekommen ist.

2.05 Hochbocken – Unterlegen. Steine, Äste oder andere feste Gegenstände werden unter die Räder der gelifteten Achse geworfen, um das Bodenniveau anzuheben. Anschließend wird der Wagen abgelassen und das Verfahren an der anderen Achse wiederholt. Die Reihenfolge ist beliebig. Hat man auf dem Mittelsteg eines ausgefurchten Weges aufgesetzt, wird man versuchen, ihn auf der Unterlage zu verlassen und versetzt weiterzufahren.

2.06 Entladen. Mit zunehmender Belastung verringern sich bei jedem Wagen die Boden- und die Bauchfreiheit, allerdings nur um allenfalls drei Zentimeter. Zuweilen sind es aber gerade diese Zentimeter, die fehlen. Das Entladen ist freilich recht mühsam, müssen doch zunächst viele Kilos entfernt werden, bevor ein nennenswerter Gewinn an Bodenfreiheit erreicht wird. Die Fracht muß dann, nachdem das Auto freigefahren wurde, wieder zum Wagen geschleppt und eingeladen werden, wobei man Gefahr läuft, daß die Bodenfreiheit abermals die kritische Grenze unterschreitet.

Einfacher ist es, wenn mehrere Passagiere die ›lebende Fracht‹ bilden. Sie müssen nur aussteigen und können

sich sogar nützlich machen, indem sie den Wagen schieben. Später können sie dann jederzeit wieder zusteigen.
Die wohl häufigste Ursache für das Festfahren dürfte die dritte Möglichkeit sein:

3. Die Traktion reicht nicht aus. Wie wir wissen, ist dann die Haftung zwischen Reifen und Fahrbahn nicht mehr ausreichend, um die für eine Fortbewegung erforderliche Kraft zu übertragen. Ist der Wagen aber erst einmal stehen geblieben, wird ein erneutes Anfahren ohne Hilfsmittel erst recht nicht mehr möglich sein. Damit wollen wir uns nun etwas näher befassen.

3.01 In der eigenen Spur zurückfahren. Oft gelingt die »Flucht nach hinten«, wenn es nicht mehr vorwärts geht. Das liegt daran, daß in der eigenen Spur der Boden verdichtet wurde, also griffiger ist, und es dort nur vergleichsweise geringe Fahrwiderstände zu überwinden gilt. Rückwärtsgang und Gelände-Übersetzung werden eingelegt, dann lassen wir die Kupplung bei so wenig Gas wie möglich langsam kommen und hoffen, daß die Räder nicht durchdrehen.

3.02 Freischaukeln. Drehen auch bei der Rückwärtsfahrt in der eigenen Spur die Räder durch, versuchen wir es mit dem Freischaukeln. Die Technik besteht darin, behutsam im ersten Gang einzukuppeln, bis die Räder durchdrehen, dann blitzschnell in den Rückwärtsgang zu schalten, während der Wagen die wenigen gewonnenen Zentimeter wieder zurückrollt, und dieses Zurückrollen mit der Motorkraft zu unterstützen. Sobald die Räder auch im Rückwärtsgang durchdrehen, schalten wir rasch wieder in den Vorwärtsgang und unterstützen das Vorrollen des Wagens, der ja wieder seine ursprüngliche Position einzunehmen bestrebt ist. Bei etwas Übung werden die Pendel-Ausschläge immer größer, bis es schließlich gelingt, nach vorn oder hinten freizukommen. Das Problem bei diesem Verfahren besteht darin, daß die Räder beim Durchdrehen sich immer tiefer eingraben, bevor genügend Schwung aufgebaut werden kann. Außerdem ist ein wirklich blitzschneller Gangwechsel zwischen Vorwärts- und Rückwärtsgang erforderlich, damit der Wagen nicht bereits gerollt ist, bevor wir ihm mit der Motorkraft helfen können. Dieser schnelle Gangwechsel setzt eine entsprechende Schaltkulisse voraus. Muß erst der Widerstand einer Rückwärtsgang-Sperre überwunden und »um die Ecke« geschaltet werden, dauert der Gangwechsel meistens zu lang.

3.03 Mit Seilwinde/Seilzug arbeiten (siehe 1.03 und 2.02). Dieses ›Patentrezept‹ hilft auch hier, wenn ein Baum oder eine andere Befestigungsmöglichkeit in erreichbarer Nähe und in der richtigen Richtung vorhanden ist.

3.04 Freigraben/Beseitigung des Hindernisses. Bei dieser Möglichkeit geht es darum, die Fahrwiderstände so weit zu verringern, daß die übertragbare Kraft ausreicht, den Wagen in Bewegung zu setzen. Meistens wird es darauf hinauslaufen, den vor den Rädern zusammengeschobenen und verdichteten Schlamm oder Schnee zu beseitigen.

3.05 Luft ablassen. Diese wirksame Möglichkeit der Traktionsverbesserung wurde bereits an anderer Stelle erwähnt. Wegen des anschließenden, zeit- und kräftezehrenden erneuten Aufpumpens der Reifen werden wir uns vor allem dann dazu entschließen, wenn es nicht nur darum geht, unter schwierigen Traktionsverhältnissen an-

Oft genügt es, die Anfahr-Widerstände durch Freischaufeln zu verringern.

Das Unterlegen von Zweigen, Laub oder Steinen kann gleichfalls die Traktion so weit verbessern, daß ein Anfahren möglich wird.

zufahren, sondern wenn anschließend eine längere Strecke mit schlechter Traktion bewältigt werden muß, bei der die Gefahr besteht, sich erneut festzufahren. Neben Schlamm und Schnee ist vor allem feiner Wüstensand das klassische Beispiel dafür, wie das Ablassen von Luft aus den Reifen die Traktion so weit verbessern kann, daß nicht nur ein Anfahren ermöglicht, sondern auch ein erneutes Festfahren vermieden wird.

3.06 Hochbocken – Kippen (siehe 2.04). Sinnvoll ist dieses Verfahren bei ungenügender Traktion nur dann, wenn durch das seitliche Versetzen ein Untergrund mit besseren Traktionsverhältnissen erreicht werden kann. Mit anderen Worten: wenn Sie sich in einem ausgedehnten Schlammloch festgefahren haben, wäre es schon ein sehr umständliches Unterfangen, sozusagen schrittchenweise den Wagen seitwärts unter mehrmaligem Ansetzen herausbringen zu wollen.

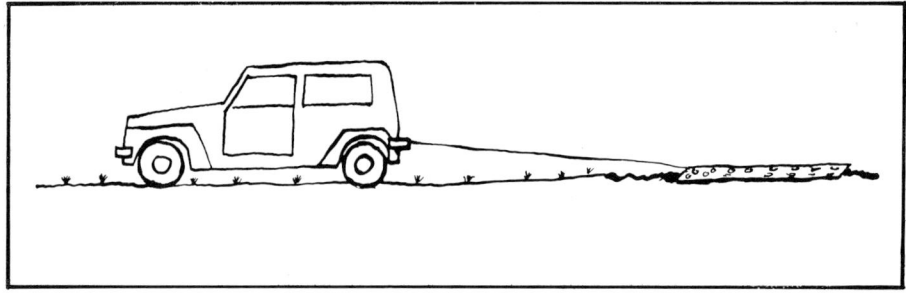

Sandbleche werden an der hinteren Stoßstange festgebunden und bis auf festen Untergrund geschleppt.

An Steilhängen besteht erst Kippgefahr, wenn der Schwerpunkt S über den hangabwärts befindlichen Rädern liegt. Die Belastung des Vorderwagens, etwa durch den Beifahrer, verschiebt den Schwerpunkt nach vorn und verbessert die Traktion der Vorderachse.

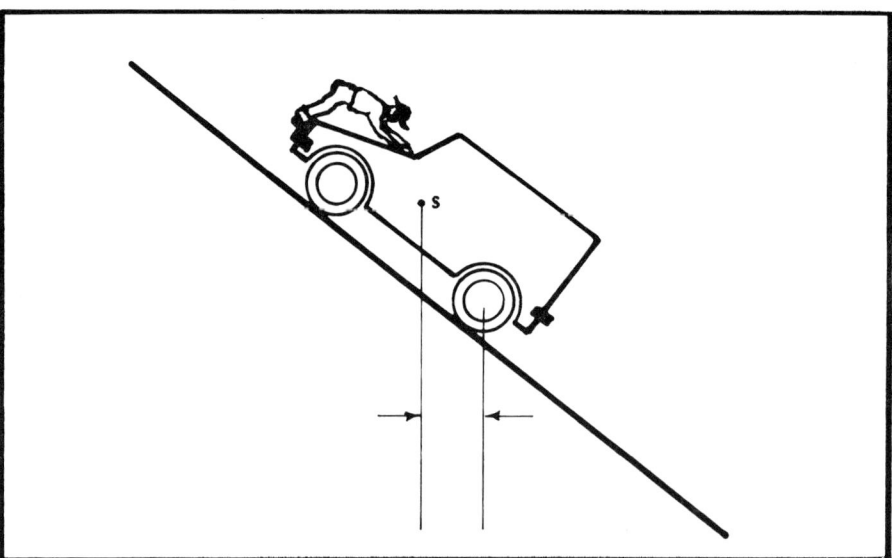

3.07 Hochbocken – Unterlegen (siehe 2.05). Neu ist bei der Anwendung dieses Verfahrens unter schlechten Traktionsverhältnissen, daß wir statt natürlicher Hilfsmittel wie Steinen oder Ästen auch Fußmatten oder die an anderer Stelle bereits beschriebenen Sandbleche unterlegen können. Dabei ergibt sich dann allerdings das Problem, diese Hilfsmittel, auf die Sie ja nicht verzichten wollen, anschließend wieder zu bergen. Ist es Ihnen nämlich mit deren Hilfe gelungen, den Wagen freizufahren, dann werden Sie erst anhalten wollen, wenn die Gefahr eines erneuten Festfahrens nicht mehr gegeben ist. Das ist vielleicht erst nach einer längeren Strecke der Fall.

Wenn Sie diese Strecke nicht zurücklaufen wollen, um Ihre Hilfsmittel heranzuschleppen (ein Alu-Sandblech von drei Meter Länge wiegt immerhin 15 Kilo), binden Sie sie vorher mit einer ausreichend langen Schnur an der hinteren Stoßstange Ihres Geländewagens fest. Ist das Freifahren geglückt, schleppen Sie die Sandbleche oder Fußmatten so lange hinter sich her, bis Sie festen Grund erreicht haben, und bergen sie erst dann.

3.08 Belasten einer Achse. Dieses Verfahren ist sozusagen dem unter 2.06 beschriebenen Entladen genau entgegengesetzt. Es ist vor allem immer dann sinnvoll, wenn bei einem Geländewagen mit Allrad-Antrieb die Traktion an einer Achse wesentlich schlechter ist als an der anderen Achse. Viele Fahrer eines Pkw mit Hinterrad-Antrieb transportieren im Winter einen Sandsack im hinteren Kofferraum, um diese Antriebsachse zu belasten. Bei Allrad-Antrieb ist die Traktion der beiden angetriebenen Achsen beispielsweise an Steigungen unterschiedlich, weil durch die Achslast-Verlagerung die hangseitige Achse stark entlastet wird, frühzeitig die Traktion verliert und dann nichts mehr zum Vortrieb beitragen kann. Am einfachsten läßt sich diese Achse – bei

Gerade für Geländewagen äußerst praktisch, wenn auch etwas sperrig, ist dieser »Air Jack«. Die leere Hülle wird unter den Wagen gelegt und durch die Auspuffgase nach Belieben aufgepumpt!

Bergauffahrt also die Vorderachse – dadurch belasten, daß ein Beifahrer, sofern vorhanden, sich über die Motorhaube legt oder auf die vordere Stoßstange steigt.

3.09 Ketten montieren. Viel ist zu dem, was bereits über Ketten erwähnt wurde, nicht mehr zu ergänzen. Die Verbesserung der Traktion durch Ketten ist beachtlich, aber die vorbeugende Montage ist viel einfacher als bei einem Wagen, der bereits bis zu den Achsen im Schlamm steckt.

3.10 Radnaben-Seilspill. Unter manchen Experten wird ein Radnaben-Seilspill gewissermaßen als Geheimtip gehandelt, der eine Differentialsperre zu ersetzen vermag. Wie wir wissen, endet der Vortrieb einer Achse ohne Sperre, sobald nur ein Rad die Bodenhaftung verliert und durchdreht. Nur selten ist die Reifenhaftung an allen Rädern genau gleich. Wie bei einer Kette die Stärke durch das schwächste Glied bestimmt wird, so entscheidet für den Vortrieb einer Achse ohne Sperre das Rad mit der schlechteren Bodenhaftung. Ist aber erst einmal eine Achse durch ein durchdrehendes Rad vortriebslos geworden, müßte die andere Achse die doppelte Leistung auf den Boden bringen, und das führt bei schlechten Traktionsverhältnissen unweigerlich dazu, daß auch diese Achse durch ein durchdrehendes Rad ausfällt. Es kann bei einem Wagen ohne Differentialsperren also bereits ein durchdrehendes Rad genügen, um ihn trotz Allrad-Antrieb lahmzulegen.

Zuweilen kommt es vor, daß die Traktion an den beiden Rädern einer Wagenseite wesentlich schlechter ist als an den Rädern der anderen Wagenseite, diese beiden Räder also durchdrehen und den Wagen antriebslos machen. Das wäre etwa denkbar, wenn die

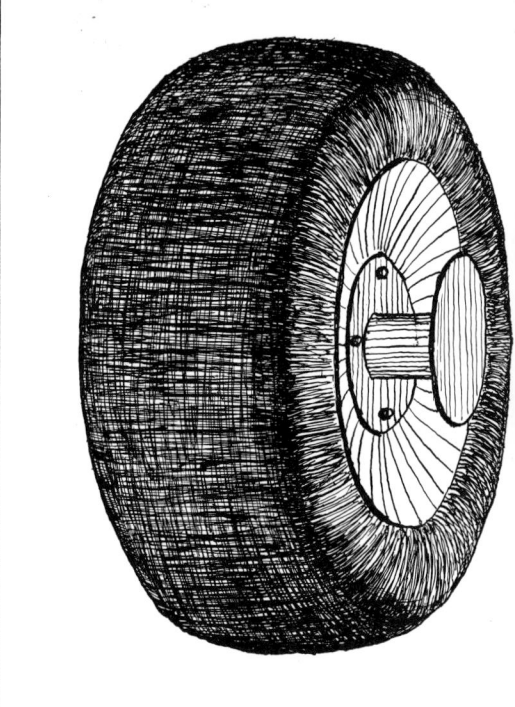

Radnaben-Seilspill, mit den Radmuttern auf der Felge befestigt.

Räder der einen Wagenseite in einer rutschigen Schlammspur, jene der anderen Wagenseite aber auf dem griffigen Wegrand laufen. Abgesehen von einem solchen Sonderfall aber drehen die Räder an einem Wagen mit Allrad-Antrieb unter schwierigen Traktionsverhältnissen aus Gründen, auf die einzugehen zu weit führt, kreuzweise durch. Es drehen also beispielsweise das rechte Vorderrad und das linke Hinterrad durch.

Wird den beiden Rädern einer Wagenseite die gleiche Umdrehung aufgezwungen, dann wird (bei kreuzweisem Durchdrehen) die gleiche Wirkung wie bei einer Differentialsperre erreicht. Darauf basiert die Funktion des Radnaben-Seilspills. Mit den Radmuttern wird auf den Felgen der Räder einer Wagenseite eine kleine Seiltrommel befestigt.

Beide Seiltrommeln werden durch ein in gleicher Drehrichtung darauf aufgewickeltes Seil verbunden; auf jede Trommel sollte etwa die gleiche Seillänge gewickelt werden. Das durchdrehende Rad nimmt nun das andere Rad mit, an beiden Rädern erfolgt eine Angleichung an das andere Rad der jeweiligen Achse.

So schön das Verfahren auch zu sein scheint, ist es doch nicht ohne Probleme. Erstens werden die Achsnabenbolzen erheblich belastet, zweitens muß das Lenkrad mit aller Kraft gerade gehalten werden, drittens ist wegen der begrenzten Seillänge oft eine mehrmalige Wiederholung nötig.

Mit dieser Aufzählung sind die üblichen Maßnahmen einer Selbstbergung weitgehend beschrieben. Es sollte allerdings nicht übersehen werden, daß viele Maßnahmen in Kombination miteinander Anwendung finden können und erst dann die gewünschte Wirkung erreicht wird. Welche Maßnahmen in welcher Reihenfolge und ggf. in welcher Kombination anzuwenden sind, hängt von den jeweiligen Umständen ab.

Aus der Praxis des Geländewagen-Alltags

Die meisten Schwierigkeiten, die bei einer Fahrt durch das Gelände auftreten, bewältigt ein guter Geländewagen gewissermaßen von selbst – oft zur Überraschung und Freude von Geländewagen-Neulingen, Passagieren und Zuschauern. Es ist wirklich verblüffend, wie sehr ein Geländewagen dank seiner besonderen Technik auf unbefestigtem Untergrund einem normalen Pkw überlegen ist. Dennoch sollten wir nicht in gläubige Euphorie verfallen, Wunder erwarten und uns blindlings darauf verlassen, daß unser Geländewagen »es schon schaffen wird«. Ein guter Fahrer holt aus einem schlechten Geländewagen viel mehr heraus als ein schlechter Fahrer aus einem guten Geländewagen – es soll sogar schon Fälle gegeben haben, in denen der routinierte Fahrer eines Pkw mit nur einer angetriebenen Achse dem ungeschickten Fahrer eines Geländewagens mit Allrad-Antrieb überlegen war!

Eines der eindrucksvollsten Kunststückchen, durch die Sie mit einem Geländewagen die Fahrer normaler Pkw beeindrucken können, ist das Erklimmen von Steilhängen, die man selbst per pedes nur bewältigt, wenn man beide Hände zur Hilfe nimmt. Manche Geländewagen sind zumindest theoretisch in der Lage, eine 100 Prozent-Steigung zu meistern – ohne Anlauf!

Hundert Prozent – das ist nach verbreiteter Ansicht das Absolute, also die senkrechte Wand mit einem Winkel zur Horizontalen von 90 Grad. Natürlich ist es völlig unmöglich, eine senkrechte Wand hinaufzufahren; die Angaben in den Prospekten der Geländewagen-Hersteller und die Behauptungen stolzer Geländewagen-Eigner sind also nur leere Prahlerei – oder?

Die Prozent-Angaben beziehen sich auf ein Verhältnis zwischen horizontaler und vertikaler Strecke von 1:1. Wenn Sie auf einer horizontalen Strecke von

Bei festem Untergrund ist die Steigfähigkeit von Geländewagen atemberaubend.

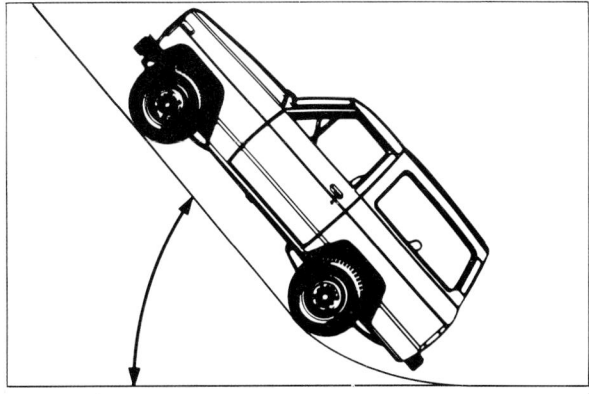

So lange der Untergrund fest ist, überwindet ein Geländewagen erstaunliche Steigungen.

beispielsweise 50 Meter auch 50 Meter Höhe gewinnen, dann entspricht das 100 Prozent oder einem Steigungswinkel von 45 Grad, nicht etwa von 90 Grad! Jetzt wird vielleicht verständlich, warum Geländewagen tatsächlich Steigungen um 100 Prozent bewältigen können.

Wenn Sie sich einen Winkel von 45 Grad aufzeichnen, dann sieht die Steigung recht beachtlich aus, scheint aber noch nicht allzu extrem zu sein. Von wegen! Im Gelände würden Sie glauben, tatsächlich vor einer senkrechten Wand zu stehen, wenn Sie vor einer 45 Grad-Steigung anhalten. Als kleine Kostprobe mag Ihnen die folgende Aufstellung einiger als besonders steil bekannter Alpenpässe dienen; früher schmückten kühne Automobilisten, die einen solchen Paß bezwungen hatten, ihr Auto stolz mit einer Plakette und erzählten in der Heimat mit bewegenden Worten von schauerlichen Gefahren für Mensch und Maschine.

St. Gotthard	10 Prozent
Gr. St. Bernhard	11 Prozent
Großglockner	12 Prozent
Gavia	16 Prozent
Achenpaß	20 Prozent
Katschberg	22 Prozent

Das sind so ziemlich die ärgsten Steigungen, die Sie auf Europas Straßen finden können. Dabei handelt es sich nicht einmal um die durchschnittliche, sondern um die stärkste Steigung, und es sind keine Grad-, sondern Prozent-Angaben. Die 22% des Katschbergs

Zusammenhang zwischen Angabe der Steigung in Prozent und in Grad.

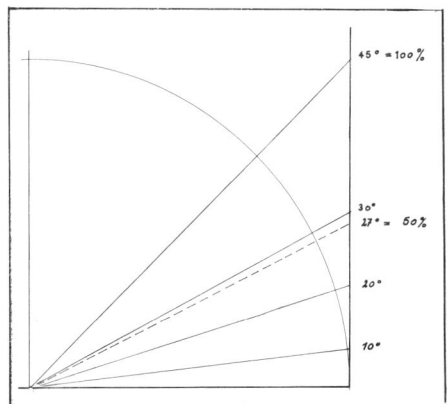

Auch im Schnee ist die Traktion dank Allrad-Antrieb so erstaunlich, daß selbst entlegene Langlauf-Loipen erreicht werden können.

entsprechen einer Steigung von etwa 12 Grad!
Da die Prozent-Angaben sich auf das Verhältnis zwischen der Horizontalen und der Vertikalen beziehen, die Grad-Angaben aber auf ein Kreissegment, kann nicht einfach von Grad in Prozent oder umgekehrt umgerechnet werden. Eine Steigung von 50 Prozent entspricht nicht der Hälfte von 45 Grad und damit 22,5 Grad, sondern tatsächlich 27 Grad. Wenn Sie umrechnen wollen, hilft Ihnen die folgende Tabelle.

```
 6 Grad =  10 Prozent
11 Grad =  20 Prozent
17 Grad =  30 Prozent
22 Grad =  40 Prozent
27 Grad =  50 Prozent
31 Grad =  60 Prozent
35 Grad =  70 Prozent
39 Grad =  80 Prozent
42 Grad =  90 Prozent
45 Grad = 100 Prozent
```

Auf befestigten, öffentlichen Straßen werden Sie wohl kaum eine Steigung finden, die es erforderlich macht, die Geländestufe des Zwischen-Getriebes einzulegen. Die Kunst der Straßenbauer besteht ja nicht zuletzt darin, natürliche Steigungen zu vermindern, indem Tunnel gebohrt oder die Straßen in Serpentinen den Berg hinaufgeführt werden. Im Gelände hingegen müssen wir mit viel ärgeren Steigungen rechnen, die kein freundlicher Straßenbauer eingeebnet hat. Wir dürfen auch nicht versuchen, in unwegsamem Gelände uns einen Steilhang in Serpentinen hinaufzuschrauben; unsere Fahrbahn ist ja nicht wie eine Straße in den Hang hineingeschnitten, so daß der Geländewagen dann eine seitliche Schräglage bekommt und möglicherweise die Kippgrenze überschritten wird.

Diese Gefahr besteht nicht, wenn wir auf der Fallinie, also dem kürzesten Weg, dem Gipfel entgegenstreben. Unser Geländewagen würde sich erst dann rückwärts überschlagen, wenn der Schwerpunkt über der Aufstandsfläche der Hinterräder liegt. Selbst bei Wagen mit kurzem Radstand ist das aber kaum denkbar. Die maximale

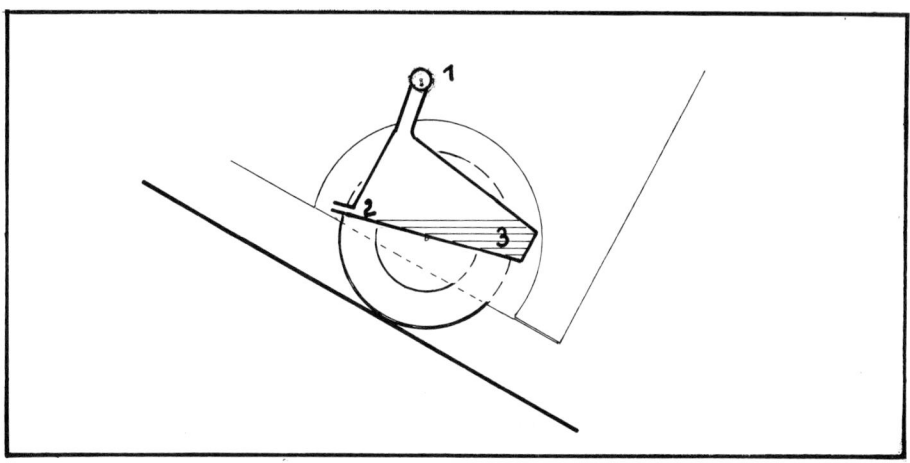

Ist der Tank nicht ausreichend gefüllt, kann die restliche Kraftstoffmenge möglicherweise nicht mehr die Auslauföffnung erreichen, die sich bei waagerechtem Fahrzeug an der tiefsten Stelle des Tanks befindet.
1. Einfüllstutzen   2. Auslauföffnung   3. Resttreibstoff

Steigfähigkeit eines Geländewagens ist in der Praxis ohnehin weit weniger wichtig, als oft angenommen wird, weil auf natürlichem Untergrund die Traktion der Reifen schon lange vorher endet und die theoretisch mögliche Steigleistung deshalb auch nicht annähernd erreicht werden kann.

Die Folge der Achslast-Verlagerung auf die Traktion der Vorderräder wurde ja bereits erwähnt. Bei rutschigem Untergrund ist es oft erforderlich, schon mä-

Auf der Kuppe eines unbekannten Hügels sollte zunächst angehalten werden, um festzustellen, ob eine Weiterfahrt möglich ist und welche Route ggf. am sichersten ist.

ßige Steigungen mit Anlauf anzugehen, weil sonst die Reifen auf halber Höhe haltlos durchdrehen.

Spezielle Geländewagen-Vergaser sind in der Lage, auch bei extremen Schräglagen noch ein zündfähiges Gemisch erzeugen zu können (Einspritzpumpen sind ohnehin unabhängig von Schräglagen). Dagegen kann es bei wenig Treibstoff im Tank vorkommen, daß an steilen Hängen der Spiegel des restlichen Treibstoffs unterhalb der Ausfluß-Öffnung liegt und dadurch dem Motor »die Spucke wegbleibt«.

Aus welchen Gründen auch immer der Sturm zum Gipfel abgebrochen werden muß: die einzig richtige Rückzugs-Strategie ist die Rückwärtsfahrt in der eigenen Spur mit der geringsten möglichen Geschwindigkeit. Keinesfalls sollte man versuchen, am Steilhang zu wenden, denn dann kommt man rasch in eine wirklich kritische Schräglage.

Bei Bergabfahrt – auch vorwärts – dürfen die Bremsen nur so behutsam betätigt werden, daß die Räder nicht blockieren. Blockierte Räder sind nicht mehr lenkbar. Bei Rückwärtsfahrt ist das besonders problematisch, weil die Radgeometrie nicht mehr für Geradeauslauf sorgt und die Lenkung ständig korrigiert werden muß.

Der Marsch nach oben zum Gipfel ist jedenfalls einfacher als der Rückzug nach unten, den uns vielleicht die Panik verlockender erscheinen läßt. Mit dem richtigen Gang und beherztem Schwung sollten Sie meistens in der Lage sein, den Gipfel erfolgreich zu erstürmen. Kurz vor dem Gipfel ist es dann aber empfehlenswert, Zurückhaltung zu üben und das Tempo so weit zu verringern, daß es nur gerade ausreicht, wirklich oben anzukommen. Nur Kamikaze-Piloten überspringen im Blindflug unbekannte Kuppeln.

Haben Sie glücklich den Gipfel erreicht, werden Sie sich zunächst einmal davon überzeugen, ob die vor Ihnen liegende Strecke überhaupt befahrbar ist oder ob Sie nicht doch den Rückzug antreten müssen. Sie haben jetzt Gelegenheit, sich die beste Route für die Weiterfahrt auszusuchen. Selbst wenn hinter der Kuppe keine tückisch-tiefe Schlucht darauf lauert, tollkühne Fahrer mit ihren fliegenden Kisten zu verschlingen, kann doch eine zu flott überfahrene Kuppe leicht zur Sprungschanze werden. Die Landung ist dann recht hart, und wenn im Augenblick der Landung die Vorderräder eingeschlagen sein sollten, ist eine Rolle oft unvermeidbar.

Nicht nur gigantische Gebirge und schaurig-steile Schluchten stellen uns vor Probleme; auch Zwerg-Berge (oder Berg-Zwerge?) und -Täler, unscheinbare Hügel und Gräben können allerlei Ungemach bereiten, vor allem dann, wenn der Abstand zwischen zwei in ihrer Neigung entgegengesetzten Steigungen (bzw. Gefällen) kürzer ist als die Länge des Geländewagens. Wir wissen ja bereits, daß bei Kuppen oder auch bei Grabenrändern die Bauchfreiheit oft nicht ausreicht und der Wagen aufsetzt. Gleichfalls kritisch sind etwa bei Gräben mit schmalen Sohlen der vordere und der hintere Böschungswinkel.

Noch einmal zur Erinnerung: frei nach DIN 70020 ist der Böschungswinkel jener Winkel, der von der Horizontalen (›Standebene‹) und einer Geraden (›Ebene‹) gebildet wird; diese Gerade berührt sowohl den Umfang des Reifens als auch den tiefsten, äußersten Punkt des Fahrzeuges, in der Regel also die Unterkante der vorderen bzw. hinteren Stoßstange.

Für die meisten Bodenwellen genügt

Wer frontal einen Graben angeht, darf sich nicht wundern, wenn sich der Bug in die jenseitige Böschung bohrt!

Der Fahrer des alten Patrol weicht etwas von der direkten Linie ab und ebnet dadurch die jenseitige Böschung.

Vorderer und hinterer Böschungswinkel.

der bei Geländewagen übliche vordere Böschungswinkel von rund 40 Grad, wenn wir uns diesen Bodenwellen auf einer halbwegs horizontal verlaufenden Fahrbahn nähern. Anders ist es, wenn wir einen Graben durchqueren wollen. Bevor wir die Sohle überhaupt erreichen, bohrt sich dann womöglich die vordere Stoßstange in die jenseitige Böschung. Reicht der vordere Böschungswinkel aber noch aus, dann bleibt man vielleicht mit dem Heck bzw. der hinteren Stoßstange (oder der Anhänger-Kupplung!) an der Abwärts-Böschung hängen, sobald die Aufwärts-Böschung unter die Vorderräder genommen wird.

Im Prinzip gilt die Regel, Steilhänge in der Fallinie zu befahren, auch für die Böschungen von Gräben. Kurz vor Grabenrändern oder Grabensohlen, die kritisch für die Bauchfreiheit oder den Böschungswinkel sind, weicht man jedoch von der Fallinie ab. Je steiler die

Der hintere Böschungswinkel ist meist wesentlich geringer als der vordere.

Ein Beispiel für Achsverschränkung. Bei diagonalem Durchfahren einer Grabensohle befindet sich das rechte Vorderrad bereits am Aufwärts-, das linke Hinterrad noch am Abwärtshang, während die beiden anderen Räder die Grabensohle durchfahren.

Böschungen und je schmaler die Grabensohle sind, um so stärker wird man von der Fallinie abweichen und auf diese Weise die Steigung so weit verringern, daß die kritische Grenze für Bauchfreiheit und Böschungswinkel zumindest hinausgeschoben wird. Allzu stark darf man von der Fallinie natürlich nicht abweichen, weil sonst die Gefahr eines seitlichen Überschlags auftritt.

In dem Augenblick, in dem wir eine enge Grabensohle schräg durchfahren, kommt es zu einem klassischen Fall der Achsverschränkung. Ein Hinterrad befindet sich noch an der Abwärts-Böschung, das Vorderrad der anderen Wagenseite aber bereits an der Aufwärts-Böschung, während die beiden anderen einander diagonal gegenüberliegenden Räder in der Grabensohle laufen. Beide Achsen sind zueinander verschränkt, die auf der Grabensohle befindlichen Räder gegenüber den an

Deutlich ist bei diesem Mercedes die Verschränkung der beiden Achsen zu erkennen.

den Böschungen laufenden Rädern stark entlastet. Bei fehlenden Sperrdifferentialen neigen die beiden entlasteten Räder zum Durchdrehen, wodurch beide Achsen antriebslos werden. Das kann aber vermieden werden, wenn wir die Grabensohle mit etwas Schwung durchrollen.

Auch für einen Geländewagen ist Wasser grundsätzlich ein feindliches Element. Schon das Spritzwasser einer schwungvoll durchfahrenen Pfütze kann die Elektrik lahmlegen. Größere, unpassierbare Gewässer sind bei uns glücklicherweise relativ selten, mangelnde Schwimmfähigkeit wird also nicht oft als Nachteil empfunden. Seichtere Gewässer bis zu einer Tiefe zwischen 50 und 70 Zentimeter sollte ein ordentlicher Geländewagen eigentlich problemlos durchwaten können, tiefere Flüsse oder Seen müssen wir eben umfahren bzw. eine Brücke oder eine Fähre benutzen.

Leider ist die angegebene Watfähigkeit eines Geländewagens noch keine Garantie dafür, daß wir uns in Wasser entsprechender Tiefe frohgemut und beliebig lange tummeln können. Eine kurze Fahrt durch kniehohes Wasser ist mit den meisten Geländewagen unbedenklich – was darüber hinausgeht, kann kritisch werden. Andererseits kann man einen Geländewagen bei entsprechendem Aufwand so weit präparieren, daß er wohl nicht schwimmfähig wird (dazu müßte man Auftriebskörper und einen Schraubenantrieb anbringen), aber immerhin auch für längere Zeit vollständig unterzutauchen vermag. Das funktioniert allerdings nur, wenn man wirklich sehr viel Zeit, Mühe und Geld investiert. Ob es sinnvoll ist, die Wattiefe nur durch die Nasenspitze des Fahrers zu begrenzen, ist eine andere Frage..

Sinnvoll ist es hingegen zweifellos, den Wagen vorbeugend so weit zu schützen, daß man sich zumindest vorübergehend in Wasser bis zur offiziellen Wattiefe bewegen kann. Vor allem die Elektrik macht oft Kummer. Grundsätzlich werden wir deshalb alle exponierten Teile der Auto-Elektrik, wie Zündverteiler, Kerzen, Zündspule, Kabelverbindungen, Lichtmaschine usw. mit einem Kontaktspray einsprühen. Dieses Kontaktspray unterwandert Wasser und verbessert die elektrische Leitfähigkeit, ganz abgesehen davon, daß es auch noch schmiert.

Der nächste Schritt wäre ein Abdichten jener Teile der Fahrzeug-Elektrik, in denen eindringendes Wasser sich besonders störend auswirkt, wie dem Verteiler oder den Kerzensteckern. Dieses Abdichten läßt sich relativ einfach mit einem ›flüssigen Heftpflaster‹ vornehmen, mit dem normalerweise kleinere Wunden vor Verunreinigungen geschützt werden und das aufgesprüht wird. Nach dem Trocknen bildet sich eine wasserdichte Haut, die leicht wieder abgezogen werden kann. Wohl sind

Achsverschränkung auf unebener Fahrbahn.

Zweifellos ein hübsches Foto, aber Wasser durchfährt man besser behutsamer, sonst ...

... steigt der Schwallwiderstand und die Zündung wird naß.

Der Fahrer dieses Range Rover macht es richtig und vermeidet unnötige Planschereien.

Bei entsprechender Vorbereitung kann ein Geländewagen auch tieferes Wasser durchfahren (Perini-Jeep).

Dieser Perini-Jeep wurde durch die seitlichen Auftriebskörper zu einem Boot umfunktioniert, während ...

... von diesem Wagen, gleichfalls einem Perini-präpariertem Jeep, nur noch die Windschutzscheibe sowie die Verlängerungen von Ansaugstutzen und Auspuff zu erkennen sind.

diese Sprühpflaster wasserlöslich, bieten aber einen recht guten Schutz. Besser ist eine spezielle Sprühversiegelung (z. B. CRC Lectra Shield), die benzinlöslich ist.

Oft wird empfohlen, vor Wasserdurchfahrten den Kühlerventilator abzunehmen oder ihn durch Entfernen des Keilriemens stillzulegen, wenn dieser Keilriemen nicht gleichzeitig auch andere, wichtige Aggregate antreibt. Besser ist ein Kühlerrollo, das nicht nur im Winter zu einer ordentlichen Kühlwassertemperatur verhilft, sondern auch dem Wasser den direkten Zugang zu Ventilator und Kühler verwehrt. Behelfen kann man sich recht gut mit einer Plastikfolie, mit der vor einer Wasserdurchfahrt der Kühler verklebt wird.

Bundeswehr-Fahrzeuge haben eine abgekapselte, wirklich weitgehend wasserdichte Zündanlage. Wegen des dazu erforderlichen Aufwands sind diese Zündanlagen sehr teuer, ein Umbau wird durch die Nato-Bordspannung von 24 Volt erschwert. Einfacher und gleichfalls recht wirkungsvoll ist die Verwendung einer Hochspannungs-Zündanlage mit sehr schnellem Hochspannungs-Anstieg auf der Sekundärseite. Der Zündfunken findet dabei keine Zeit, sich einen Weg über leitende Nebenstrecken zu suchen, die sich durch Wasser bilden, sondern springt wunschgemäß an der Zündkerze über.

Natürlich darf Wasser keinesfalls durch den Luftfilter in den Motor angesaugt werden. Wohl liegt der Luftfilter oberhalb der Wathöhe, aber Schwallwasser kann ihm schon gefährlich werden. Abhilfe schafft ein flexibler, wasserdichter, starker Schlauch, mit dem die Ansaugöffnung des Motors und der hoch auf dem Dach (oder auch im Wagen-Innenraum) montierte Luftfilter verbunden werden. Ein solcher hoch oder in den Wagen-Innenraum verlegter Luftfilter hat den zusätzlichen Vorteil, weniger leicht zu verschmutzen.

Für nur gelegentliche Ausflüge in das nasse Element lohnt es nicht, auch den Auspuff durch einen Schlauch nach oben zu verlängern, da die Auspuffgase ein Eindringen des Wassers verhindern.

Die bisherigen Maßnahmen verbessern wohl den Wasserschutz, machen einen Geländewagen aber noch nicht wirklich wasserfest und tauchfähig. Wer sich ungeniert in tieferem Wasser tummeln möchte, muß noch weit mehr tun. Der Motor ist sorgfältig abzudichten, u. a. auch am Ölpeilstab; ebenso die Kupplung, die Getriebegehäuse und der Tankverschluß. Da Motor, Kupplung, Getriebe und Tank aber auch be- und entlüftet werden müssen, ist ein Anschluß an den Luftfilter-Schnorchel vorzusehen, um nur einige Arbeiten anzudeuten.

Wie durchfährt man tieferes Wasser? Nicht mit Temperament und Schwung, auch wenn das schneidig aussehen mag, sondern in der Geländestufe des Zwischengetriebes und in einem niedrigen Gang, also langsam und mit dennoch relativ hoher Drehzahl. Bei höherer Geschwindigkeit durchnäßt das Spritzwasser auch Teile des Motors und der Elektrik, die normalerweise über dem Wasserspiegel liegen. Außerdem wird der Schwallwiderstand größer; der Wagen kann aufschwimmen, den Bodenkontakt verlieren und von der Strömung abgetrieben werden; ein unter dem Wasser verborgenes Hindernis oder ein tiefes Loch kann zur gefährlichen Falle werden.

Eine ausreichend hohe Drehzahl in einem niedrigen Gang ist nicht nur wichtig, um das volle Drehmoment gegen die im Wasser sehr hohen Fahrwiderstände einsetzen zu können, sondern auch, weil der dann höhere Gasdurchsatz ein Eindringen von Wasser durch den Auspuff verhindert.

Sollte doch einmal Wasser unseren Geländewagen lahmgelegt haben, ist das im besten Fall zeitraubend. Die Elektrik ist ja noch verhältnismäßig einfach zu trocknen. Ist aber erst das Wasser in den Motor gelangt, wird ein größerer Aufwand fällig. Wasser in den Zylindern läßt sich im Gegensatz zu dem Gas-Luft-Gemisch nicht verdichten; nur zum Teil kann es dadurch entfernt werden, daß man die Kerzen herausschraubt und den Anlasser betätigt. Das Öl wird verdünnt und ist nicht mehr schmierfähig – kurz, man wird meistens um eine totale Demontage nicht herumkommen, wenn man wirklich zuverlässig alles möglicherweise in den Motor eingedrungene Wasser wieder entfernen will.

Auch wenn man sich abseits fester Straßen bewegt, befährt man nur selten wirklich wegloses Gelände. Meistens bietet sich im dicht besiedelten Mitteleuropa irgendein Wirtschaftsweg in Wald oder Flur an, um auf ihm ein Ziel zu erreichen. Solche Wirtschafts- oder auch Wanderwege sind oft nichts anderes als Fahrspuren, die sich unter Vermeidung von größeren Hindernissen durch das Gelände schlängeln.

Bei Regenwetter wird der unbefestigte Naturboden dieser Wege von seinen Benutzern zerstampft und zerfurcht. Besonders schlimm wird es, wenn er von schweren Traktoren oder anderen land- oder forstwirtschaftlichen Arbeitsmaschinen befahren wird, was ja der Zweck von Wirtschaftswegen ist.

Es bilden sich bald tiefe Spurrillen, in denen sich die Feuchtigkeit besonders lange hält, da sie tiefer liegen als das benachbarte Bodenniveau und ihre Sohle verdichtet ist, so daß das Wasser nur allmählich versickern kann. Überdies werden durch das nachsickernde Wasser feine Schmutzpartikel in die Furchen gespült, deren Sohlen dadurch noch rutschiger werden.

Selbst bei trockenem Wetter sind zerfurchte Naturwege nicht ohne Probleme befahrbar. Der Matsch und Schlamm erstarrt zu einer wilden Kraterlandschaft. Da die von land- oder forstwirtschaftlichen Arbeitsmaschinen verursachten Spurrillen nur selten der Spurweite eines Pkw oder eines Geländewagens entsprechen, kann man nicht einfach deren glatte Sohle benutzen. Selbst die beachtliche Bodenfreiheit von Geländewagen ist oft überfordert, wenn tatsächlich einmal die Spurweite passend sein sollte. Er sitzt dann rascher auf dem erhöhten Mittelsteg auf, als man es erwartet. Zusammenge-

Folgt man ausgefahrenen Spurrillen, setzt der Wagen auf (links). Besser ist es, versetzt zu fahren und eine Spurrille zwischen die Räder zu nehmen (rechts).

Bodenbewuchs verbirgt mancherlei Hindernisse, hier ein Loch. Da hilft nur eines: langsam fahren.

faßt läßt sich feststellen, daß ausgefahrene Wege oft viel schwerer zu befahren sind als wirklich wegloses Gelände.

Grundsätzlich wird man aus den genannten Gründen vermeiden, tief ausgefahrene Spurrillen zu benutzen, sowohl bei trockenem als auch bei feuchtem Untergrund. Sofern die Wegränder es erlauben, werden wir eine Spurrille »zwischen die Beine« nehmen, also mit den Rädern einer Wagenseite auf dem Mittelsteg, mit den Rädern der anderen Wagenseite auf dem Wegrand fahren. Das ist natürlich nicht immer möglich, schon deswegen nicht, weil ja die anderen Fahrer ebenfalls versuchen, auf die gleiche Weise eine zerfurchte Strecke zu meistern, so daß auch der Mittelsteg und die Wegränder bald zerfurcht sind. Dann gilt es eben, den besten Kurs durch die Kraterlandschaft zu navigieren. Zuweilen ist es zweckmäßig, mit den Rädern einer Wagenseite in einer Spurrille und mit jenen der anderen Wagenseite auf dem höheren Wegniveau zu fahren.

In jedem Fall treten auf solchen schlechten Wegen immer dann zusätzliche Probleme auf, wenn der Untergrund auf den beiden Seiten des Wagens unterschiedlich ist, die Räder der einen Wagenseite also eine schlechtere Traktion haben als die Räder der anderen Wagenseite. Was passieren kann, ist klar: drehen beide Räder einer Wagenseite durch, endet bei fehlenden Sperrdifferentialen der Vortrieb.

Es kommt wirklich vor, daß ein Weg zumindest stellenweise selbst für einen Geländewagen nicht mehr passierbar ist. Sie können dann versuchen, die Problemstelle zu ›umschiffen‹, also den Weg zu verlassen und sich ›quer durch die Botanik‹, einen eigenen Weg zu suchen. Auch aus anderen Gründen mag sich die Möglichkeit oder sogar die Notwendigkeit ergeben, einmal wirklich jungfräuliches Gelände unter die Räder zu nehmen.

Von wenigen Ausnahmen (Sand, Fels) abgesehen, ist Naturboden von Vegetation bedeckt, deren stattlichste Vertreter die Bäume sind. Gegen einen ausgewachsenen Baum hat auch ein Geländewagen wenig Chancen, alle anderen Vegetationsformen aber bilden für ihn zumindest kein unüberwindliches Hindernis. Die Gefahr eines mäßig hohen, bodenbedeckenden Bewuchses liegt darin, daß er feste Hindernisse verbirgt – Baumstümpfe, Felsbrocken und dergleichen. Selbst eine scheinbar harmlose Wiese oder ein Feldweg mit einem von hohem Gras bedeckten Mittelsteg droht mit solchen Tücken.

Gegen diese Gefahr hilft nur eines: so langsam wie möglich zu fahren. Glücklicherweise bietet uns ein Geländewagen durch sein Zwischengetriebe die Möglichkeit, im langsamen Schrittempo einherzukriechen, und das sollten wir wirklich tun, selbst wenn es noch so langweilig wird.

Was aber machen wir, wenn nun wirklich ein stattlicher Baumstumpf oder ein ähnliches Hindernis unseren Weg versperrt? Ist das Hindernis kleiner als die Bodenfreiheit unseres Geländewagens, können wir es mit Nichtachtung strafen und bedenkenlos überrollen, ist es offensichtlich wesentlich größer, müssen wir versuchen, ihm auszuweichen. Kritisch sind solche Hindernisse, die wohl an der Grenze der Bodenfreiheit unseres Geländewagens liegen oder diese gar etwas überschreiten, denen wir aber nicht ausweichen wollen oder können. Solche Hindernisse sind keineswegs selten – gerade Baumstümpfe haben oft jene unsympathische Höhe, die uns noch nicht entmutigt, aber auch nicht mehr bedenkenlos überfahren werden kann, ohne ein Aufsetzen zu riskieren.

Die Bodenfreiheit ist wegen der Achsdifferentiale, die ja meistens den tiefsten Punkt bilden, um die Wagenmitte herum am geringsten. Außerdem liegen in der Wagenmitte empfindliche Teile, wie Ölwanne oder Auspuff, die trotz einer Unterschutz-Platte gefährdet sind. Wir nehmen deshalb Hindernisse kritischer Größe wie den besagten Baumstumpf nicht »zwischen die Beine«, sondern überrollen sie mit einem Vorderrad. Setzt der Wagen dennoch zwischen Vorder- und Hinterrad der einen Wagenseite auf, ist er meistens noch in der Lage, aus eigener Kraft über das Hindernis hinwegzurutschen.

Sind Sie doch einmal so schnell, daß Sie vor dem plötzlich auftauchenden Baumstumpf nicht mehr anhalten können, prallen Sie bitte nicht mit durch

Baumstümpfe und ähnliche Hindernisse werden nicht mit der Wagenmitte, sondern mit den Rädern einer Wagenseite überfahren.

hektisches Bremsen blockierten Rädern dagegen. Wenn es zum Bremsen ohnehin zu spät ist, sollte man zunächst versuchen , am Hindernis vorbeizulenken, und das ist mit blockierten Rädern nicht möglich. Kann man nicht ausweichen, muß zumindest unmittelbar vor dem Aufprall die Bremse gelöst werden, weil durch das Bremsen eine Federverhärtung bewirkt wird, so daß nur noch ein Teil des Federweges zur Verfügung steht. Das Fahrzeug wird durch den Aufprall also fast ungefedert in die Luft katapultiert. Das gilt natürlich nur für Hindernisse, die nicht mit der Stoßstange, sondern mit den Rädern zuerst berührt werden.

Solange Sie noch bewußt vor allen möglichen Situationen des Geländewagen-Alltags eine Entscheidung treffen müssen, sind Sie Anfänger. Ähnlich, wie ein routinierter Pkw-Fahrer automatisch richtig auf die unterschiedlichen Anforderungen des Straßenverkehrs reagiert, bildet sich auch bei dem erfahrenen Geländewagen-Piloten mit der Zeit ein Gefühl heraus, das ihn im Unterbewußtsein die jeweils richtige Entscheidung treffen läßt. Bis es soweit ist, denken Sie bitte immer daran: »Es ist keine Schande, vorsichtig zu sein, aber eine schlichte Dummheit, als Anfänger sich und dem Wagen zuviel zuzumuten!«

Teil 4
Katalogteil

Kurzbeschreibung und technische Daten der wichtigsten Geländewagen

Nichts ist beständiger als der Wechsel. Geländewagen werden ständig verbessert, verändert oder erfahren optische Korrekturen; zuweilen wird sogar ein Modell durch ein völlig neues ersetzt. Will man also nicht auf die Beschreibung von Geländewagen in einem eigenen Katalogteil verzichten, läuft man bei einem Buch, das nur alle drei oder vier Jahre neu aufgelegt werden kann, immer Gefahr, daß Angaben ganz oder teilweise überholt sind, wenn Sie diese Zeilen lesen.

Keines der Fahrzeuge, die in der ersten Ausgabe im Katalogteil vorgestellt worden sind, ist seither unverändert geblieben. Teilweise sind völlig neue Modelle hinzugekommen, teilweise sind auch damals populäre Modelle vom Markt verschwunden; es hat zahlreiche technische Verbesserungen gegeben oder ältere Modelle sind durch zeitgemäßere ersetzt worden.

Die letzten vier Jahre waren allerdings auch bei dem sprunghaft expandierenden Geländewagen-Markt von besonderer Hektik gekennzeichnet. Eine Fahrzeug-Gattung, die bisher nur für den Arbeitseinsatz und vor allem für Entwicklungsländer gebaut worden war, wurde plötzlich für Mitteleuropa entdeckt. Ein völlig neuer Kundenkreis entstand, der dafür sorgte, daß sich der Geländewagen-Absatz vervielfachte. Dieser neue Kundenkreis hatte allerdings Wünsche, die keineswegs mit jenen der traditionellen Käufer identisch waren.

Wer am Geschäft teilhaben wollte, war gezwungen, möglichst rasch vorhandene Modelle anzupassen oder gar neue Modelle zu entwickeln. Diese Anpassungsphase scheint zunächst mehr oder weniger abgeschlossen zu sein, so daß es in den nächsten Jahren wohl nicht mehr zu ähnlich hektischen Modellwechseln kommen wird und dieser Katalogteil hoffentlich eine längere Zeit aktuell bleibt.

Die meisten Geländewagen, die nunmehr auf dem Markt sind, haben akzeptable bis gute Fahreigenschaften auf der Straße. Sie sind zudem viel besser ausgestattet und sparsamer geworden. Wie in den ersten Auflagen werden abermals Verbrauchswerte angegeben, die vorwiegend auf Straßenbetrieb und gelegentlichem Geländeeinsatz basieren. Die Unterteilung in »verhalten« und »flott« ist neu und ermöglicht es, sich entsprechend dem eigenen Temperament genauere Vorstellungen über den in der Praxis zu erwartenden Verbrauch zu machen, als das nach den ECE-Werten möglich wäre.

Einen Verbrauch für den Geländeeinsatz anzugeben ist nicht möglich, weil er sehr wesentlich von den jeweiligen Verhältnissen bestimmt wird. Ein Beispiel mag das erläutern.

Das Verhältnis zwischen dem schnellsten Straßengang und dem langsamsten Geländegang beträgt etwa zwischen 1:7 und 1:10. Der Verbrauch

Dieser stark modifizierte Mitsubishi Pajero gewann die Rallye Paris–Dakar 1985.

hängt in erster Linie von der Drehzahl des Motors, in zweiter Linie von Fahrwiderständen wie dem Roll- oder dem Luftwiderstand ab. Läßt man der Einfachheit halber einmal die Fahrwiderstände beiseite, dann ist der Verbrauch bei einem angenommenen Verhältnis zwischen dem schnellsten Straßen- und dem langsamsten Geländegang bei gleicher Drehzahl im Geländeeinsatz auch achtmal (!) so hoch wie auf der Straße. Für einen flott auf der Straße fahrenden Geländewagen sind 20 Liter pro 100 Kilometer keineswegs ungewöhnlich – bei Straßenfahrt. Im Gelände wären das dann 160 l/100 km! Ganz so arg ist es in der Gelände-Praxis natürlich nicht, aber es ist eben wenig sinnvoll, den Verbrauch im Gelände auf die Strecke von 100 Kilometern zu beziehen und Gelände-Verbrauchswerte anzugeben.

Entfallen konnte die Unterteilung in »Arbeitspferde«, »veredelte Arbeitspferde«, »Military-Pferde« und »Rennpferde«. Arbeitspferde unter den Geländewagen gibt es bei uns praktisch nicht mehr, und auch die veredelten Arbeitspferde sind eng an die Military-Pferde herangerückt. Die Rennpferde

Bei der gleichen Rallye gewannen Capito/Capito auf Unimog die Lkw-Wertung.

schließlich, also die Allrad-Pkw, sind so zahlreich geworden, daß nur noch ihre unterschiedlichen Antriebs-Prinzipien gewürdigt werden können. Eine ausführliche Würdigung und Beschreibung würde dazu führen, daß sie viel mehr Platz einnehmen würden als die eigentlichen Geländewagen, um die es ja in erster Linie geht.

Völlig entfallen konnten die Fahrzeuge ohne Allrad-Antrieb, für die es nach der Verbreitung der Allrad-Pkw keine Berechtigung mehr gibt. Es waren Fahrzeuge wie der Talbot Matra Rancho, die sich in ihrer Technik in keiner Weise von einem herkömmlichen Pkw unterschieden, aber eine den echten Geländewagen nachempfundene Karosserie hatten.

Neu aufgenommen wurden die Allrad-Kleinbusse. An sich hätten von der Technik her die wenigen bei uns angebotenen Pick up mit Allrad-Antrieb eine zumindest ebenso große Berechtigung gehabt, aber im Gegensatz zu Amerika scheint sich hier niemand für diese Klein-Lkw zu interessieren, während Allrad-Kleinbusse einen bescheidenen, aber wachsenden Markt haben.

Daihatsu Rocky

Aus dem ehemaligen Modell »Wildcat« ist inzwischen auch bei uns der »Rokky« geworden. War der Vorgänger noch ein »Arbeitspferd« der alten Schule, hat der Rocky fast alle Attribute eines modernen, auch für unsere Verhältnisse geeigneten Geländewagens. Obwohl der Zweiliter-Ottomotor mangels Nachfrage kurzerhand aus dem Programm genommen wurde, bleibt die Angebotspalette bemerkenswert breit. Vom Rocky gibt es Ausführungen mit Planenverdeck oder Festaufbau, mit kurzem oder langem Radstand (langer Station jedoch nur mit Turbodieselmotor), mit Dieselmotor und Turbodieselmotor sowie Ausstattungspakete.

Am attraktivsten ist die Ausführung mit kurzem Radstand und Festaufbau, die in der Länge etwa dem Lada Niva entspricht. Sie steht also in der Mitte zwischen dem winzigen Suzuki einerseits und den zweitürigen Mittelklasse-Geländewagen wie dem Pajero oder dem Toyota Light Duty andererseits. Das bedeutet, daß der Innenraum etwas knapper ist, aber dafür ist der Wagen auch kompakter und wendiger.

Das Styling mit den ausgestellten Kotflügeln kann als gelungen gelten, desgleichen die Ausstattung. Schon mit dem Zweiliter-Ottomotor war der kompakte Wagen recht flott motorisiert, aber attraktiver ist der Dieselmotor, der aus einem für das das kompakte Auto gewaltigen Hubraum von 2,8 Liter immerhin 73 PS holt. Wer noch bessere Fahrleistungen und mächtiges Drehmoment wünscht, kommt am Turbodiesel, der 91 PS leistet, nicht vorbei. Zumal die Preisdifferenz zum einfachen Diesel recht moderat ausfällt.

Der Daihatsu Rocky mit kurzem Radstand ist derzeit der billigste Geländewagen sowohl mit Dieselmotor als auch mit Turbodiesel.

Nur einen Punkt gibt es, den man dem Daihatsu Rocky vorwerfen kann: er hat auch vorn eine blattgefederte Starrachse. Es wurde allerdings ein ungewöhnlicher Aufwand betrieben, um die Blattfedern durch Panhardstab, Abstandhalter und Gasdruckdämpfer zu bändigen, und die Fahreigenschaften sind akzeptabel. Gut aber sind sie nicht, es gibt heute bessere Lösungen.

Eine Sonderrolle spielt der Rocky Station DT mit langem Radstand. Er ist damit noch kein Großraum-Auto wie die Station-Modelle von Mitsubishi oder Nissan, sondern entspricht in der Länge dem kurzen Patrol Hardtop, ist dabei aber um zehn Zentimeter schmaler. Auch hat er nur zwei Türen. Ungewöhnlich bei Geländewagen sind die dreifach verstellbaren Gasdruck-Stoßdämpfer. Je nach Straßenbeschaffenheit hat der Fahrer die Wahl zwischen »Weich«, »Mittel« und »Hart« – ganz einfach per Knopfdruck!

Für diese lange Ausführung gibt es keinen Festaufbau. Ersatzweise gibt es ein serienmäßiges Hardtop, das durch eingesetzte Dachfenster sehr attraktiv wirkt. Wohl läßt sich das großflächige Hubdach über den Vordersitzen entfernen, nicht aber das Hardtop, weil dann die ungeteilte, große Hecktür stehenbleibt und in die Luft ragt. Das ist schade, denn die wahlweise Verwendung eines Planenverdecks im Sommer würde auch den sehr hohen Aufpreis für den »Langen« einigermaßen rechtfertigen.

Wenn der Daihatsu Rocky nicht noch häufiger verkauft wird, dann liegt das weniger an seinen Qualitäten und zumindest bei der kurzen Ausführung ganz gewiß nicht am Preis, sondern am immer noch recht dünnen Händlernetz.

Von den Aktivitäten der neugegründeten Daihatsu Deutschland GmbH darf jedoch erwartet werden, daß sie das Händlernetz vergrößert.

Daihatsu Rocky
Technische Daten
1. *Motor*
1.1 Vierzylinder-Dieselmotor, Hubraum 2765 cm^3, 67 kW/73 PS bei 3800/min, max. Drehmoment 170 Nm bei 2200/min, Verdichtung 21,5:1
1.2 Vierzylinder-Turbodiesel, Hubraum 2765 cm^3, 67 kW/91 PS bei 3400/min, max. Drehmoment 223 Nm bei 2200/min, Verdichtung 21,5:1
2. *Kraftübertragung*
Diesel: Fünfgang-Getriebe, 1. Gang 3,647, 2. Gang 2,136, 3. Gang 1,484, 4. Gang 1,000, 5. Gang 0,860. Zwischengetriebe 1,295 und 2,367; Turbodiesel: Fünfgang-Getriebe, 1. Gang 3,477, 2. Gang 2,037, 3. Gang 1,484, 4. Gang 1,000, 5. Gang 0,820. Achsantrieb Diesel/Turbodiesel 3,363. Selbsthemmendes Differential hinten, Hinterrad-Antrieb, Vorderrad-Antrieb zuschaltbar, manuell schaltbare Freilaufnaben.
3. *Fahrwerk*
Vorn und hinten Blattfedern und Starrachsen, Felgen/Reifen 6 × 15/215 SR 15. Scheibenbremsen vorn (Turbodiesel innenbelüftet), Trommelbremsen hinten.
4. *Maße und Gewichte* (in Klammern: langer Radstand)
Länge 3800 (4040) mm, Breite 1580 mm, Höhe 1830 bis 1915 mm, Radstand 2205 (2530) mm, Spur vorn/hinten 1320/1300 mm, Bodenfreiheit 210 mm, Leergewicht 1470 bis 1585 kg, zul. Gesamtgewicht 2100 kg, Anhängelast gebr. 2100 kg.
5. *Fahrleistungen und Verbrauch*
Höchstgeschwindigkeit 131 (Diesel), 141 (Turbodiesel) km/h. Beschl. 0–100 km/h 26,0/20,0 Sek.
Verbrauch verhalten 11,0/11,2 l/100 km
Verbrauch flott 13,0/13,5 l/100 km
6. *Hersteller oder Importeur*
Daihatsu Deutschland GmbH, Industriestr. 5–11, 4154 Tönisvorst 1

Daihatsu Feroza

Kurz nach Übernahme des Vertriebs vom bisherigen Krefelder Importeur Walter Hagen geht die Daihatsu Deutschland GmbH mit dem neuen Feroza auf Expansionskurs. In Styling und Technik setzt der Feroza voll auf den gegenwärtigen Trend zum »straßentauglichen« Geländewagen. Hauptkonkurrent ist zwar der ebenfalls neue Suzuki Vitara, doch wird es sich kaum vermeiden lassen, daß der Feroza im eigenen Lager seinem größeren und teureren Bruder Rocky ernsthaft Konkurrenz machen wird.

Den Feroza gibt es entweder mit Planenverdeck oder als Hardtop-Ausführung mit einheitlichem Radstand. Bei beiden Varianten kann man zwischen zwei Ausstattungsversionen wählen. In seinen Abmessungen ist der Feroza etwa zwölf Zentimeter kürzer und ebensoviel niedriger als der Rocky mit kurzem Radstand. Die Karosserie hat gerundete statt kantige Konturen.

Wie es sich für einen Geländewagen der »dritten Generation« gehört, wurde dem Daihatsu Feroza eine vordere Einzelradaufhängung an doppelten Querlenkern, Drehstabfedern und Stabilisatoren spendiert. Damit konnten die Fahreigenschaften auf der Straße gegenüber dem Rocky verbessert werden, ohne wesentliche Abstriche in der Geländetauglichkeit machen zu müssen. Kritik verdient nur noch die Hinterachse, die über »archaische« Blattfedern mit der Karosserie verbunden ist.

Im Feroza wurde erstmals in einem Geländewagen moderne Vierventiltechnik eingesetzt. Der 1,6-Liter-Ottomotor lei-

stet stolze 95 PS und ist zeitgemäß mit einem geregelten Drei-Wege-Katalysator ausgerüstet. Aufgrund der hohen Motorleistung, der relativ niedrigen Karosserie und des günstigen Fahrzeuggewichts sind gute Fahrleistungen bei gleichzeitig moderatem Verbrauch realisierbar.

Besonderes Merkmal des Feroza ist der leichte Austausch des festen Aufbaus gegen ein Planenverdeck. Dazu kann der Dacheinsatz zwischen Windschutzscheibe und Überrollbügel ebenso wie das Hardtop hinter dem Überrollbügel abgenommen und durch ein Planenverdeck ersetzt werden. Da das hintere Planenverdeck wie bei einem Pkw-Cabrio zurückklappbar ist, kann es viel rascher geöffnet werden, als dies bei den umständlichen Verdeckkonstruktionen mit kompliziertem Gestänge normaler Geländewagen möglich ist.

Der Feroza hat gute Voraussetzungen, sich besser als der Rocky zu verkaufen, zumal er auch in der Ausstattung mit dem Stallgefährten mithalten kann. Zudem ist er in der Anschaffung günstiger als der große Bruder und liegt noch geringfügig unter dem Mitbewerber Suzuki Vitara. Dennoch sollte nicht versäumt werden, neben dem Ottomotor bald einen attraktiven Turbodiesel anzubieten.

Daihatsu Feroza
Technische Daten

1. *Motor*
1.1 Vierzylinder-Benzinmotor, vier Ventile pro Zylinder, Hubraum 1589 cm^3, 70 kW/95 PS bei 5700/min, max. Drehmoment 128 Nm bei 4800/min, Verdichtung 9,5:1
2. *Kraftübertragung*
Fünfgang-Getriebe, 1. Gang 3,752, 2. Gang 2,182, 3. Gang 1,482, 4. Gang 1,000, 5. Gang 0,865. Zwischengetriebe 1,000 und 1,754. Achsantrieb 5,285. Selbsthemmendes Differential hinten (nicht in jeder Version serienmäßig), Hinterrad-Antrieb, Vorderrad-Antrieb zuschaltbar, manuell schaltbare Freilaufnaben.
3. *Fahrwerk*
Vorn Einzelradaufhängung an doppelten Querlenkern, Drehstabfedern, Stabilisator, hinten Blattfeder-Starrachse, Felgen/Reifen 5,5 × 15/195 R 15. Scheibenbremsen vorn innenbelüftet, hinten Trommeln.
4. *Maße und Gewichte*
Länge 3685 mm, Breite 1580 mm, Höhe 1720 mm, Radstand 2175 mm, Spur vorn/hinten 1320/1320 mm, Bodenfreiheit 205 mm, Leergewicht 1120 bis 1160 kg, zul. Gesamtgewicht 1580 kg, Anhängelast gebr. 1500 kg.
5. *Fahrleistungen und Verbrauch*
Höchstgeschwindigkeit: 151 km/h
Beschl. 0–100 km/h 13 Sek.
Verbrauch verhalten/flott 10,3/13,4 l/100 km
6. *Hersteller oder Importeur*
Daihatsu Deutschland GmbH, Industriestr. 5–11, 4154 Tönisvorst

Jeep Cheerokee

Zunächst wurde der Cheerokee recht lieblos von Renault vertrieben und mit dem Turbodiesel-Motor auch viel zu teuer angeboten. Nachdem Chrysler bei Jeep-Hersteller AMC Hausherr geworden ist, haben die Amerikaner den Verkauf selbst übernommen. Der Turbodiesel wurde etwas stärker (62 kW/85 PS), die Ausstattung u. a. mit Zentralverriegelung und elektrischen Fensterhebern aufgewertet. Wegen des niedrigen Dollarkurses konnten die Preise so drastisch gesenkt werden, daß der Cheerokee jetzt endlich voll konkurrenzfähig ist.

Besonders attraktiv für europäische Verhältnisse wird der Cheerokee durch den 4,0 l/168 PS-Reihensechszylinder mit Einspritzung und geregeltem Kat, der alternativ zum 2,1 l/85 PS-Turbodiesel – und nur mit Automatik – angeboten wird. Der Jeep Cheerokee ist sozusagen ein Schrumpfauto der zweiten amerikanischen Geländewagen-Generation, nämlich trotz seiner vier Türen nur 420 cm lang. Er ist also insofern dichter an den kurzen Zweitürern der Geländewagen-Mittelklasse angesiedelt, wie sie etwa von Mercedes, Nissan oder Mitsubishi angeboten werden. Da der Wagen mit 162 cm etwa 20 cm niedriger ist als konventionelle Geländewagen, kann er die hohe Motorleistung beachtlich gut in Höchstgeschwindigkeit und Verbrauchswerte umsetzen. Den Sechszylinder gibt es auch als »Limited« mit einer Luxus-Ausstattung, die eine Klimaanlage, elektrische Sitzverstellung und Lederpolster einschließt.

Der Sechszylinder hat permanenten Allrad-Antrieb, der kurioserweise abschaltbar ist. Beim Turbodiesel ist der Antrieb der Vorderräder (auch während der Fahrt) zuschaltbar, wobei im Betrieb nur mit Hinterrad-Antrieb der Vorderrad-Antrieb am Differential pneumatisch abgetrennt wird, also die Übertragungsteile zwischen dem vorderen Differential und dem Verteiler-Getriebe nicht mitgeschleppt werden müssen.

Starrachsen mit vorderen Schrauben- und hinteren Blattfedern sind ein brauchbarer Kompromiß. Hervorzuheben ist noch der sogenannte »Privileg Service«, der aufgrund des dünnen

Händlernetzes den europäischen Kunden angeboten wird: rund um die Uhr hilft im Notfall der firmeneigene Pannendienst in ganz Europa.

Jeep Cheerokee
Technische Daten

1. *Motor*
1.1 Vierzylinder-Turbodiesel, Hubraum 2065 cm^3, 64 kW/85 PS bei 4000/min, max. Drehmoment 180 Nm bei 2250/min, Verdichtung 21,5:1
1.2 Reihensechszylinder-Benzinmotor, Hubraum 3966 cm^3, 125 kW/168 PS bei 4500/min, max. Drehmoment 294 Nm bei 2800/min, Verd. 9,2:1
2. *Kraftübertragung*
Turbodiesel: Fünfgang-Getriebe, 1. Gang 3,930, 2. Gang 2,330, 3. Gang 1,450, 4. Gang 1,000, 5. Gang 0,850. Hinterrad Antrieb, Vorderrad-Antrieb zuschaltbar, automatische Freilaufnaben. Benziner: Viergang-Automatik, 1. Gang 2,800, 2. Gang 1,530, 3. Gang 1,000, 4. Gang 0,710. Zwischengetriebe 1,000 und 2,720. Permanenter, abschaltbarer Allrad-Antrieb. Achsantrieb Turbodiesel/Benziner 4,11/3,55.
3. *Fahrwerk*
Starrachsen, vorn mit Schraubenfedern, hinten mit Blattfedern, Stabilisator vorn und hinten. Felgen/Reifen 7 × 15 / 215/75 R 15. Scheibenbremsen vorn, Trommelbremse hinten.
4. *Maße und Gewichte* (in Klammern: Benziner)
Länge 4200 mm, Breite 1790 mm, Höhe 1623 mm. Radstand 2576 mm. Spur vorn/hinten 1473. Bodenfreiheit 204 mm. Leergewicht 1495 bis 1510 (1520 bis 1535) kg. Zul. Gesamtgewicht 2210 kg. Anhängelast gebr. 1600 (2210) kg
5. *Fahrleistungen und Verbrauch*
Höchstgeschwindigkeit Turbodiesel/Benziner 142/170 km/h. Beschl. 0–100 km/h 17,9/10,9 Sek.
Verbrauch im Drittelmix nach ECE-Norm, Werksangabe 9,77 l/100 km
Verbrauch Benziner: verhalten 13,4 l/100 km, flott 16,7 l/100 km
6. *Hersteller oder Importeur*
Chrysler Import Deutschland GmbH, Im Gewerbegebiet 4, 6500 Mainz-Mombach

Jeep Wrangler

Neben dem Cheerokee importiert Chrysler auch den Wrangler als Nachfolger des klassischen CJ-Jeeps. Der kompakte Zweitürer ist in verschiedenen Ausstattungen mit Softtop und Hardtop lieferbar.

Als Antrieb steht nur ein 2,5 l-Vierzylinder-Ottomotor mit untenliegender Nockenwelle, 106 PS und geregeltem Kat zur Verfügung. Vorn und hinten gibt es noch nostalgische Blattfeder-Starrachsen, Fahreigenschaften und -komfort auf der Straße sind dementsprechend unbefriedigend; dafür glänzt der kompakte Wrangler mit guten Geländeeigenschaften. Ein Fünfgang-Getriebe ist, wie bei Geländewagen üblich, mit einem zweistufigen Zwischen-Getriebe gekoppelt, so daß fünf Geländegänge verfügbar sind. Der Vorderradantrieb ist im 4H-Betrieb bei jeder Geschwindigkeit zuschaltbar.

Im Preisvergleich mit den kurzen japanischen Zweitürern schneidet der Jeep Wrangler im Gegensatz zum Cheerokee schlecht ab, liegt er doch in der Anschaffung mit der kultivierten, aber weniger ursprünglichen Konkurrenz fast gleichauf. Zwar erreicht er annähernd deren Ausstattungsniveau, unterliegt aber deutlich bei den Fahreigenschaften. Spaß an diesem urigen Geländewagen wird nur der haben, der bewußt die Nachteile dieses »Über-Suzuki« in Kauf nimmt.

Jeep Wrangler
Technische Daten

1. *Motor*
   Vierzylinder-Benzinmotor, Hubraum 2459 cm^3, 79 kW/109 PS bei 5600/min, max. Drehmoment 180 Nm bei 3000/min, Verdichtung 9,2:1
2. *Kraftübertragung*
   Fünfgang-Getriebe, 1. Gang 3,930, 2. Gang 2,330, 3. Gang 1,450, 4. Gang 1,000, 5. Gang 0,850. Zwischengetriebe 1,000 und 2,720. Achsantrieb 4,11. Selbsthemmendes Differential hinten. Hinterrad-Antrieb, Vorderrad-Antrieb zuschaltbar, automatische Freilaufnaben
3. *Fahrwerk*
   Vorn und hinten Blattfedern und Starrachsen, Felgen/Reifen 7 × 15 / P 215/75 R 15, Scheibenbremsen vorn, Trommelbremsen hinten
4. *Maße und Gewichte*
   Länge 3876 mm, Breite 1676 mm, Höhe 1761 bis 1828 mm, Radstand 2373 mm, Bodenfreiheit 207 mm, Leergewicht 1320 kg, zul. Gesamtgewicht 1900 kg, Anhängelast gebr. 1000 kg
5. *Fahrleistungen und Verbrauch*
   Höchstgeschwindigkeit 139 km/h. Beschleunigung 0–100 km/h 16,9 Sek., Verbrauch verhalten/flott 12,9/14,8 l/100 km
6. *Hersteller oder Importeur*
   Chrysler Import Deutschland GmbH, Hegelstr. 59, 6500 Mainz

Lada Niva

In den Zulassungszahlen rangiert der Lada Niva mittlerweile an letzter Stelle. Dabei hat er unter allen bei uns angebotenen Geländewagen das mit Abstand beste Preis-Leistungs-Verhältnis aufzuweisen. Zudem ist es seinen nicht gerade für avantgardistische Technik bekannten russischen Herstellern gelungen, bereits 1978 ein Fahrzeug zu konzipieren, das noch heute in mancherlei Hinsicht beispielhaft ist.

Die Niva-Karosserie ist etwas kürzer als die der meisten anderen zweitürigen Mittelklasse-Geländewagen, aber da der Niva eine kurze Motorhaube und als einziger bei uns angebotener Geländewagen eine selbsttragende Karosserie hat, sind die Innenraum-Abmessungen vergleichbar. Für extremen Dauer-Geländeeinsatz mag die selbsttragende Karosserie Nachteile haben, aber dafür wird man sich ja auch nicht unbedingt den Niva kaufen. Ansonsten ist die Ladekante unter der oben angeschlagenen Hecktür zur Versteifung der Karosserie sehr hoch, und es bedarf eines hohen Aufwands, ihn nachträglich in ein Cabriolet zu verwandeln. Schließlich überträgt die Karosserie noch beträchtliche Vibrationen und Resonanzen.

Das sind die sachlichen Nachteile der Niva-Karosserie, und in Anbetracht des sehr günstigen Preises wiegen sie nicht allzu schwer. Dennoch liegt es vor allem an der Karosserie, wenn der Niva nicht den erwarteten Erfolg hat. Sie ist für einen Geländewagen viel zu bieder, der Niva wirkt wie ein hochbeiniger Pkw und hat nicht die kantigen Kontu-

ren, die man normalerweise mit einem Geländewagen verknüpft und schätzt. Mittlerweile sind renommierte Geländewagen, wie der Pajero und der Isuzu Trooper, dem Niva-Beispiel gefolgt und haben eine unabhängige Vorderrad-Aufhängung. Der Niva hat ihnen aber Schraubenfedern an der hinteren Starrachse voraus. Auf der Straße sind seine Fahreigenschaften für einen Geländewagen bemerkenswert gut, im Gelände ist er besser, als man glaubt.

Außer dem Range Rover/Land Rover und dem Jeep Cheerokee ist der Niva der einzige Geländewagen mit permanentem Allrad-Antrieb, der bei uns offiziell verkauft wird. Über die Vorteile des permanenten Allrad-Antriebs ist an anderer Stelle in diesem Buch mehr zu lesen. Noch immer hat sich kein Japaner dazu entschließen können, einen Geländewagen mit permanentem Allrad-Antrieb zu bauen.

Man kann darüber streiten, ob dem Niva ein stärkerer Motor nicht gut anstehen würde. Mit 1,6 l/72 PS ist er nach heutigen Maßstäben für einen Geländewagen mit Ottomotor nicht sonderlich temperamentvoll, doch wenigstens so flott wie die meisten Geländewagen mit Dieselmotor. Genau das aber fehlt ihm: ein Dieselmotor! Bei allen Konkurrenten, die wahlweise einen Otto- und einen Dieselmotor anbieten, wird der sparsamere Dieselmotor bevorzugt.

Einer der größten Nachteile des Lada war lange Zeit das viel zu kurz übersetzte Viergang-Getriebe. Damit ist es jetzt vorbei – der Niva hat ein Fünfgang-Getriebe, das die Drehzahl ebenso wie den Verbrauch senkt. Das ist dann aber auch die einzige technische Änderung, die seit seiner Vorstellung 1978 in die Serie eingeflossen ist, wenn man einmal von einem anderen Vergaser absieht.

Unter Berücksichtigung seiner aufwendigen Technik, des guten Fahrwerks und der vollständigen Ausstattung wäre der Niva auch dann kein schlechtes Angebot, wenn er 10000 Mark mehr kosten würde. So aber gebührt ihm gewissermaßen die Auszeichnung »Geländewagen der Vernunft«; er erweckt keine Ambitionen und Emotionen wie mancher andere Geländewagen, aber er ist ein äußerst preiswertes, solides Angebot.

Lada Niva
Technische Daten
1. *Motor*
   Vierzylinder-Benzinmotor, Hubraum 1577 cm^3, 54 kW/73 PS bei 5200/min, max. Drehmoment 118 Nm bei 3250/min, Verd. 8,5:1
2. *Kraftübertragung*
   Fünfgang-Getriebe, 1. Gang 3,677, 2. Gang 2,100, 3. Gang 1,361, 4. Gang 1,000, 5. Gang 0,819. Zwischengetriebe 1,20 und 2,135. Achsantrieb 4,1. Permanenter Allrad-Antrieb mit sperrbarem Zentral-Differential
3. *Fahrwerk*
   Vorn Einzelradaufhängung, hinten Starrachse, Schraubenfedern vorn und hinten, Felgen/Reifen 5,0 × 16 / 6,95-16 oder /175 R 16. Scheibenbremsen vorn, Trommelbremsen hinten
4. *Maße und Gewichte*
   Länge 3720 mm, Breite 1680 mm, Höhe 1640 mm. Radstand 2200 mm. Spur v/h 1430/1400 mm. Bodenfreiheit 220 mm. Leergewicht 1170 kg; zul. Gesamtgewicht 1590 kg; Anhängelast geb. 1490 kg
5. *Fahrleistungen und Verbrauch*
   Höchstgeschwindigkeit 134 km/h, Beschleunigung 0–100 km/h 19,8 Sek., Verbrauch verhalten/flott 11,6/13,9 l/100 km
6. *Hersteller oder Importeur*
   Deutsche Lada Automobil GmbH, Lessingstr. 52, 2153 Neu-Wulmstorf

Mercedes G

Wie bereits in der letzten Ausgabe dieses Katalogteils angekündigt, wurden zum Teil die modifizierten Motoren der neuen Pkw-Generation aus der W 124-Baureihe für den Mercedes G übernommen. Schon jetzt können wir ankündigen, daß ein Modellwechsel unmittelbar bevorsteht. Beim neuen Modell beschränkt man sich nicht nur auf optische Retuschen und weitere Leistungsspritzen. Hervorzuheben ist vielmehr, daß zwei Antriebs-Varianten parallel angeboten werden: Als nüchternes Zweckmobil wie bisher mit zuschaltbarem Allrad-Antrieb und zwei Differentialsperren für die Vorder- und Hinterachse sowie als Luxusversion mit permanentem Allrad-Antrieb und bärenstarkem 4,2 l/V8-Motor à la Range Rover.

Der relativ schwache Vierzylinder-Dieselmotor mit 72 PS wurde durch den stärkeren Fünfzylinder-Diesel ersetzt, der andere Diesel-Fünfzylinder mit 3,0 Liter Hubraum wurde von einem Dreiliter-Sechszylinder abgelöst. Nach dem Modellwechsel werden wiederum neue Dieselmotoren erwartet, u. a. auch aufgeladene Triebwerke.

Zweifellos ist der Mercedes G schon durch die neuen Dieselmotoren attraktiver geworden. Seine eigentlichen Probleme, die ihn sowohl auf seinem Heimatmarkt als auch auf dem Weltmarkt in eine Außenseiter-Position abgedrängt haben, sind damit freilich nicht zu lösen: falsche Zielvorgaben bei der Konzeption und – teilweise als Folge davon – ein im Konkurrenzvergleich völlig unrealistisches Preis-Leistungsverhältnis.

Der Mercedes G wurde 1979 vorgestellt, was bedeutet, daß er bereits etwa fünf Jahre vorher in seiner Konzeption festgelegt werden mußte. Damals gab es außer dem Range Rover auf dem Geländewagen-Markt nur »Rauhbeine«, also Nutzfahrzeuge mit urzeitlicher Technik, mehr oder weniger für den Straßenbetrieb veredelt. Die Anzeichen für einen Geländewagen-Boom, wie wir ihn seither erlebten, ware allerdings schon damals erkennbar. Immerhin erkennbar genug, um etwa die ansonsten im Autobau um Jahre hinterherhinkenden Russen zu veranlassen, drei Jahre früher mit der Konzeption des Lada Niva zu beginnen, der ja ganz offensichtlich am Range Rover orientiert wurde.

Mercedes aber hat die sich abzeichnende Entwicklung verkannt und seine Nutzfahrzeug-Techniker mit der Entwicklung eines Geländewagens beauftragt, der sich viel mehr am Land Rover als am Range Rover orientierte. Die Zielvorgaben, nämlich eine große Vielseitigkeit der Aufbauten und der Technik sowie der bestmögliche Kompromiß zwischen Gelände- und Straßentauglichkeit, wurden bravourös gelöst. Seinerzeit waren sowohl die Gelände- als auch die Straßeneigenschaften unerreicht, und selbst heute sind sie noch unübertroffen, obwohl viele Konkurrenten ihnen sehr, sehr nahe gekommen sind.

Dennoch ist der Mercedes G von einer Konzeption her ein nüchternes Zweckauto, ein zweifellos optimales Nutzfahrzeug. Dafür aber gibt es nur einen sehr kleinen Markt, werden doch die meisten Geländewagen als Hobby-Fahrzeuge gekauft. Die erst später entstandenen, erfolgreichen japanischen Konkurrenten sind mit ihrer bei aller Funktionalität gefälligen Karosserie und ihrer viel besseren Ausstattung die attraktiveren Hobby-Fahrzeuge, ohne in ihren

Qualitäten dem Mercedes nennenswert nachzustehen.

Durch die ungleich höheren Stückzahlen und die in Japan niedrigeren Fertigungskosten hat sich eine Preisdifferenz entwickelt, die in keiner Weise gerechtfertigt ist. Wenn wenigstens die Preisdifferenz durch eine deutliche Überlegenheit annähernd gerechtfertigt wäre, hätte der Mercedes G sich durchsetzen können. Wie die Mercedes-Pkw beweisen, ist ein absolut hoher Preis allein noch kein Erfolgshindernis, wenn er seine Rechtfertigung in überlegener Qualität findet.

Wie müßte ein wirklich erfolgreicher Mercedes-Geländewagen konzipiert sein? Technische und optische Kosmetik genügt nicht, um dem derzeitigen Modell zum Durchbruch zu verhelfen. Ein völlig neuer Mercedes unter den Geländewagen müßte eine Synthese zwischen Luxus-Limousine und Geländewagen sein – in dieser Reihenfolge. Das bedeutet eine bei aller Funktionalität elegante Karosserie, die die Motorleistung in akzeptable Fahrleistungs- und Verbrauchswerte umzusetzen vermag, eine anspruchsvolle, gediegene Ausstattung und eine aufwendige Technik mit permanentem Allrad-Antrieb.

Wenn Sie bei dieser Beschreibung an den Range Rover denken, haben Sie völlig Recht. Ein Mercedes-Geländewagen darf ruhig in der obersten Preisklasse angesiedelt sein, und es wäre schon seltsam, wenn es den Mercedes-Pkw-Konstrukteuren nicht gelingen würde, den Range Rover in ähnlicher Weise zu übertreffen, wie ihre Kollegen von der Nutzfahrzeug-Abteilung seinerzeit mit dem Mercedes G den Land Rover übertroffen haben. Ein »Mercedes A« (wie »Allzweck«), würde in seiner Preisklasse natürlich keine japanischen Stückzahlen erreichen, aber mindestens 20000 Einheiten pro Jahr wären durchaus realistisch. Vor allem aber wäre ein solcher Mercedes ein »echter« Mercedes, also ein Fahrzeug, das wohl sehr teuer sein mag, aber dafür auch für alle Konkurrenten ein Vorbild ist.

Mercedes G
Technische Daten

1. *Motor*
1.1 Vierzylinder-Dieselmotor, Hubraum 2497 cm^3, 62 kW/84 PS bei 4400/min, max. Drehmoment 1547 Nm bei 2800/min, Verd. 22:1
1.2 Vierzylinder-Benzinmotor, Hubraum 2308 cm^3, 90 kW/125 PS bei 5000/min, max. Drehmoment 192 Nm bei 4000/min, Verd. 9:1
2. *Kraftübertragung*
Viergang-Getriebe, auf Wunsch Fünfgang oder Automatik: 1. Gang 4,628/3,822; 2. Gang 2,462/2,199; 3. Gang 1,473/1,398; 4. Gang 1,0/1,0; 5. Gang -/0,813. R-Gang 4,348/3,705. Zwischengetriebe 1,0 und 2,14. Achsübersetzung 250 GD: 5,33, alle anderen 4,9. Hinterrad-Antrieb, Vorderrad-Antrieb zuschaltbar, a.W. Differentialsperren vorn und hinten.
3. *Fahrwerk*
Vorn und hinten Starrachsen mit Schraubenfedern; Felgen/Reifen 5,5 × 16/205 R 16 oder 215 R 16. Scheibenbremsen vorn, Trommelbremsen hinten.
4. *Maße und Gewichte* (in Klammern: langer Radstand)
3955 (4405) mm, Breite 1700 mm, Höhe 1925 (1920). Radstand 2400 (2850) mm. Spur v/h 1424/1425 mm. Bodenfreiheit 210 mm. Leergewicht 1830 bis 2095 kg; zul. Gesamtgewicht 2600 (2800) kg; Anhängelast gebr. 2800 kg
5. *Fahrleistungen*

und Verbrauch	84 PS	125 PS
Spitze (km/h)	125	143
0–100 km/h (s)	32	16
Verbr. verhalt.	12,9	14,4
Verbr. flott	14,8	16,6

6. *Hersteller oder Importeur*
Mercedes Benz AG, Mercedesstr. 136, 7000 Stuttgart 60

Mitsubishi Pajero

Zweifellos ist der Mitsubishi der »shooting star« unter den Geländewagen, die seit der Erstauflage dieses Buchs auf den deutschen Markt gelangt sind. Wenn man die viel kleineren und billigeren Suzukis beiseite läßt, ist der Pajero mit weitem Abstand der am meisten bei uns verkaufte Geländewagen! Allerdings konnte die Konkurrenz in letzter Zeit gewaltig aufholen. Der Abstand zum Pajero ist wohl noch deutlich, doch konnten Nissan mit dem Terrano und der Isuzu Trooper (dank kräftiger Motoren) schon beachtliche Verkaufserfolge erzielen.

Als der Pajero bei uns eingeführt wurde, war er weltweit der einzige mit einem Turbodieselmotor gebaute Geländewagen mit einem Fünfgang-Getriebe und der erste mit unabhängig aufgehängten Vorderrädern. Alle diese Punkte sind für den Gelände-Einsatz relativ unwichtig, aber um so wichtiger für den Straßenbetrieb, wo ja auch Geländewagen zumindest bei uns ganz überwiegend eingesetzt werden. Insbesondere der Turbodieselmotor sollte zu einem starken Verkaufsargument werden, versprach er doch die Fahrleistungen eines Benzinmotors und die Verbrauchswerte eines Dieselmotors.

Das allein erklärt noch nicht den anhaltenden, eindrucksvollen Erfolg des Pajero. Dazu beigetragen hat sicherlich auch seine Karosserie, die bei aller Funktionalität und Kantigkeit gefällig und gut proportioniert wirkt, und seine vollständige, gute Ausstattung, bei der nur ein selbsthemmendes Differential an der Hinterachse vermißt wird.

Im praktischen Betrieb stellt sich oft heraus, daß der Pajero einen recht kleinen Innenraum hat. Man sollte es nicht glauben, aber er ist deutlich kürzer als ein Golf und hat eine längere Motorhaube, so daß für den Innenraum wirklich nicht mehr allzu viel Platz bleibt. Vor allem stört, daß die Rücksitzbank

zwischen den hinteren Radkästen eingeklemmt ist, so daß nur zwei Personen dort knapp Platz finden und es dahinter kaum mehr Gepäckraum gibt. Mehr oder weniger gilt dieser Nachteil des knappen Innenraums aber auch für alle anderen Geländewagen dieser Klasse.

Es gibt Abhilfe: Man kauft den »langen« Pajero mit vier Türen und einer noch besseren Ausstattung. Dieser lange Pajero Station ist wohl nicht mehr so handlich wie der kurze und wesentlich teurer, aber er bietet wirklich Platz in Hülle und Fülle. Läßt man zwei seitlich im Laderaum angebrachte Reservesitze herunter, wird er zum Siebensitzer, wobei die dort untergebrachten Passagiere in Fahrtrichtung blicken und relativ bequem Zugang über die vorschiebbare Mittelsitzbank finden. Der Innenraum kann auch unter Verwendung der hinteren Sitze in eine Liegefläche für zwei Personen verwandelt werden.

Auf der Straße wie im Gelände bietet der Pajero wenig Ansatzpunkte zur Kritik. Im Laufe der Jahre hat er ein immer höheres Maß an Solidität und Verarbeitungsqualität erreicht, was sich auch im Wiederverkauf niederschlägt. Ganz überwiegend wird der Turbodieselmotor gekauft, der in seiner aktuellen Version mit Ladeluftkühler aus 2,5 Liter Hubraum 95 PS holt. Neu hinzugekommen ist ein leistungsstarker 3,0 l-V6-Ottomotor mit Einspritzung und geregeltem Kat, der 141 PS leistet und für beachtliche Fahrleistungen sorgt. Der üppig ausgestattete V6-Benziner läßt sich mittels Viergangautomatik und Klimaanlage zum richtigen Luxusgefährt aufrüsten, ohne dabei gleich in die Preisregionen eines Range Rover vorzustoßen.

Sicherlich wäre es nicht schlecht, wenn die hintere Schraubenfeder-Starrachse des Sechszylinders auch bei den übrigen Modellen Einzug halten würde, und auch ein permanenter Allrad-Antrieb wäre zu begrüßen. Aber ansonsten hat der Pajero alles, was wir heute von einem erfolgreichen Geländewagen erwarten. Sein Erfolg ist also durchaus verständlich, auch wenn es unter den Geländewagen inzwischen den einen oder anderen gibt, der eine Alternative zu ihm ist.

Mitsubishi Pajero
Technische Daten
1. *Motor*
1.1 Vierzylinder-Turbodiesel mit Ladeluftkühler, Hubraum 2477 cm³, 70 kW/95 PS bei 4200/min, max. Drehmoment 235 Nm bei 2000/min, Verdichtung 21,0:1
1.2 Sechszylinder-Benzinmotor, Hubraum 2972 cm³, 104 kW/141 PS bei 5000/min, max. Drehmoment 225 Nm bei 3000/min, Verdichtung 8,9:1
2. *Kraftübertragung*
Turbodiesel und Benziner: Fünfgang-Getriebe, 1. Gang 3,918, 2. Gang 2,261, 3. Gang 1,395, 4. Gang 1,000, 5. Gang 0,829. Wahlweise für Benziner Viergang-Automatik, 1. Stufe 2,826, 3. Stufe 1,000, 4. Stufe 0,688.
Zwischengetriebe 1,000 und 1,925 Achsantrieb 4,625. Hinterrad-Antrieb, Vorderrad-Antrieb zuschaltbar, automatische Freilaufnaben
3. *Fahrwerk*
Einzelradaufhängung vorn an Doppelquerlenkern, Drehstäbe, hinten Blattfeder-Starrachse; Benziner hinten Schraubenfeder-Starrachse. Vorn und hinten Stabilisatoren. Felgen/Reifen 6 × 15 /215 R 15 100 Q.
4. *Maße und Gewichte* (in Klammern: langer Radstand)
Länge 3995 (4600) mm, Breite 1680, Höhe 1820 bis 1865 mm, Radstand 2350 (2695) mm, Spur vorn/hinten 1400/1375 (Benziner 1400/1415) mm, Bodenfreiheit 205 bis 210 (195 bis 205) mm, Leergewicht 1475 bis 1940 kg; zul. Geswamtgewicht 2115 bis 2500 kg. Anhängelast gebr.2115 bis 2500 kg
5. *Fahrleistungen und Verbrauch*

	95 PS	141 PS
Höchstgeschwindigkeit (km/h)	140	164
Beschleunigung 0–100 km/h (s)	19,3	12,3
Verbrauch verhalten (l/100 km)	11,4	12,5
Verbrauch flott (l/100 km)	13,3	15,5

6. *Hersteller oder Importeur:* MMC Auto Deutschland GmbH, Hessenauer Str. 2, 6097 Trebur 2

Nissan Patrol und Patrol GR

Der Nissan Patrol ist – damals noch als Datsun – recht früh zu uns gekommen und hatte auf Anhieb hinter dem Suzuki Platz 2 in den Zulassungen belegt. Von diesem Platz wurde er erst durch seinen modernen Konkurrenten Pajero verdrängt.

Von Anfang an gab es den Patrol als kurzen, zweitürigen »Hardtop« und als langen, viertürigen Station, wahlweise mit Benzin- oder Dieselmotor, beides Sechszylinder. Später wurde das Viergang-Getriebe durch ein Fünfgang-Getriebe und die manuell schaltbaren Freilaufnaben durch automatische ersetzt, noch später kam neben einer generell aufgewerteten Ausstattung ein bärenstarker Turbodieselmotor hinzu. Im Zuge einer Modellstraffung sind der Benziner und der Saugdiesel nicht mehr im Angebot, als einzige Antriebsquelle gibt es nur noch den Turbodiesel. Womit wir beim derzeitigen Stand der Dinge wären.

Mit einer einzigen Einschränkung ist der Nissan Patrol auch heute noch unverändert konkurrenzfähig – was ja auch ein gutes Verkaufsergebnis beweist. Diese Einschränkung betrifft die blattgefederte vordere Starrachse. Wohl hat Nissan einigen Aufwand betrieben, um sie zu bändigen, und der Wagen ist auch – vor allem mit langem Radstand – auf der Straße noch befriedigend zu fahren, aber es gibt dort unbestreitbar bessere Geländewagen.

Dazu zählt auch der Patrol GR, dem Nissan all das spendierte, was dem »normalen« Patrol fehlt. So hat der Patrol GR sowohl vorn als auch hinten schraubengefederte Starrachsen, die Fahreigenschaften und -komfort im Vergleich mit seinem rustikaleren Bruder enorm verbessern. Der Patrol GR hat auch – im Gegensatz zum normalen Patrol, dessen Hecktür horizontal geteilt ist – eine symmetrisch geteilte Hecktür, doch leider sind die ungleichen Türflügel seitenverkehrt angebracht, so daß der breite Mittelsteg die

Sicht nach hinten stark beeinträchtigt. Wuchtige Kotflügelverbreiterungen schaffen Platz für die bei vielen Geländewagen-Käufern so beliebten »dicken Socken«, optische Retuschen am Kühlergrill und eine feinere Innenausstattung heben den GR von seinem Markenbruder ab. Der 2,8 l/115 PS-Turbodieselmotor des GR hat wohl weniger Hubraum, dafür geringfügig mehr Leistung und ist nicht minder temperamentvoll als der 3,3 l-Turbodiesel im normalen Patrol. Weitere Merkmale sind eine 100%-Differentialsperre hinten und neuentwickelte Freilaufnaben, die sich automatisch oder manuell sperren lassen. Ob allerdings der weitaus höhere Preis des GR für diesen Aufwand gerechtfertigt ist, sei dahingestellt.

Im Vergleich mit dem direkten Konkurrenten Pajero bietet der »normale« Patrol in der kurzen wie in der langen Ausführung etwas mehr Innenraum, zudem hat er ein selbsthemmendes Differential.

Theoretisch kann der Dachaufsatz der kurzen Hardtop-Ausführung demontiert und durch ein Planenverdeck ersetzt werden. Das ist freilich derart umständlich, daß dieser Möglichkeit keine praktische Bedeutung zukommt.

Schon aus finanziellen Gründen ist der kurze »Hardtop« wesentlich beliebter als der lange, viertürige Station. Dieser bietet allerdings durch eine vollwertige dritte Sitzreihe insgesamt sieben Personen Platz. Wohl ist er nicht ganz so aufwendig ausgestattet wie der viertürige Pajero oder der Patrol GR, aber dafür ist er auch wesentlich billiger und deshalb eine zumindest gleichwertige Alternative. Besonders geeignet ist der lange Station als Zugwagen für den Anhänger-Betrieb, sei es für Reiter, für Besitzer großer Sportboote oder für den Caravan-Eigner.

Nissan Patrol GR
Technische Daten

1. *Motor*
   Sechszylinder-Turbodiesel, Hubraum 2826 cm³, 85 kW/115 PS bei 4400/min, max. Drehmoment 235 Nm bei 2400/min, Verd. 21, 2:1
2. *Kraftübertragung*
   Fünfgang-Getriebe, 1. Gang 4,06, 2. Gang 2,36, 3. Gang 1,49, 4. Gang 1,00, 5. Gang 0,86. Zwischengetriebe 1,00 und 2,02. Achsantrieb 4,63. Hinterrad-Antrieb, Vorderrad-Antrieb zuschaltbar, zuschaltbare Differentialsperre (100%) hinten, Freilaufnaben manuell oder automatisch vorn.
3. *Fahrwerk*
   Schraubenfeder/Starrachsen vorn und hinten, Stabilisatoren v/h. Felgen/Reifen 7 × 15 / 10 R 15 LT 109 N, innenbelüftete Scheibenbremsen vorn und hinten
4. *Maße und Gewichte* (in Klammern: langer Radstand)
   Länge 4240 (4810) mm, Breite 1930 mm, Höhe 1810 (1800) mm Radstand 2400 (2970) mm. Spur v/h 1580/1585 mm. Bodenfreiheit 225 mm. Leergewicht 1896 (2016) kg; zul. Gesamtgewicht 2450 (2700) kg. Anhängelast gebr.: wie zul. Gesamtgewicht.
5. *Fahrleistungen und Verbrauch*
   Höchstgeschwindigkeit (kurzer/langer Radstand) 145/143 km/h. Beschleunigung 0–100 km/h 19,0/21,5 Sek.
   Verbrauch (kurz) verhalten/flott 11,9/13,9 l/100 km
   Verbrauch (lang) verhalten/flott 12,5/14,9 l/100 km
6. *Hersteller oder Importeur*
   Nissan Deutschland GmbH, Nissanstr. 1, 4040 Neuss

Nissan Patrol
Technische Daten

1. *Motor*
   Sechszylinder-Turbodiesel, Hubraum 3224 cm^3, 81 kW/110 PS bei 4000/min, max. Drehmoment 255 Nm bei 2000/min. Verd. 21,6:1
2. *Kraftübertragung*
   Fünfgang-Getriebe, 1. Gang 3,90, 2. Gang 2,37, 3. Gang 1,44, 4. Gang 1,00, 5. Gang 0,83. Zwischengetriebe 1,0 und 2,2. Achsantrieb 4,38. Hinterrad-Antrieb, Vorderrad-Antrieb zuschaltbar, selbsthemmendes Differential hinten, automatische Freilaufnaben vorn.
3. *Fahrwerk*
   Blattfeder-Starrachsen vorn und hinten, Felgen/Reifen 6 × 16 / 205 SR 16, Scheibenbremsen vorn, Trommelbremsen hinten.
4. *Maße und Gewichte* (in Klammern: langer Radstand)
   Länge 4105 (4725) mm, Breite 1690 mm, Höhe 1840 (1805) mm Spur v/h 1415/1405 mm. Bodenfreiheit 210 mm. Leergewicht 1959 (2062) kg; zul. Gesamtgewicht 2450 (2650) kg. Anhängelast gebr.: wie zul. Gesamtgewicht
5. *Fahrleistungen und Verbrauch* (kurzer Radstand)
   Höchstgeschwindigkeit 140 km/h, Beschleunigung 0–100 km/h 20,0 Sek.
   Verbrauch Turbodiesel kurz verhalten/flott 12,3/14,7 l/100 km, Verbrauch Turbodiesel lang verhalten/flott 12,9/14,8 l/100 km
6. *Hersteller oder Importeur*
   Nissan Motor Deutschland GmbH, Nissanstr. 1, 4040 Neuss

Nissan Terrano

Der Nissan Terrano gehört zu den zahlreichen attraktiven Geländewagen, die seit der letzten Ausgabe dieses Buches auf den deutschen Markt gekommen sind. Er ist einer der Vorläufer der dritten Geländewagen-Generation, die sich vor allem im Karosserie-Design, aber auch in der Ausstattung und Technik von den Vertretern der »klassischen« Geländewagen unterscheiden.

Entworfen wurde der Terrano in Kalifornien, zugeschnitten auf den Geschmack der amerikanischen Käuferschar. Seine Karosserie mit ihren gestreckten Proportionen, der geringen Höhe und den geglätteten Konturen findet jedoch, wie die Zulassungszahlen belegen, auch bei den deutschen Geländewagen-Anhängern Gefallen.

Bislang konnte man zwischen zwei Benzinmotoren, einem Vierzylinder mit 2,4 Liter Hubraum und einem Dreiliter-V6 wählen, die beide zufriedenstellende bis gute Fahrleistungen auf der Straße ermöglichen, jedoch nicht gerade sparsam mit dem teuren Saft umgehen. Ein sparsamerer Turbodieselmotor mit 97 PS ist eine brandneue, hochwillkommene Ergänzung.

Der Terrano ist deutlich länger als die kurzen Zweitürer der Mittelklasse und hat demzufolge ein größeres Platzangebot als etwa ein kurzer Pajero oder Isuzu. Allerdings gestaltet sich der Einstieg zu den Fondsitzen wegen der niedrigen Dachhöhe recht umständlich. Im Terrano sitzen die vorderen Passagiere deutlich niedriger und mit gestreckteren Beinen als in Geländewagen üblich, der Innenraum läßt Pkw-Atmosphäre aufkommen.

Nissan selbst sieht den Terrano als »Gelände-Limousine«, sozusagen als Bindeglied zwischen Pkw und Geländewagen. Das ist durchaus zutreffend, zumindest was die Fahreigenschaften und den Komfort betrifft. Ein Pkw ist mit vergleichbarer Motorisierung sicher immer noch deutlich schneller und auch komfortabler, doch ist es dem Terrano gelungen, den Abstand zu verringern. Mit seiner vorderen Einzelradaufhängung und der hinteren Schraubenfeder-Starrachse offeriert er auf der Straße schon Fahreigenschaften, die das Prädikat »gut« verdienen. Mit dem klassischen Geländewagen-Antrieb ist er dagegen auf unbefestigten Wegen den Geländewagen der zweiten Generation gegenüber durchaus ebenbürtig.

Nissan Terrano
Technische Daten

1. *Motor*
1.1 Vierzylinder-Benzinmotor, Hubraum 2372 cm^3, 76 kW/103 PS bei 4800/min, max. Drehmoment 177 Nm bei 2400 Nm. Verd. 8,3:1
1.2 Sechszylinder-V-Benzinmotor, Hubraum 2940 cm^3, 95 kW/130 PS bei 5500/min, max. Drehmoment 226 Nm bei 2800/min Verd. 9,0:1
1.3 Vierzylinder-Turbodieselmotor, Hubraum 2664 cm^3, 73 kW/97 PS bei 4000/min, max. Drehmoment 220 Nm bei 2200/min, Verd. 21,9
2. *Kraftübertragung*
Vierzylinder-Benziner und Turbodiesel: Fünfgang-Getriebe, 1. Gang 3,59, 2. Gang 2,25, 3. Gang 1,42, 4. Gang 1,00, 5. Gang 0,82. Zwischengetriebe 1,00 und 2,02. Achsantrieb 4,88.
V6: Fünfgang-Getriebe, 1. Gang 4,06, 2. Gang 2,38, 3. Gang 1,49, 4. Gang 1,00, 5. Gang 0,86. Wahlweise Viergang-Automatik, 1. Stufe 3,03, 2. Stufe 1,62, 3. Stufe 1,00, 4. Stufe 0,69. Zwischengetriebe 1,00 und 2,02. Achsantrieb 4,375 (Autom: 4,625)
Selbsthemmendes Differential hinten, Hinterrad-Antrieb, Vorderrad-Antrieb zuschaltbar, automatische Freilaufnaben
3. *Fahrwerk*
Einzelradaufhängung vorn, Schraubenfeder-Starrachse hinten, Stabilisatoren vorn und hinten, Felgen/Reifen 6 × 16 /

205 R 16 (V6: Felgen/Reifen 7 × 15/31 × 10,5 R 15)
Scheibenbremsen vorn, Trommelbremsen hinten

4. *Maße und Gewichte* (in Klammern: V6)
Länge 4630 mm, Breite 1730 (1750) mm, Höhe 1690 (1730) mm. Radstand 2650 mm. Spur v/h 1425/1385 (1445/1430) mm. Bodenfreiheit 210 mm (TD: 195) mm. Leergewicht 1666 kg (V6: 1800 bis 1825; TD 1766) kg; zul. Gesamtgewicht 2300 kg, Anhängelast gebr. 2000 kg

5. *Fahrleistungen und Verbrauch* (in Klammern: V6)
Höchstgeschwindigkeit: 150 (160) km/h, Beschleunigung 0–100 km/h: 19,8 (16,2) Sek.
Verbrauch verhalten/flott 13,2/15,5 (14,8/17,3) l/100 km (Für Turbodiesel noch keine Angaben erhältlich)

6. *Hersteller oder Importeur*
Nissan Deutschland GmbH, Nissanstr. 1, 4040 Neuss

Range Rover

Eigentlich müßte neben dem Range Rover auch der Land Rover erwähnt werden, der ja gleichfalls in Deutschland angeboten wird. Das Interesse an ihm ist freilich so gering, daß sich eine besondere Beschreibung erübrigen dürfte. Schlecht ist der Land Rover übrigens gewiß nicht, aber er ist trotz moderner Technik (u. a. permanenter Allrad-Antrieb, zwei Schraubenfeder-Starrachsen) in seiner Konzeption allzu sehr ein »Arbeitspferd« geblieben, als daß er für »Hobbyreiter« interessant wäre.

Ganz anders der Range Rover. Seit man bei Rover erkannt hat, daß in der mittleren Preisklasse gegen die Japaner kein Kraut gewachsen ist, hat man den Range Rover konsequent optimiert und verlangt nun ungeniert einen Preis, der nur durch die Einzigartigkeit des Fahrzeugs gerechtfertigt ist.

Insbesondere in der Vogue-Ausstattung hat der Range Rover in der Tat alles, was man sich nur vorstellen kann; die wenigen Dinge, die nicht serienmäßig vorhanden sind, wie Ledersitze und eine Klimaanlage, gibt es gegen Aufpreis. Es erübrigt sich fast, alle Ausstattungs-Details aufzuzählen, jedenfalls fehlen weder vier Fensterheber oder eine Zentralverriegelung noch Alufelgen, zwei Schraubenfeder-Starrachsen oder der permanente Allrad-Antrieb, dessen Zwischen-Differential dank einer Visco-Sperre nun nicht mehr manuell gesperrt werden muß. Das alles ist in eine zeitlos-elegante Karosserie bestens verpackt und mit einem 3,9 l/173 PS-Einspritzmotor mit geregeltem Kat garniert. Damit läuft er weit über 170 km/h und läßt auch in dieser Hinsicht keinen Wunsch offen. Klugerweise gibt es den Benziner ausschließlich mit einer Viergang-Automatik, die viel besser zum Charakter des noblen »Lords« paßt als das Fünfgang-Getriebe, das nur noch

im Range Rover mit Turbodieselmotor Verwendung findet. Dieser Motor leistet zwar 106 PS, müht sich aber in dem schweren Geländewagen vergeblich, für standesgemäßes Fortkommen zu sorgen.

Was den Range Rover vor allen anderen »nur« Geländewagen auszeichnet, ist die einzigartige Synthese zwischen einer Luxus-Limousine und einem vollwertigen Geländewagen. Voraussetzung dafür sind der permanente Allrad-Antrieb, die vier Schraubenfedern, die Luxusausstattung und der ausreichend starke Motor. Theoretisch können auch manche Japaner in der Ausstattung auf ein ähnliches Niveau gebracht werden wie der Range Rover, aber ihnen würde dann die anspruchsvolle Technik fehlen.

Die systematische Aufwertung hat innerhalb weniger Jahre den Range Rover noch viel deutlicher von der japanischen Mittelklasse abgerückt, als das schon zuvor der Fall war – allerdings auch im Preis. Es ist müßig zu spekulieren, ob der enorme Mehrpreis durch einen entsprechenden Mehrwert kompensiert wird oder nicht, denn wer das Geld hat, sich einen Range Rover Vogue Injection leisten zu können, wird sich mit weniger nicht zufrieden geben wollen.

Oft wird behauptet, der luxuriöse Range Rover sei wohl auf der Straße anderen Geländewagen überlegen, im Gelände jedoch unterlegen – etwa so, wie man einer schönen Frau keine Intelligenz zuzubilligen bereit ist. Das stimmt jedoch nicht. Wohl ist die Bodenfreiheit etwas geringer als bei konsequenten »Arbeitspferden«, aber das ist auch der einzige Nachteil im Gelände, wenn man dem Range Rover nicht etwa auch seine üppige Velours-Ausstattung anlasten will, die für die Dreckwühlerei natürlich zu schade ist.

Als einziger Geländewagen in der Range Rover-Preisklasse ist noch der Mercedes G bei uns auf dem Markt. Oft werden deshalb beide Autos miteinander verglichen. Während aber der Mercedes in seiner Technik den Japanern sehr nahe steht und ihnen in seiner

Ausstattung sogar unterlegen ist, trifft das auf den Range Rover gewiß nicht zu.

Range Rover
Technische Daten
1. *Motor*
1.1 Achtzylinder-V-Motor, Hubraum 3914 cm^3, 173 PS bei 4550/min. max. Drehmoment 2919 Nm bei 3250/min, Verd. 8,13:1
1.2 Vierzylinder-Turbodiesel, Hubraum 2276 cm^3, 106 PS bei 4200/min, max. Drehmoment 238 Nm bei 2400/min, Verdichtung 21,5:1
2. *Kraftübertragung*
Benziner: Viergang-Automatik mit Wandlerüberbrückung, 1. Stufe 3,32, 2. Stufe 2,13, 3. Stufe 1,00, 4. Stufe 0,73. Zwischengetriebe 1,206 und 3,244. Turbodiesel: Fünfgang-Getriebe, 1. Gang 3,32, 2. Gang 2,13, 3. Gang 1,40, 4. Gang 1,00, 5. Gang 0,77. Zwischengetriebe 1,19 und 3,32. Achsantrieb 3,54. Permanenter Allrad-Antrieb mit Visko-Kupplung und automatisch sperrendem Zentraldifferential
3. *Fahrwerk*
Starrachsen mit Schraubenfedern vorn und hinten, Niveauregulierung hinten, Felgen/Reifen Alu 7 × 16/205 R 16, Scheibenbremsen vorn und hinten
4. *Maße und Gewichte*
Länge 4450 mm, Breite 1818 mm, Höhe 1800 mm. Radstand 2540 mm. Spur v/h 1490/1490 mm. Bodenfreiheit 185 mm. Leergewicht 1887 (Turbodiesel 1970) kg; zul. Gesamtgewicht 2500 kg. Anhängelast gebr. 2500 kg
5. *Fahrleistungen und Verbrauch*
Höchstgeschwindigkeit Benziner/Turbodiesel: 178/145 km/h
Beschleunigung 0–100 km/h: 12,8/19,7 Sek.
Verbrauch verhalten Benziner/Turbod.: 14,7/11,6 l/100 km
Verbrauch flott Benz./Turbod.: 17,4/13,1 l/100 km
6. *Hersteller oder Importeur*
Austin Rover Deutschland GmbH, Am Fuchsberg 1, 4040 Neuss

Suzuki Samurai

Wenn Geländewagen bei uns so überaus erfolgreich sind, dann ist das nicht zuletzt ein Verdienst von Suzuki. Nicht nur dadurch, daß Suzuki mit Abstand die meisten Geländewagen auf dem deutschen Markt verkauft, sondern auch, weil viele Einsteiger durch den billigen, kleinen Suzuki auf den Geschmack kommen und später mit anderen Marken aufsteigen.

Als der LJ 80, der »Eljot«, 1980 bei uns eingeführt wurde, verdankte er seinen überwältigenden Erfolg sicherlich nicht seinen technischen Tugenden. Tatsächlich war er, logisch betrachtet, so etwas wie ein Anti-Auto, in dem Beförderungskapazität, Ausstattung, Komfort, Straßenlage und Fahrleistungen auf unterstem Niveau angesiedelt waren. Dafür aber wirkte er niedlich wie ein Kätzchen und forderte geradezu heraus, ihn zu streicheln. Er war immerhin einen halben Meter kürzer als ein Polo oder Fiesta und erhob gar keine Ansprüche darauf, ein ernsthaftes, vollwertiges Auto zu sein.

Natürlich konnte es nicht ausbleiben, daß der spontane Kaufentschluß, die »Liebe auf den erste Blick«, in der Praxis nicht lange Bestand hatte. Versuche, den Eljot durch nachträglich gekauftes Zubehör alltagstauglicher zu machen, waren ebenso teuer wie vergeblich. Gerade als die ersten Eljot-Müden auf einen größeren Geländewagen umsteigen wollten, kam der SJ 410, sozusagen als der Über-Eljot. Der SJ 410 war etwas größer, so daß eine richtige Rücksitzbank untergebracht werden konnte, besser ausgestattet und flotter. Einen Teil des Eljot-Charmes hatte er verloren, war aber andererseits ein gelungener Kompromiß zwischen einem reinen Spielmobil und einem fast alltagstauglichen Auto, dabei kaum teurer als der Eljot.

Kein Wunder, daß der SJ 410 den Eljot rasch verdrängte. Er war gleichfalls noch »niedlich«, verlangte aber im Ganzjahresbetrieb keine Opfer, die selbst junge Leute kaum zu erbringen bereit sind. Für die ganz vernünftigen unter seinen Fans war er auch mit einem Festaufbau als Van lieferbar.

Als rückläufige Zulassungszahlen auch durch attraktive Sondermodelle nicht mehr aufzuhalten schienen, kam der SJ 413 und sorgte für neue Zulassungs-Rekorde. Der wichtigste Unterschied zum SJ 410 besteht in einem größeren und stärkeren Motor sowie einem Fünfgang-Getriebe; Karosserie und Ausstattung sind weitgehend identisch. Suzuki hat mittlerweile den Verkauf des SJ 410 zugunsten des SJ 413 eingestellt; dafür bekam dieser den martialisch klingenden Beinamen »Samurai« mit auf den Weg.

Der kleine Motor des SJ 410 mußte ständig auf hohe Drehzahlen gebracht werden, um das mit zwei Fahrern besetzt immerhin eine Tonne schwere Auto auf Trab zu halten. Für eine lange Übersetzung fehlte dem Motor die Kraft, die vier Gänge waren sehr kurz übersetzt. Demgegenüber ist das Fünfgang-Getriebe des Samurai sehr lang übersetzt; trotz des viel stärkeren Motors ist der Samurai nicht durstiger als sein Vorgänger. Bei Nenndrehzahl lief der SJ 410 nur 107 km/h, der Samurai dagegen wäre dann theoretisch 172 km/h schnell!

Trotz der geringen Motorleistung sind der Samurai und seine Vorgänger dank ihrer winzigen Abmessungen und des niedrigen Gewichts im Gelände den größeren Geländewagen zumindest ebenbürtig. Bei Geländewagen-Wettbewerben holen sie sich meist die ersten Plätze.

Leider rechtfertigt der tatsächliche Mehraufwand nicht den beträchtlichen Preisaufschlag, den sich Suzuki für den Samurai genehmigt. Der Samurai ist dabei, die bisherigen Suzuki-Preisgrenzen zu verlassen und sich den »erwachsenen« Geländewagen anzunähern.

Bei allem Respekt vor dem Suzuki Samurai darf nicht vergessen werden, daß er noch immer in seinen Fahreigenschaften auf unterstem Niveau angesiedelt ist: blattgefederte Starrachsen und ein sehr schlechtes Verhältnis zwischen gefederten und ungefederten Massen setzen hier Grenzen.

Suzuki SJ Samurai
Technische Daten

1. *Motor*
   Vierzylinder Benzinmotor, Hubraum 1324 cm^3, 44 kW/60 PS bei 5700/min, max. Drehmoment 96 bei 3550/min, Verdichtung 8,9:1
2. *Kraftübertragung*
   Fünfgang-Getriebe, 1. Gang 3,652, 2. Gang 1,947, 3. Gang 1,423, 4. Gang 1,000, 5. Gang 0,795. Zwischengetriebe 1,409 und 2,268. Achsantrieb 3,727. Hinterrad-Antrieb, Vorderrad-Antrieb zuschaltbar, manuelle Freilaufnaben
3. *Fahrwerk*
   Vorn und hinten Blattfeder-Starrachsen, Stabilisator vorn, Felgen/Reifen 5,5 × 15/205/70 SR 15. Scheibenbremsen vorn, Trommelbremsen hinten.
4. *Maße und Gewichte*
   Länge 3430 mm, Breite 1530 mm, Höhe 1665 (Van: 1825) mm. Radstand 2030 mm, Spur v/h 1300/1310 mm. Bodenfreiheit 210 mm. Leergewicht 930 bis 970 kg; zul. Gesamtgewicht 1330 kg. Anhängelast gebr. 1300 kg
5. *Fahrleistungen und Verbrauch*
   Höchstgeschwindigkeit offen/geschlossen
   Beschleunigung 0–100 km/h: 24,8 Sek. Verbrauch verhalten 8,8 l/100 km, flott 10,7 l/100 km
6. *Hersteller oder Importeur*
   Suzuki Auto GmbH, Mittenheimer Str. 60, 8042 Oberschleißheim

Suzuki Vitara

Mit dem Vitara brechen auch bei Suzuki moderne Zeiten an. Zwar bleibt auch dieses Modell aufgrund seiner Abmessungen ein Zwerg unter den Geländewagen, doch setzt seine Technik zumindest in der unteren Geländewagenklasse Maßstäbe. Sein Styling mag sogar richtungsweisend für zukünftige Geländewagen-Generationen sein.

Den Vitara gibt es – wie auch den SJ Samurai – als Cabrio mit integriertem Überrollbügel und Planenverdeck oder mit Festaufbau. Dabei läßt sich der Vitara nicht einfach den Geländewagen zuordnen. Die Karosserie des Zweitürers enthält vielmehr Stilelemente, die eher zu einem Kleinwagen passen denn unseren Vorstellungen von einem »klassischen« Geländewagen gerecht werden. Dazu gehören in erster Linie die aerodynamisch günstig gestaltete Frontpartie mit integriertem Spoiler, unkonventionellen Breitbandscheinwerfern und die Windschutzscheibe, die hier sehr viel schräger steht, als es bei Geländewagen üblich ist. Die einteilige Hecktür ermöglicht auch nach hinten gute Sicht. Eine großzügige Verglasung sowie die wuchtigen Kotflügelverbreiterungen lassen den Vitara eher wie einen »pausbäckigen«, aber modernen Kleinwagen aussehen, der etwas zu hochbeinig daherkommt.

Auch der Innenraum verbreitet Pkw-Ambiente. Leider kommt der Zuwachs an Länge nur den Platzverhältnissen für Fahrer und Mitfahrer zugute. Im Vergleich mit dem rund 20 Zentimeter kürzeren SJ Samurai bietet der Vitara ein geradezu üppiges Raumangebot, ohne allerdings ein ausreichend großes Gepäckabteil für vier Personen bereithalten zu können. So gilt auch für diesen Suzuki, daß längere Urlaubsreisen nur zu zweit bewältigt werden sollten.

Unter der Haube arbeitet ein moderner Vierzylinder-Ottomotor mit Einspritzung und geregeltem Kat, dessen Leistung dem Vitara auf der Straße zu Fahrleistungen verhilft, die von manch größeren Geländewagen nicht erreicht werden. Mit seiner vorderen Einzelradaufhängung und der hinteren, an Schraubenfedern aufgehängten Starr-

achse läßt der Vitara hinsichtlich Fahreigenschaften und -komfort schnell all die Nachteile vergessen, die seinem kleineren Stallgefährten, dem Samurai, anhaften.

Auf der Straße also macht der Vitara eine gute Figur, aber wie sieht es im Gelände aus? Wohl werden sich die wenigsten Vitara-Eigner mit ihrem Gefährt abseits fester Straßen versuchen, doch bestehen hier keinerlei Bedenken. Der zuschaltbare Vorderrad-Antrieb und die Untersetzung des Fünfgang-Getriebes ermöglichen selbst in schwerem Gelände ein Fortkommen. Das ändert aber nichts an dem Eindruck, den der Vitara auf den ersten Blick hinterläßt: Mit diesem Wagen zeigt man sich eher vor einem Straßen-Cafe als auf der Gelände-Piste. So zeichnet sich schon jetzt ab, daß auch der Vitara – wie einst der Eljot – zum Trendsetter vor allem bei jüngeren Leuten werden könnte. Diese allerdings müssen schon gut betucht sein, denn der Vitara hat den Preisrahmen der unteren Geländewagenklasse längst gesprengt. Mit diversen Sonderausstattungen wie Servolenkung, Zentralverriegelung und elektrischen Fensterhebern konkurriert er preislich mit den kurzen Zweitürern der Mittelklasse, deren Alltags-Gebrauchswert geringer sein mag, deren Image-Wert jedoch weitaus größer ist.

Suzuki Vitara
Technische Daten

1. *Motor*
   Vierzylinder-Benzinmotor, Hubraum 1579 cm³, 60 kW/82 PS bei 5300/min, max. Drehmoment 131 Nm bei 2750/min, Verd. 8,9:1
2. *Kraftübertragung*
   Fünfgang-Getriebe, 1. Gang 3,652, 2. Gang 1,947, 3. Gang 1,379, 4. Gang 1,000, 5. Gang 0,864. Zwischengetriebe 1,000 und 1,816. Achsantrieb 5,125. Hinterrad-Antrieb, Vorderrad-Antrieb zuschaltbar, manuell schaltbare Freilaufnaben
3. *Fahrwerk*
   Vorn Einzelradaufhängung, hinten Starrachse, Schraubenfedern vorn und hinten, Felgen/Reifen 5,5 × 15/195 SR 15. Scheibenbremsen vorn, Trommelbremsen hinten
4. *Maße und Gewichte*
   Länge 3620 mm, Breite 1630 mm, Höhe 1665 mm. Radstand 2200 mm. Spur v/h 1395/1400 mm. Bodenfreiheit 200 mm. Leergewicht 990 bis 1010 kg; zul. Gesamtgewicht 1450 kg, Anhängelast gebr. 1450 kg
5. *Fahrleistungen und Verbrauch*
   Höchstgeschwindigkeit 144 km/h, Beschleunigung 0–100 km/h 14,5 Sck. Verbrauch verhalten 9,6 l/100 km, flott 11,0 l/100 km
6. *Hersteller oder Importeur*
   Suzuki Auto GmbH Deutschland & Co. KG, Mittenheimer Str. 60, 8042 Oberschleißheim

Toyota Landcruiser »Light Duty« (LJ 73)

Der alte Landcruiser war noch ein echtes Arbeitspferd von rechtem Schrot und Korn – urig, unverwüstlich, knüppelhart, lahm und spartanisch ausgestattet. Entsprechend schleppend verkaufte er sich bei uns. Lediglich der größere, besser ausgestattete und viertürige Station Diesel konnte jährlich noch in ein paar hundert Stück an den Mann gebracht werden, aber auch er spielte eine zu vernachlässigende Außenseiterrolle, gab es doch attraktivere Angebote auf dem deutschen Markt.

Etwas völlig anderes ist es mit der neuen Geländewagen-Baureihe »Light Duty« von Toyota. Es handelt sich dabei in der Basis-Version um einen kurzen Zweitürer, der direkt mit den entsprechenden Modellen des Pajero, Trooper oder Patrol konkurriert. Die Karosserie hat bei aller kantigen Originalität doch gefällig-elegante Proportionen bekommen, die Ausstattung entspricht vollauf jener der Konkurrenten, und die Technik kann gleichfalls mithalten, ist sogar in mancherlei Hinsicht vorbildlich geworden. Später ist noch eine Version mit verlängertem Radstand (»middle wheel base«) und serienmäßigem Hardtop hinzugekommen, die vortrefflich in die Lücke zwischen kurzem und langem Landcruiser paßt. Der »Light Duty« ist also ein für unsere Verhältnisse bestens geeigneter Geländewagen, der den Anschluß an die Konkurrenz gefunden hat. Bei entsprechenden Bemühungen von Toyota Deutschland könnte er in den Zulassungen einen guten Mittelplatz einnehmen.

Vom Trooper übernommen wurde die senkrecht asymmetrisch geteilte Hecktür – zweifellos die beste lösung. Leider sind die beiden ungleichen Türhälften aber seitenverkehrt angeordnet, da man es mit erstaunlicher Kurzsichtigkeit versäumt hat, sie vom japanischen Linksverkehr auf den europäisch-ame-

rikanischen Rechtsverkehr umzurüsten. Ähnlich verhält es sich mit dem größten technischen Plus des Toyota »Light Duty«, der als erster japanischer Geländewagen zwei schraubengefederte Starrachsen hat. Er entspricht also in dieser Hinsicht dem Mercedes G und dem Range Rover und hat just jene Radaufhängung, die als bester Kompromiß zwischen Straße und Gelände gelten kann. Leider ist die Abstimmung im kurzen Landcruiser so knüppelhart, daß ein großer Teil der theoretisch damit verbundenen Vorteile im Straßenbetrieb in der Praxis nicht realisiert wurde. Lediglich dem »middle wheel base« hat Toyota eine etwas komfortablere Abstimmung mit auf den Weg gegeben.

Keine Vorteile bringt bei dem Toyota Landcruiser »middle wheel base« das Hardtop. Zwar ist es wie beim kurzen Patrol demontierbar, doch ist der Zeitaufwand enorm hoch, und die Demontage allein nicht zu bewerkstelligen. Als Sonderausstattung ist auch ein Planenverdeck erhältlich, allein der Aufpreis dafür ist so hoch, daß die Anschaffung nicht lohnt.

Ganz überwiegend werden Mittelklasse-Geländewagen bei uns mit Dieselmotor verkauft, nur in der unteren und der obersten Preisklasse dominiert noch der Benzinmotor. Toyota bietet nur noch den Turbodieselmotor an. Dieser hat 2,4 Liter Hubraum, leistet 86 PS und benötigt dringend einen Ladeluftkühler, um den Leistungsrückstand gegenüber einem Pajero oder Trooper aufzuholen. Selbstverständlich hat der Toyota ein Fünfgang-Getriebe und eine Servolenkung, aber auch – und das ist bei echten Geländewagen noch nicht alltäglich – einen durch Knopfdruck zuschaltbaren Vorderrad-Antrieb. Der viertürige »Station« hat wohl ein veraltetes Fahrwerk und ist sehr teuer, besticht aber durch die Bullenkraft seines Vierliter-Turbodieselmotors.

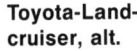
Toyota-Landcruiser, alt.

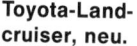
Toyota-Landcruiser, neu.

Toyota Landcruiser »Light Duty«
Technische Daten

1. *Motor*
   Vierzylinder-Turbodiesel, Hubraum 2429 cm^3, 63 kW/86 PS bei 4000/min, max. Drehmoment 188 Nm bei 2400/min, Verd. 20,0:1
2. *Kraftübertragung*
   Fünfgang-Getriebe, 1. Gang 4,313, 2. Gang 2,330, 3. Gang 1,436, 4. Gang 1,000, 5. Gang 0,838. Zwischengetriebe 1,000 und 2,295. Achsantrieb 4,875. Hinterrad-Antrieb, elektro-pneumatisch zuschaltbarer Vorderrad-Antrieb, selbsthemmendes Differential hinten. Manuell schaltbare Freilaufnaben vorn
3. *Fahrwerk*
   Zwei Starrachsen mit Schraubenfedern und Panhardstab. Felgen/Reifen 6 × 16/ 205 SR 16. Scheibenbremsen vorn, Trommelbremsen hinten
4. *Maße und Gewichte* (in Klammern: Middle Wheel Base)
   Länge 4060 mm, Breite 1690 mm, Höhe 1885 (1930) mm. Radstand 2310 (2600) mm. Spur v/h 1415/1410 (1400). Bodenfreiheit 205 mm. Leergewicht 1730 (1785) kg; zul. Gesamtgewicht 2210 kg. Anhängelast gebr. 2210 kg
5. *Fahrleistungen und Verbrauch*
   Höchstgeschwindigkeit 133 km/h. Beschleunigung 0–100 km/h 25,3 Sek. Verbrauch verhalten/flott 12,2/13,7 l/100 km
6. *Hersteller oder Importeur*
   Toyota Deutschland GmbH, Bachemer Landstr. 2, 5000 Köln 40

Landcruiser Station
Technische Daten

1. *Motor*
   Sechszylinder-Turbodiesel, Hubraum 3953 cm^3, 100 kW/136 PS bei 3500/min, max. Drehmoment 315 Nm bei 1800/min, Verd. 18,6:1
2. *Kraftübertragung*
   Fünfgang-Getriebe, 1. Gang 4,843, 2. Gang 2,618, 3. Gang 1,516, 4. Gang 1,000, 5. Gang 0,845. Zwischengetriebe 1,000 und 1,960. Achsantrieb 4,111. Selbsthemmendes Differential hinten, Hinterrad-Antrieb, elektro-pneumatisch zuschaltbarer Vorderrad-Antrieb. Automatische Freilaufnaben vorn
3. *Fahrwerk*
   Blattfeder-Starrachsen vorn und hinten. Felgen/Reifen 6 × 16/205 SR 16. Scheibenbremsen vorn, Trommelbremsen hinten
4. *Maße und Gewichte*
   Länge 4750 mm, Breite 1800, Höhe 1800 mm. Radstand 2730 mm. Spur v/h 1515/1500 mm. Bodenfreiheit 185 mm. Leergewicht 2140 kg; zul. Gesamtgewicht 2800 kg. Anhängelast gebr. 2800 kg
5. *Fahrleistungen und Verbrauch*
   Höchstgeschwindigkeit 156 km/h. Beschleunigung 0–100 km/h 17,8 Sek. Verbrauch verhalten/flott: 12,4/13.2 l/100 km
6. *Hersteller oder Importeur*
   Toyota Deutschland GmbH, Bachemer Landstr. 2, 5000 Köln 40

Die Allrad-Pkw und ihre Antriebssysteme

Dies ist ein Geländewagen-Buch. Wenn in der ersten Auflage dennoch Allrad-Pkw berücksichtigt wurden, dann nur deshalb, weil es damals nur drei davon gab: den Subaru 1800, den AMC Eagle und den Ur-Quattro von Audi. Da war es naheliegend, sie wegen ihres Allrad-Antriebs mit aufzuführen.

Mittlerweile ist die Zahl der Allrad-Pkw kaum mehr zu übersehen. Mit Ausnahme ihrer aufwendigen Antriebstechnik unterscheiden die meisten sich praktisch nicht von ganz normalen Autos mit nur einer Antriebs-Achse. Entsprechend häufig werden neue Modelle vorgestellt, oder es kommt zu Modellwechseln. Sie auch heute noch in diesem Katalogteil aufzuführen, ist schon aus Gründen der Aktualität kaum möglich und würde überdies den Rahmen dieses Buchs sprengen. Was wir uns aber etwas näher ansehen sollten, sind die unterschiedlichen Antriebs-Systeme, die sich allmählich immer deutlicher herauskristallisieren, denn es ist durchaus möglich, daß diese sich auch auf die Antriebs-Technik der Geländewagen befruchtend auswirken. So haben etwa der Toyota »Light Duty« und der Daihatsu Rocky einen elektro-pneumatisch zuschaltbaren Vorderrad-Antrieb bekommen, wie er seine Bewährungsprobe im Allrad-Pkw bestanden hat.

Am Anfang stand der von den Geländewagen übernommene, zuschaltbare Antrieb der zweiten Achse, in diesem Fall erstmals von Subaru bei einem Pkw eingesetzt. Einen großen Unterschied gab es indes bereits jetzt: es wurde primär nicht die Hinterachse angetrieben und bei Bedarf die Vorderachse zugeschaltet, sondern umgekehrt; der Subaru ist ein Fronttriebler mit zuschaltbarem Hinterrad-Antrieb.

Die weitaus meisten Pkw, denen bald darauf ein Antrieb der zweiten Achse adaptiert wurde, folgten dem Subaru-Beispiel. Es waren also Fronttriebler, bei denen der Umbau besonders einfach ist. Am einfachsten ist er stets dann, wenn der Motor in Längsrichtung angeordnet ist, weil man dann eine Umlenkung der Kraftabnahme für die Hinterachse spart.

Es war Subaru trotz beachtlicher Verkaufserfolge nicht vergönnt, dem Allrad-Antrieb zum Durchbruch zu verhelfen. Das blieb Audi vorbehalten, wo man sich bei dem Quattro nicht mit dem zuschaltbaren Allrad-Antrieb begnügte, sondern den vom Range Rover

Das Verteilergetriebe ist auf die Hohlwelle aufgesteckt. Der Triebling läuft vom Verteilergetriebe durch die Hohlwelle zum Achsantrieb vorn. Er ist mit einem Kegelrollenlager im Getriebegehäuse und mit je einem Nadellager in der Hohlwelle sowie im Verteilergetriebe gelagert. Die Differentialsperre des Verteilergetriebes wird über die Schaltbetätigung ein- und ausgeschaltet.

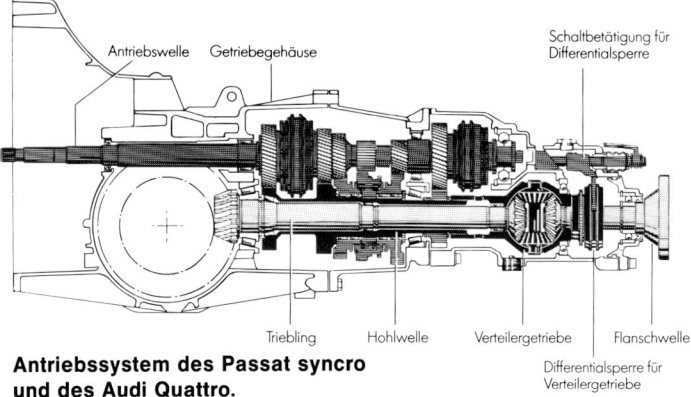

Antriebssystem des Passat syncro und des Audi Quattro.

Oben: »Ur«-Quattro, der die Allrad-Welle bei den Pkw auslöste.

Mitte: Bei dem VW Passat syncro wurde das Audi-Prinzip übernommen.

Links: Im Gegensatz zu Audi hat Ford eine ungleiche Kraftverteilung zwischen den Achsen und Visco-Sperren.

her bekannten permanenten Allrad-Antrieb übernahm. Allerdings mit beträchtlichen Modifikationen.

Bei einem Geländewagen spielt es keine Rolle, daß er hochbeinig wird, wenn am Getriebeausgang das Verteilergetriebe sitzt, von dort aus eine Kardanwelle zur Vorderachse führt, wo das Differential asymmetrisch angeordnet ist, um Platz für Motor, Lenkgetriebe und vor allem die Ölwanne zu lassen, und die Antriebswellen zu den Rädern geführt werden müssen. Im Gegenteil ist Hochbeinigkeit bei einem Geländewagen ja durchaus nicht unerwünscht.

Ganz anders bei einem in erster Linie für den Straßenbetrieb vorgesehenen Pkw. Da der Audi ursprünglich ein Fronttriebler mit längs eingebautem Motor war, bediente man sich des Tricks, die Getriebewelle hohlzubohren und darin die Vorderrad-Antriebswelle zu verlegen – zweifellos eine sehr elegante Lösung, die indes nur durch die besonders günstigen Verhältnisse ermöglicht wurde.

Wie so manche Neuheit wäre der Allrad-Antrieb bei den Pkw möglicherweise nie zu einer wirklichen Bedeutung gelangt, wenn Audi nicht im Rallye-Sport durch sensationelle Erfolge bewiesen hätte, daß zumindest dort der Allrad-Antrieb ein neues Zeitalter eingeläutet hatte. Alle Hersteller technisch anspruchsvoller Autos waren herausgefordert, ihrerseits eine Alternative zum Audi-Allradantrieb zu entwickeln.

Zunächst einmal kamen die technisch simplen Autos mit Frontantrieb und längs angeordnetem Motor an die Reihe, die einen zuschaltbaren Hinterrad-Antrieb implantiert bekamen. Autos wie der Toyota Tercel, der Renault 18 4 × 4, der Alfa 33 4 × 4 und als erster Wagen mit Quermotor der Fiat Panda. Nur der Tercel konnte die in ihn gesetzten Erwartungen erfüllen. Wer nicht auf einem Fronttriebler aufbauen konnte, war schlecht dran. Während noch eifrig geforscht und entwickelt wurde, tauchte das Ferguson-System aus der Versenkung auf, in der es mehrere Jahre vergessen geschlummert hatte.

Das Kernstück des Ferguson-Systems ist eine Kupplung, deren beide Teile in einem mit Silikonöl gefüllten Behälter enden; die ineinandergreifenden Teile berühren sich nicht, es besteht folglich auch keine Verbindung. So lange sich beide Teile gleich schnell drehen, ändert sich daran nichts. Durch die Eigenart des Silikonöls kommt es aber mit wachsender Drehzahl-Differenz zu einer progressiv ansteigenden Übertragung, bis im Extremfall eine quasi-starre Verbindung beider Kupplungsteile besteht.

Das alles ist sehr vereinfacht beschrieben; wie seltsam das Prinzip ist, geht daraus hervor, daß auch die Ferguson-Leute angeblich nur wissen: es funktioniert. Warum genau, sollen auch sie nicht wissen...

Wie dem auch sei, zunächst erschien Ford und kurz darauf BMW mit einem Antriebssystem, das sich in zwei wesentlichen Punkten von dem des Audi Quattro unterschied: die Verteilung der Antriebskraft erfolgte nicht mehr gleichmäßig, sondern im Verhältnis 1:2, und statt der mechanischen Sperre des Audi-Zentraldifferentials gab es eine Visco-Sperre.

Sowohl der Ford Sierra/Scorpio als auch der BMW 325 waren ursprünglich Hecktriebler. Um das dafür typische, von sportlichen Fahrern geschätzte Übersteuern unter Leistungseinsatz zu erhalten, war es erforderlich, die Hinterachse bevorzugt mit Antriebskraft zu versorgen. Durch eine Planetenrad-

Der Alfa 33 hat zuschaltbaren Allrad-Antrieb, spielt aber nur eine unbedeutende Nebenrolle, während ...

... der Toyota Tercel mit dem gleichen Antrieb sich sehr gut verkauft.

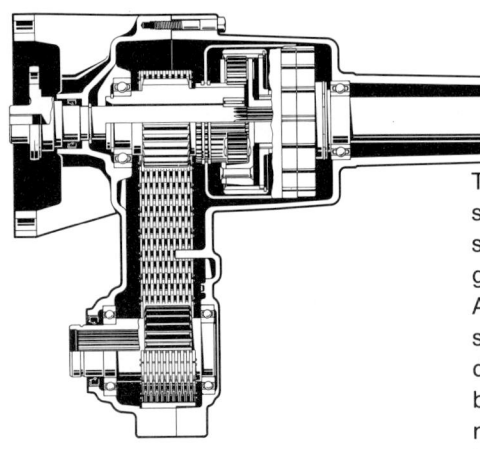

Das von BMW verwendete ZF-Verteilergetriebe mit Planetentrieb und Visco-Sperre.

Übersetzung im Verteilergetriebe war das problemlos möglich. Das bedeutet nicht notwendigerweise, daß diese Kraftverteilung besser als die des Audi ist; wohl kann durch die dynamische Achslast-Verlagerung beim Anfahren mehr Kraft auf den Boden gebracht werden, aber dafür ist die Richtungsstabilität schlechter. Deshalb erhielt ursprünglich z. B. beim Lancia Delta Integrale die Vorderachse den Löwenanteil des Drehmoments zugeteilt. Es bleibt also Geschmackssache, welche Auslegung man bevorzugt.

Viel wesentlicher sind die Auswirkungen des Visco-Prinzips. Mit wachsender Schlupfdifferenz zwischen Vorder- und Hinterachse wird der Sperrwert immer größer, bis es zu der bereits erwähnten quasi-starren Verbindung kommt, wenn die Räder einer Achse durchdrehen.

Gerade bei schnellen Allrad-Pkw mit ihrer überlegenen Traktion auf winterlich glatter Fahrbahn ist es natürlich wichtig, auch eine optimale Verzögerung sicherzustellen, und das bedeutet heutzutage ein ABS-Bremssystem. Bei Autos mit zugeschaltetem Allrad-Antrieb oder mechanisch gesperrtem Zentraldifferential verhindert die starre Verbindung der Achsen die ABS-Funktion.

Theoretisch hat eine Visco-Sperre diesen Nachteil nicht; praktisch ist es aber sehr schwierig, sie wirklich so auszulegen, daß keine Beeinträchtigung der ABS-Funktion erfolgt. Elektronisch gesteuerte Visco-Sperren, die sich allerdings noch im Entwicklungsstadium befinden, sind logischerweise der nächste Schritt und sollen diesen Nachteil ausschalten. Bei dem Torsen-Differential gibt es in dieser Hinsicht keine Probleme, aber man ist an eine Kraftaufteilung von 1:1 gebunden.

VW hatte bei dem Passat syncro zunächst das Audi Quattro-Prinzip übernommen. Bei dem Bus und vor allem später bei dem Golf und dem neuen Passat ist man aber einen völlig anderen Weg gegangen.

Auch hier bedient man sich des Visco-Prinzips, aber die Visco-Kupplung übernimmt nicht nur die Sperrfunktion im Zentraldifferential, sondern ersetzt dieses völlig. Was passiert also? Normalerweise ist der Golf ein Fronttriebler, bei dem praktisch die gesamte Antriebskraft zu den Vorderrädern fließt. Tritt dort ein Schlupf auf, was auf glat-

Visco-Kupplung im Schnitt. Die Lamellen greifen ineinander, berühren sich jedoch nicht. Erst durch das Silikonöl wird eine Kraftübertragung möglich.

Der Honda Shuttle 4WD gehört zu den Großraum-Limousinen, wie auch...

... der Mitsubishi Space Wagon.

ter Fahrbahn oder schneller Kurvenfahrt möglich ist, wird ein progressiv wachsender Anteil der Antriebskraft über die Visco-Kupplung der Hinterachse zugeleitet. Es handelt sich also streng genommen nicht um einen permanenten Allrad-Antrieb, sondern um einen permanent betriebsbereiten, bei dem die Verteilung der Antriebskraft nicht konstruktiv festgelegt ist wie bei Audi, BMW und Ford, sondern schlupfabhängig variabel ist.

Da beim Bremsen ein Freilauf den Hinterrad-Antrieb abkoppelt, gibt es keinerlei Beeinträchtigung einer ABS-Funktion. Ähnlich funktioniert der Allrad-Antrieb des Opel Vectra, aber der hat statt des Freilaufs eine Trennkupplung.

Obwohl völlig anders aufgebaut, trifft das auch auf das bisher aufwendigste Allrad-System zu, das von Mercedes (und mit einigen Modifikationen auch von Porsche) entwickelt worden ist. Hier übernehmen im Normalfall nur die Hinterräder den Vortrieb. Melden die durch das Antiblockiersystem ohnehin vorhandenen Sensoren an den Rädern Schlupf an den Computer, läßt dieser zunächst über ein Zentraldifferential den Vorderrad-Antrieb anlaufen. Ggf. wird, falls das nicht genügt, auch das Zentral- und danach das Hinterachs-Differential gesperrt. Die Computer-Befehle werden hydraulisch über Lamellen-Kupplungen übertragen. Eine Warnlampe informiert den Fahrer, wenn der Vorderrad-Antrieb zuschaltet.

Beim Bremsen werden alle zusätzlichen Antriebs-Funktionen abgeschaltet, so daß es keine Beeinträchtigung des ABS-Systems gibt.

Auch in einem Geländewagen wäre ein ABS-System ja gewiß nichts Schlechtes, zumindest nicht in einem Luxus-Geländewagen wie dem Range Rover. Es spricht auch im Prinzip nichts dagegen, bei einem Wagen mit permanentem Allrad-Antrieb wie eben dem Range die mechanische Differentialsperre gegen eine Visco-Sperre auszutauschen und dadurch die ABS-Funktion zu erhalten. Die Visco-Sperre hat der Range Rover mittlerweile, aber noch kein ABS.

Technische Fortschritte im Antriebssystem dürften auch in Zukunft nicht von den Geländewagen kommen, sondern von den Allrad-Pkw, wo wesentlich größere Stückzahlen erreichbar sind. Auch wenn die Aufgabe eines Allrad-Antriebs in einem Pkw eine etwas andere ist als in einem echten Geländewagen, könnten doch so manche bei den Pkw gewonnenen Erkenntnisse auch den Geländewagen zugute kommen. Allerdings gehen mit zunehmend komplizierten Antriebssystemen auch einige klassische Geländewagen-Tugenden verloren: robuste Technik und eine daraus resultierende Unanfälligkeit bei härtester Belastung etwa.

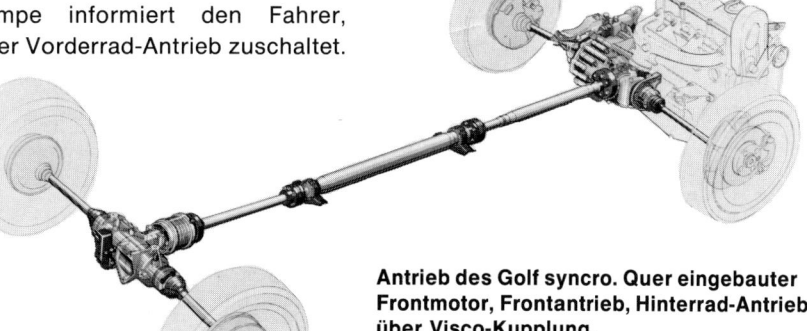

Antrieb des Golf syncro. Quer eingebauter Frontmotor, Frontantrieb, Hinterrad-Antrieb über Visco-Kupplung.

Für Wüstenrennen präpariert: hochbeiniger Porsche 959.

Für den Rallyesport geboren: Lancia Delta S4 mit Allrad-Antrieb, Turbolader und Kompressor.

Randerscheinungen: Pick-ups und Kleinbusse mit Allrad-Antrieb

Pick-ups sind Kleinlastwagen. Hinter dem Fahrerhaus, das in der Regel nur zwei Personen Platz bietet, erstreckt sich eine offene Ladepritsche, in deren Flanken die Hinterräder integriert sind. In ihren Fahreigenschaften und teilweise auch in der Ausstattung des Fahrerhauses und in den Abmessungen entsprechen die Pick-ups mehr oder weniger dem, was wir von den Geländewagen her kennen. Der bekannteste Pick-up in Deutschland ist der VW Caddy.

Die Heimat der Pick-ups ist Amerika. Dort sind sie ungeheuer populär, ohne daß man so recht weiß, warum. Natürlich mögen sie im gewerblichen Bereich ihre Vorteile haben, aber sie werden sehr oft auch von Privatleuten gefahren.

Auch bei uns hat es einige schüchterne Versuche gegeben, Pick-ups salonfähig zu machen – denken wir nur an den erwähnten VW Caddy. Es werden dann Fotos gezeigt, auf denen zu sehen ist, wie man im Wald sein Kaminholz holt oder mit einer auf der Ladepritsche festgezurrten Enduro durch die Lande eilt. Dennoch bleibt festzustellen, daß die Vorteile eines Pick-ups für Privatleute gegenüber einem Wagen mit Kombi-Heck sehr mühsam gesucht werden müssen; selbst im Preis sind die Pick-ups bei uns nicht viel billiger als Wagen mit geschlossenem Kombi-Heck.

In Amerika mag das etwas anderes sein. Dort sind die Pritschen aller dort produzierter Pick-ups in der Breite und Länge (6 oder 8 Fuß = 180 oder 240 cm) einheitlich, und es gibt eine Vielzahl unterschiedlicher Aufbauten, mit denen man die Ladefläche variieren kann. Am häufigsten sind Aufbauten, mit denen man aus einer Pick-up-Pritsche einen geschlossenen Laderaum macht. Gegenüber einem Kombi besteht der Nachteil, daß es keine Verbindung zwischen Führerhaus und Ladefläche gibt und man hinten keine Personen befördern kann.

Ganz besonders beliebt sind Camper-Aufsätze, die das Führerhaus und die Ladefläche in der Breite und oft auch in der Länge überragen. Sie können relativ leicht abgenommen und irgendwo als autarke Wohneinheiten geparkt werden, während man den Pick-up, ggf. mit einem anderen Aufbau, anderweitig benutzt. Da die amerikanischen Pick-up teilweise eine sehr hohe Zuladung haben, können schon sehr stattliche Camper-Aufsätze transportiert werden. Tatsächlich sind solche Camping-Fahrzeuge drüben beliebter als die bei uns üblichen Kleinbus-Ausbauten.

Noch einen anderen Anwendungsbereich hat man dort für Pick-ups entwickelt: den Fifth Wheel Trailer. Ein wichtiger Vorzug des Wohnmobils gegenüber einem Wohnwagen-Anhänger besteht ja in der viel besseren Manövrierbarkeit. In Amerika gibt es nun Wohnwagen, deren Bug eine Aussparung hat, in die die Ladepritsche eines Pick-ups paßt. Auf der Ladepritsche wird eine spezielle Kupplung montiert und der Wohnwagen aufgelegt; man kann das Gespann nun wie einen Sattelzug rangieren, viel einfacher als ein normales Gespann!

Ihrem Charakter als Vielzweck-Fahrzeuge entsprechend gibt es die meisten Pick-ups auch mit Allrad-Antrieb, selbst hier in Deutschland, und einige Fans setzen sie den Geländewagen gleich. Eine echte Zukunft dürften sie indes bei uns nicht haben.

Daihatsu Hijet – billigstes Allrad-Auto in Deutschland.

Subaru Libero mit variabler Sitzgarnitur. In ihm können sich sogar vier Personen bei Tisch gegenübersitzen!

Das ist bei Kleinbussen etwas anderes, denn sie haben im Gegensatz zu den Pick-ups durchaus handfeste praktische Vorteile. Der wichtigste ist ihre unvergleichlich große Transportkapazität im Verhältnis zu ihrer Grundfläche, also ihrem Platzbedarf im fließenden oder ruhenden Verkehr.

Der Kleinbus-Trick besteht darin, daß die separate Motorhaube entfällt und der Motor irgendwo innerhalb der Karosseriezelle versteckt und raumsparend untergebracht ist. Bei einem normalen Auto beansprucht die Motorhaube etwa ein Drittel der Gesamtlänge. Sie können sich selbst ausrechnen, was passiert, wenn man einem Geländewagen die Motorhaube amputiert: die Länge eines gigantischen Nissan Patrol Station schrumpft dadurch schlagartig auf weniger als 320 cm! Dieses Maß sollten Sie sich einmal merken.

Noch ein anderer Trick wird schon immer bei Kleinbussen zum Raumgewinn verwirklicht, lange bevor er für die sogenannten Großraum-Pkw entdeckt wurde. Es erfolgt nämlich eine Verlagerung von der Länge zur Höhe, und nach oben hin ist der Raum ja unbegrenzt vorhanden (wenn man einmal von Waschanlagen, Garagen oder Parkhäusern absieht). Ein Sessel, in dem man sich halb liegend ausstreckt, beansprucht viel mehr Grundfläche als ein Stuhl, in dem man fast senkrecht sitzt. Durch die senkrechte Sitzposition können die Passagiere auf einer relativ kleinen Grundfläche untergebracht werden.

Kommen wir auf die 320 cm zurück, die sich aus der Amputation der Motorhaube des Nissan Patrol Station ergeben haben. Es ist dies genau die Länge des Kleinstbusses Daihatsu. Hijet, auch in der Höhe besteht zwischen den beiden Autos kein nennenswerter Unterschied. Dafür aber in der Breite: der Winzling von Daihatsu ist rund 30 cm schmaler. Dennoch bietet er Platz für sechs Personen oder alternativ für weniger Personen und entsprechend viel Gepäck.

Rund 20 cm länger und 10 cm höher ist der Subaru Libero, der gleichfalls zwei seitliche Schiebetüren und eine große Heckklappe hat. Während aber der Motor des Daihatsu Hijet unter den vorderen Sitzen untergebracht ist, hat der Subaru Libero einen Heckmotor, der die Ladefläche einschränkt. Auch entfällt ein Teil seiner Länge auf die schräg verlaufende Frontpartie. Das sieht wohl gefälliger aus, kostet aber Innenraum im Verhältnis zur Grundfläche. Da auch das Hochdach des Subaru Libero in der Praxis kaum nutzbar ist, haben beide Fahrzeuge ein vergleichbares Transportvolumen.

Trotz vieler Gemeinsamkeiten (u. a. Allrad-Antrieb, 1,0 Liter-Dreizylindermotor mit 45 bzw. 50 PS) unterscheiden sich die beiden Kleinstbusse nicht nur durch die Lage des Motors. Bei dem besser ausgestatteten Subaru Libero steht die Personenbeförderung klar an erster Stelle. Seine Sitzgarnitur ist vielfach variabel und kann auch zu einer gepolsterten Liegefläche verwandelt werden. Demgegenüber ist der Daihatsu Hijet mehr für den Transport von Waren oder Gepäck geeignet und vorgesehen. Statt der fünf Gänge des Subaru hat er nur vier, dafür aber eine zusätzliche Untersetzung wie ein echter Geländewagen und somit vier Geländegänge. Der Daihatsu Hijet ist das absolut billigste Fahrzeug mit Allrad-Antrieb auf dem deutschen Markt!

Eine Nummer größer ist der Mitsubishi L 300 4WD. Wie seine beiden kleineren Brüder hat auch er Hinterrad-Antrieb

Der Mitsubishi-Kleinbus L 300 Allrad.

Im VW-Bus syncro entspricht der Antrieb weitgehend dem des Golf syncro. Deutlich sichtbar ist die größere Bodenfreiheit gegenüber dem normalen Transporter.

und zuschaltbaren Vorderrad-Antrieb. Sein Motor liegt wie bei dem Daihatsu Hijet unter den Vordersitzen; durch die wesentlich größere Länge und Breite ist das Transportvolumen entsprechend mitgewachsen. Im Mitsubishi-Bus finden acht Personen Platz, oder entsprechend viel Gepäck oder andere Transportgüter. Das Fünfgang-Getriebe ist mit einer Untersetzung kombiniert, so daß fünf zusätzliche Geländegänge verfügbar sind, an den Vorderrädern gibt es Freilaufnaben. Die Sitzgarnitur ist in ähnlicher Weise variabel wie im Subaro Libero.

Ähnliche Allrad-Kleinbusse gibt es auch von Mazda und Isuzu, die sich aber kaum verkaufen.

Insbesondere von Fernreisenden sehnsüchtig erwartet wurde der VW-Bus mit Allrad-Antrieb, nochmals eine Nummer größer als der Mitsubishi-Bus. Er ist u. a. mit einem Turbodieselmotor lieferbar, zweifellos die interessanteste Motorisierung. Trotz des riesigen Innenraums ist der VW-Bus nicht länger als eine Mittelklasse-Limousine, aber doch 137 cm länger als der Daihatsu Hijet, der Zwerg dieser Runde. Zum Vergleich: ein Stufenheck-Corsa ist nur um 118 cm kürzer als ein großmächtiger Mercedes 560 SEL!

Serienmäßig hat der VW-Bus nur eine seitliche Schiebetür und ist mit bis zu neun Sitzen lieferbar. Die Variationsmöglichkeit der Sitze beschränkt sich darauf, daß die Lehne der letzten Sitzbank vorklappbar ist. Ein VW-Bus ist die unterste Grenze für den Ausbau zu einem vollwertigen Wohnmobil.

Die Besonderheit des Antriebs liegt darin, daß wie bei dem VW Golf eine Visco-Kupplung zwischen den Achsen angeordnet ist. Normalerweise werden also nur die Hinterräder angetrieben, aber bei Schlupf schaltet sich progressiv der Vorderrad-Antrieb selbsttätig zu. Der erste Gang des Fünfgang-Getriebes ist als Geländegang untersetzt, die anderen vier Gänge dienen dem Straßen-Fahrbetrieb; Differentialsperren sind auf Wunsch lieferbar.

Das waren die ersten Kleinbusse, die bei uns angeboten wurden. Natürlich gibt es noch größere Fahrzeuge nach der gleichen Konzeption mit Allrad-Antrieb, aber die haben schon zu sehr den Charakter von Nutzfahrzeugen. Die beschriebenen Kleinbusse sind dagegen wirklich sinnvolle Alternativen zu einem Pkw oder – mit Allrad-Antrieb – zu einem Geländewagen.

OFF ROAD – FÜR KENNER
Das besondere Fahrerlebnis abseits der Piste

Michael Clayton
Der Jeep
Entwicklung, Technik, Modelle
Die Beschreibung von Aufstieg und Wandlung, vom militärischen Arbeitsmittel bis hin zu den hochgezüchteten Modellen des heutigen Automarktes.
148 Seiten, 106 Abb., geb., 29,–
Best.-Nr. 01050

Werner Dietsch
Reisemobil – Freiheit auf Rädern
Klipp und klar steht hier, was jeder wissen muß, der mit dem Wohnmobil »on tour« geht. Angefangen bei Planung und Ausrüstung über Hinweise zur Sicherheit bis hin zu besonders lohnenden Urlaubszielen.
192 Seiten, 44 Abb., geb., 39,–
Best.-Nr. 01263

Martin Breuninger
Das Allrad-Handbuch
Alles über Geländewagen und Straßenautos mit Vierradantrieb
60 aktuelle Modelle mit Bildern, Daten und Meßwerten, sowie einem Vergleich der Antriebskonzepte. Weitere praktische Hinweise gelten Zubehör und Wartung, dem Fahren im Gelände und auf der Straße, dem Neu- und Gebrauchtwagenkauf.
235 Seiten, 150 Abb., geb., 33,–
Best.-Nr. 24014

Wolfgang Rausch
Fahren im Gelände
Am Ende aller Straßen
Die Fahrschule für alle Geländewagenbesitzer. Die Tips und Tricks, die der Autor in diesem unterhaltsamen Buch vermittelt, sind für Anfänger und Profis gleichermaßen wissenswert. Wichtig für Globetrotter: ein spezielles Kapitel über Planung und Durchführung von Fernreisen mit dem Geländewagen.
156 Seiten, 64 Abb., geb., 29,–
Best.-Nr. 01012

Holder/Dunn
Monster auf Rädern
Riesige Reifen, Allradantrieb, Pkw-Karosserien auf Lkw-Chassis und eine aufwendige Airbrush-Lackierung: die amerikanische Show-Pick-Ups sind die Stars in diesem begeisterten Bildband. Der pfiffige Text informiert über Fahrzeuge und Technik, über Organisation und Ablauf der »Monster-Shows«.
98 Seiten, 101 Farbabb., Großformat, geb., 39,80
Best.-Nr. 01246

Hasso Erb
Schwimmwagen
Pkw und Lkw
Entwicklung. Technik. Typen
Autor Hasso Erb stellt in diesem Buch zum ersten Mal die Geschichte der Schwimmwagen vollständig dar: Entwicklung, Technik und konstruktive Besonderheiten, Typen und Modelle. Pkw und Lkw für zivile und militärische Aufgaben, von gestern und heute.
ca. 304 Seiten, ca. 280 Abb., Großformat, geb., ca. 49,– Best.-Nr. 01165

Der Verlag für Autobücher
Postfach 103743 · 7000 Stuttgart 10

Motorbuch Verlag

Änderungen vorbehalten

DIE <u>ANDERE</u> AUTOZEITSCHRIFT

> *Es gibt eine Autozeitschrift, die ist anders: Fakten statt Phrasen. Technik statt Blech. Klartext statt Klatsch.*
>
> *Autos und Zubehör, Forschung und Entwicklung, Technik und Umwelt, Wirtschaft und Verkehr — mot sagt, was Sache ist. In harten, aber praxisnahen Tests. In Berichten, die nicht der Sensation, sondern der Information des Lesers den Vorrang geben. Und in Aktionen, in denen auch der Leser zu Wort kommt.*

TESTEN SIE JETZT